丝绸之路
文化丛书

———

历史篇

天山的种子

木垒的历史与文化

肖小勇 等 著

GUANGXI NORMAL UNIVERSITY PRESS
广西师范大学出版社
· 桂林 ·

图书在版编目（CIP）数据

天山的种子：木垒的历史与文化／肖小勇等著. --
桂林：广西师范大学出版社，2020.9
（丝绸之路文化丛书. 历史篇）
ISBN 978-7-5598-3189-7

Ⅰ. ①天⋯ Ⅱ. ①肖⋯ Ⅲ. ①木垒县－地方史
Ⅳ. ①K294.54

中国版本图书馆 CIP 数据核字（2020）第 167599 号

广西师范大学出版社出版发行

（广西桂林市五里店路 9 号　邮政编码：541004）
（网址：http://www.bbtpress.com）
出版人：黄轩庄
全国新华书店经销
保定市中画美凯印刷有限公司印刷
（河北省保定市西三环 1566 号　邮政编码：071000）
开本：880 mm × 1 240 mm　1/32
印张：9.375　字数：200 千
2020 年 9 月第 1 版　　2020 年 9 月第 1 次印刷
定价：72.00 元

如发现印装质量问题，影响阅读，请与出版社发行部门联系调换。

总序

丝绸之路曾经塑造了过去的世界，甚至塑造了当今的世界，也将塑造未来的世界。

2013年，习近平总书记提出共建"丝绸之路经济带"和"21世纪海上丝绸之路"的重大倡议，得到国际社会高度关注。在经济全球化背景下，复兴丝绸之路，属于"中国梦"的重要部分。从历史发展的眼光审视，丝绸之路彰显的是一种风雨兼程、同舟共济、心手相连的人类命运共同体意识。在21世纪的今天，我们有责任保存好丝绸之路这张识路地图，将它交给子孙后代，交给未来，交给与我们共生共荣、共建共享的世界。

昌吉回族自治州作为丝绸之路核心区的一个重要节点，具有深远的历史价值和现实意义。昌吉，地处天山北麓、准噶尔盆地东南缘，古称庭州。此区域为横亘南部天山的北坡，习惯称之为"天山北坡"。昌吉历史悠久，早在新石器时期就有原始人类活动。西汉神爵二年（公元前60年），汉朝设西域都护府后，历代中央王朝均在此设官置府。1954年，昌吉建州。

昌吉有骄人的辉煌和繁荣。历史上，随着丝绸之路开通，数千年来昌吉都是主要的通道区域，素有"丝路要冲，黄金通衢"之誉。区域内的神山博格达、汉代疏勒城、唐代北庭都护府、元代别失八里城、清代东西方商贸大道枢纽古城奇台，以及木垒四道沟出土的天山地区最早的谷子与小麦、呼图壁的康家石门子岩刻画、玛纳斯的天山碧玉等，俱为新疆历史的见证。新中国成立以来，昌吉这片古老而神奇的热土开辟了历史发展的新纪元。西部大开发战略的实施，给昌吉的全面振兴带来了宝贵的机遇，经济社会持续快速发展，现代化建设日新月异。

今天，昌吉州独特的天山北麓经济带地理区位、厚重的丝绸之路历史底蕴，在"一带一路"核心区新疆发展大潮中又一次重回潮头。

以史为鉴，可以知兴替。

丝绸之路文化丛书的出版，有助于我们更好地了解昌吉的过去，把握昌吉的今天，展望昌吉美好的未来。

丛书历史篇包含《天山的种子——木垒的历史与文化》《古城驼铃——湮没的丝路奇台商道》《神山博格达》《天山女神——康家石门子岩刻画文化探新》《天山瑰宝——玛纳斯碧玉的前世今生》五卷，通过山川风物的开掘呈现，涵盖丝绸之路精华焦点，重现"一带一路"途经的千年古迹、沧桑古道。

丛书内容精当，史料翔实，脉络清晰，图文并茂，融知识性、可读性于一体，为广大读者提供了一种独出心裁的视角，让我们有了一个了解昌吉历史文化的读本，有了一个展示昌吉历史文化的窗口。

历史文化是一个地方的根脉与灵魂。回顾并梳理昌吉的历史文化，可以从一个极为重要的角度了解中华文明及其对人类文明的伟大贡献，延续优秀文化之脉，增强我们创建现代文明的自信心与自豪感。

回顾历史的进程，我们深深地感到，每一代人都承担着自己的历史使命。在建设中国特色社会主义的道路上，在实现中华民族伟大复兴的进程中，奋发图强，加快发展，为昌吉的全面振兴奠定坚实的基础，是我们义不容辞的责任。知史明志，我们应当多一点责任感和紧迫感，以求无愧于历史。

我们坚信，昌吉在共建"丝绸之路经济带"的进程中必将再创辉煌，昌吉的明天将会更加美好。

前言

　　没有一座山脉能够像天山这样对人类世界产生如此大的影响。天山是亚欧大陆的地理重心，是连接中亚与中原、东方与西方、欧亚草原与南亚次大陆的桥梁，也是许多古代民族的神山、圣山。无数古代和当今民族繁衍生息其间，从此地迁徙，或迁徙至此地。多少文人墨客为之咏叹，留下华丽篇章。天山更是探险者的天堂，行旅们沉醉于它旖旎的风光，探险家渴望揭晓其深藏的奥秘。在人类发展史上，在文化交融和传播史上，天山都留下了浓墨重彩的一笔。今天，天山以其在地球科学、生物与生态学和景观美学方面的独特价值，而被列入世界自然遗产名录；穿行天山的"丝绸之路：长安—天山廊道的路网"，也作为东西方之间融合、交流和对话之路，近2000年来为人类共同繁荣做出重要贡献，而被列入世界文化遗产名录。

　　天山是地处亚洲中部的山系，也是全球温带干旱区最大的山系，世界七大山系之一，地跨中、哈、吉、乌四国，西起乌兹别克斯坦的克孜勒库姆沙漠以东，东达我国新疆哈密市以东的戈壁，东西长2500余公里，南北宽250—350公里，最宽处800余公里，山脊线的平均海拔约为4000米，形成独特的自然地理体系。在中国境内，天山横贯新疆中部，东西绵延1700公里，被称为"突起在新疆南北荒漠地面上一条又长又高的绿岛—山地系统"，将新疆分成南北两半，[1]人们习惯上分别称之为南疆和北疆。

天山也是天然气候分界线，天山以北属温带干旱半荒漠和荒漠气候，南部属暖温带极端干旱荒漠气候。虽然深处欧亚大陆中心，远离海洋，但位于北半球中纬度地带，受纬向环流的盛行西风影响，从北疆西部缺口进入的含湿的西风气流，北面遇到阿尔泰山，南面遇到天山，都能形成较大降水量。天山北坡的年降水量大多有500毫米以上。随着海拔上升，降水递增而气温递减。天山以北地区冬长夏短，气温低寒、湿润。自然条件有利于森林、草场生长发育，适合畜牧业生产，自史前时期起就发展出以游牧为主、辅以农耕的经济方式。天山南坡年降水量一般不足400毫米，天山以南地区冬短夏长，气温高热，雨量极少，异常干旱。但高山冰雪融水形成河流，水量比较稳定，春夏季径流充足，加上日照时间长，热量丰富，适合农作物生长，是良好的灌溉农业区。

历史上丝绸之路的主要交通干线，就东西蜿蜒于天山南北山麓，与南北向越过天山各山口的纵向山谷道路，构成复杂独特的天山路网体系，并将欧亚大陆各个地方的人民连接起来，促进了文明的交流和发展。天山也因此成为人类文明的交会之地。

1　胡汝骥主编《中国天山自然地理》，中国环境科学出版社，2004，第2页。

在天山东段北麓、准噶尔盆地东端，有一个并不十分引人注意，却很神秘的世外之地——木垒。

从乌鲁木齐出发，沿吐乌大高速，转京新高速，经阜康、吉木萨尔、奇台，跋涉200多公里就到了"日光之乡"木垒。从木垒东行，经巴里坤，可至哈密、伊吾。一进木垒县境，一路上的阴霾雾霭便都散尽，阳光普照，天空纯净湛蓝，空气清新通透，有一种突然间万物生辉的感觉。据气象资料，木垒年均日照时长达到3100小时。阳光、零污染、原生态、天然氧吧，是建设"空气清新、特色鲜明、宜居宜业宜游"新木垒最有利的自然资源。

木垒是我国三个哈萨克自治县之一，位于新疆维吾尔自治区昌吉回族自治州最东面，西起奇台东境，东接巴里坤哈萨克自治县和哈密市，南隔天山与鄯善县相连，北与阿尔泰山东段的青河县毗邻，东北与蒙古国接壤。东西138公里，南北198公里，面积2.2万平方公里。据木垒县政府网公布的数据，木垒县主要有汉、哈萨克、维吾尔、回、乌孜别克等15个民族，总人口8.9万，其中哈萨克族2.5万人，占总人口的28%；汉族5.7万人，占64%。不仅自然风光独特，人文风俗也丰富多彩。

目 录

第一章　木垒名称的由来

第一节　木垒与蒲类后国

木垒一名，承载着复杂的历史记忆。木垒今天是新疆天山北麓博格达山脚下的一个偏僻小县。木垒置县历史不长，1930年才成为一个县级行政区，时称木垒河县，为民国时期金树仁任新疆省主席期间，自奇台县析置，是一个三等县，隶属迪化行政长官公署第一行政区。新疆和平解放后，于1950年成立木垒河县人民政府，隶属迪化专区。1954年3月改木垒河县为木垒县，7月经政务院批准成立木垒哈萨克自治区，1955年2月更名为木垒哈萨克自治县，简称木垒县。1958年划归昌吉回族自治州管辖，成为昌吉回族自治州最东端的县。[1]

木垒虽然置县较晚，但其实历史悠久。距今3000—4000年前，这里就有了人类活动，至今仍留存有大量细石器和新石器时

1　新疆维吾尔自治区地方志编纂委员会编《木垒哈萨克自治县志》，新疆人民出版社，2003，第41页。

代遗迹、遗物。春秋战国时期可能已跻身于西域城邦诸国之列，只是其名难以确考。一说西汉时为蒲类后国，[1] 但争议较多。

蒲类后国见于《汉书·西域传》："蒲类后国，王去长安八千六百三十里。户百，口千七十，胜兵三百三十四人。辅国侯、将、左右都尉、译长各一人。"记载甚为简略，凭此很难确定它的具体方位，因此形成了许多不同的说法。其中代表性的观点至少有四种：一种以岑仲勉为代表，认为其在今玛纳斯以西；[2]《钦定皇舆西域图志》以为其在今昌吉；[3]《辛卯侍行记》以之疑在"古城左右"；[4] 而《汉西域图考》认为其在今木垒北，[5]《新疆图志·建置一》认为其当在今木垒河之东。[6]

古城即今奇台县县城，也是奇台县的别称，俗称"古城子"。奇台是较晚近才出现的一个地名，始于清乾隆二十四年所建奇台堡。奇台堡是清朝平定准噶尔叛乱后，在从巴里坤经乌鲁木齐至伊犁的天山北路一线修筑的驿站兵台之一。"堡"的主要功能是驻兵屯田。奇台堡设管粮通判一名。乾隆四十年扩建奇台堡，更

1　新疆维吾尔自治区地方志编纂委员会编《木垒哈萨克自治县志》，新疆人民出版社，2003，第44页。

2　岑仲勉：《汉书西域传地里校释》，中华书局，1981，第455页。

3　[清] 傅恒等纂《钦定皇舆西域图志》卷十，昌吉县治条，清乾隆四十七年武英殿刊本，第11页。

4　[清] 陶保廉：《辛卯侍行记》卷六，台湾文海出版社，1996，第100页。

5　[清] 李恢垣：《汉西域图考》，乐天出版社，1974，第233页："自镇西厅西北逾山以至奇台县，西为古城，东为木垒，在汉为蒲类后国。"蒲类后国，后面跟注："在木垒北"。

6　[清] 袁大化修，王树枏、王学曾等纂《新疆图志一》，载苗普生主编《中国西北文献丛书·二编》第一辑：《西北稀见方志文献》第一卷，兰州古籍出版社，1990，第15页。

名为靖远城；四十一年裁通判，置奇台县，以靖远城为县治，隶属镇西府。咸丰三年改隶迪化州。光绪十五年自靖远迁至古城。[1]靖远城疑又名靖宁城。据《三州辑略》记载，"靖宁城，旧堡周一里，内有通判衙署、仓廒、房间。乾隆四十一年改设知县，将旧堡展筑，周二里七分，高一丈五尺，城门四：东曰延曦，西曰景灏，南曰薰阜，北曰徕安"。[2]所载与前述靖远城的情况甚为一致。《清实录·高宗实录》的记载与《三州辑略》大体相同，而更加明确：乾隆四十四年五月，"定乌鲁木齐新建奇台县城名曰靖宁，城门东曰延曦，西曰景颢，南曰薰阜，北曰徕安。"[3]进一步说明了奇台县城和城门名称的确定时间。靖宁城在同治三年的战乱中遭到重创，房屋被烧毁。光绪十五年，奇台县城从靖宁城迁至古城，此后靖宁城便称为老奇台。古城为清乾隆三十五年所建，但可能该地远在唐代已为重要的政治、经济中心。据考证，唐代庭州所辖蒲类县的县治，可能就在古城附近的唐朝墩遗址。[4]所以古城的取名，可能便因于此。古城建好后，驻提标后营游击一员，绿旗驻防兵四百一名，设巡检一员。乾隆三十九年，又在其旁建孚远城，主要驻扎满营驻防兵，因而又称孚远满城。[5]据此，

1　[清]赵尔巽等：《清史稿》第九册，卷七十六，志五十一，地理二十三，中华书局，1976，第2375页。

2　[清]和宁：《新疆省三州辑略》，据清嘉庆十年修旧抄本影印，成文出版社，1968，第73页。

3　[清]庆桂、董浩等：《清实录·高宗实录》，卷一千零八十三，中华书局，1986，第555页。

4　薛宗正：《唐蒲类诘名稽址——庭州领县考之二》，《新疆社会科学》1984年第2期。

5　[清]李恢垣：《汉西域图考》，乐天出版社，1974，第238-239页。

清代在今奇台县城一带建有两座城，一座叫古城，另一座叫孚远城，两城毗邻。据《三州辑略》记载，古城领队大臣"驻扎孚远城，管理驻防八旗官兵差操一切事务"，"孚远城，乾隆四十年建筑，周四里，高一丈六尺。城门四：东曰宾旭，西曰庆成，南曰景薰，北曰拱枢。城楼四，角楼四。驻扎满洲官兵"。[1] 随着奇台县城迁至古城，当地人也将奇台县习称为古城县。清代的奇台县比今天要大多得，包括了今天的奇台县和木垒县。[2]

以上的《钦定皇舆西域图志》《辛卯侍行记》《汉西域图考》和《新疆图志》的观点大抵接近，都大致把蒲类后国置于今木垒或距其不是很远的地方。

清徐松《汉书西域传补注》提出蒲类后国疑即小蒲类国。[3]《汉书·西域传》在记述郑吉征车师时提到了小蒲类："地节二年，汉遣侍郎郑吉、校尉司马憙将免刑罪人田渠犁，积谷，欲以攻车师。至秋收谷，吉、憙发城郭诸国兵万余人，自与所将田士千五百人共击车师，攻交河城，破之。王尚在其北石城中，未得，会军食尽，吉等且罢兵，归渠犁田。（收秋）毕，复发兵攻车师王于石城。王闻汉兵且至，北走匈奴求救，匈奴未为发兵。王来还，与贵人苏犹议欲降汉，恐不见信。苏犹教王击匈奴边国小蒲类，斩

1　[清]和宁：《新疆省三州辑略》，据清嘉庆十年修旧抄本影印，成文出版社，1968，第33、72页。

2　于维诚：《新疆建置沿革与地名研究》，新疆人民出版社，1986，第130-131页。

3　[清]徐松：《汉书西域传补注》下，清光绪二十年广雅书局刊本，第25页。

首，略其人民，以降吉。"[1]这是有关小蒲类仅有的记载，且似乎暗示，这一役可能导致小蒲类从此灭国。以后的文献中，也未再有提及。蒲类后国到东汉时期还存不存在，各家有不同意见，但《后汉书·西域传》中已无此国的记载。

第二节　木垒与蒲类国

《辛卯侍行记》把蒲类后国放在古城，而把蒲类国放在木垒河西，即木垒一带汉代时属蒲类国地。其据《汉书·西域传》的记载，认为蒲类国治在山谷，不在蒲类海旁。进而又根据《新唐书·地理志·伊州下》的记载提出，"自蒲类县百六十里至北庭都护府，是蒲类居庭州东，疑在今奇台县木垒河西。木垒即蒲类之转音也"。[2]当时木垒属奇台县。

蒲类一名最早见于《史记》。《史记》有三处出现蒲类这个词。一处是《汉兴以来将相名臣年表第十》："（本始二年）七月庚寅，御史大夫田广明为祁连将军，龙额侯韩曾为后将军，营平侯赵充国为蒲类将军，度辽将军平陵侯范明友为云中太守，富民侯田顺为虎牙将军：皆击匈奴。"[3]后两处都是后人的注解。其中一处在《李将军列传第四十九》："天汉二年秋，贰师将军李广利将

1　[汉] 班固：《汉书·西域传》，中华书局，1964，第3922—3923页。

2　[清] 陶保廉：《辛卯侍行记》卷六，台湾文海出版社，1966，第99页。

3　[汉] 司马迁：《史记》，中华书局，1959；《汉兴以来将相名臣年表第十》，第1147页；《李将军列传第四十九》，第2877-2878页；《大宛列传》，第3160-3161页。

三万骑击匈奴右贤王于祁连天山",注释说,《集解》徐广曰:"出敦煌至天山。"《索隐》案:晋灼云"在西域,近蒲类海"。另一条在《大宛列传》,说到于阗以东"水东流,注盐泽。盐泽潜行地下,其南则河源出焉",对此有多种注解,其中对盐泽的解释,提出《山海经》中的泑泽就是盐泽,一名蒲昌海,《广志》对此注释说:"蒲昌海在蒲类海东。"泑泽、盐泽,即今之罗布泊。

《汉书·西域传》设有蒲类国传:"蒲类国,王治天山西疏榆谷,去长安八千三百六十里。户三百二十五,口二千三十二,胜兵七百九十九人。辅国侯、左右将、左右都尉各一人。西南至都护治所千三百八十七里。"[1]此外,《武帝纪》记载天汉二年五月"贰师将军三万骑出酒泉,与右贤王战于天山",与上文《史记·李将军列传》所说为同一事,引晋灼的解释:(天山)"在西域,近蒲类国。"《宣帝纪》记载曾遣"后将军赵充国为蒲类将军",凡五将军护乌孙、伐匈奴事件,与《史记·汉兴以来将相名臣年表第十》所载为同一事件。引应劭的注解:"蒲类,匈奴中海名也。"晋灼注:"匈奴传有蒲类泽。"《五行志》《杜周传》《赵充国辛庆忌传》《傅常郑甘陈段传》《赵尹韩张两王传》《匈奴传》中,都因涉及赵充国,而出现"蒲类将军"。《匈奴传》还记载,"蒲类将军兵当与乌孙合击匈奴蒲类泽"等。《西域传》则记载了"匈奴东蒲类王兹力支将人众千七百余人降都护,都护分车师后王之西为乌贪訾离地以处之"。这个事件发生在汉元帝时期,并且这支人马被迁移

1 [汉]班固:《汉书·西域传》第六十六下,中华书局,1962,第3919页。

到了车师后王的西面一个叫乌贪訾离的地方。车师后王即车师后部，在今吉木萨尔。

以上材料，主要涉及赵充国等五将军出酒泉伐匈奴于天山事件，赵充国因此被任命为蒲类将军，但针对的并非蒲类国，而是蒲类地，目标是匈奴。涉及几个重要的名字：天山，蒲类泽，蒲类海，蒲类国，和匈奴东蒲类王兹力支。综合以上的记载和各家注解，基本上可以勾勒出西汉时期蒲类国的一些情况：蒲类国当时属于匈奴，位于蒲类泽一带，其东面不远为天山，其王治则在疏榆谷。蒲类泽是匈奴重要活动区域，由东蒲类王管辖，后汉时是匈奴呼衍王的牙庭。匈奴东蒲类王在汉元帝时期率众投降了西域都护，被西域都护安排在车师后王以西的乌贪訾离。蒲类泽就是今天的巴里坤湖。那么这个去了乌贪訾离的东蒲类王兹力支的这一支，是否就是蒲类后国呢？另外，正如日本学者松田寿男所言，既有东蒲类王这样的称号，那自然也应该有西蒲类王这样的称呼，因而蒲类后国是否相当于西蒲类呢？[1]

《汉书·西域传》记载："及破姑师，未尽殄，分以为车师前后王及山北六国。"山北即今之天山北麓。姑师是临近盐泽的西域小国，始见于《史记·大宛列传》："楼兰、姑师邑有城郭，临盐泽。"又记："其明年，击姑师，破奴与轻骑七百余先至，虏楼兰王，遂破姑师。"赵破奴破姑师事件发生于汉武帝元封三年（前108年）（一说姑师分裂发生在宣帝神爵二年即公元前60年）。很明显早于匈

1　[日]松田寿男：《古代天山历史地理学研究》，陈俊谋译，中央民族学院出版社，1987，第137页。

奴东蒲类王兹力支之降。

《西域传》记载了车师一分为八，但除了两个车师前后王，未明说其余山北六国是哪几个，相反于天山东段北麓列出了十余国。不过此后，姑师应该就改称车师。车师八国中的山北六国，主要有两种说法，一为东且弥、西且弥、卑陆前国、卑陆后国、蒲类前国、蒲类后国。一为劫国、郁立师国、卑陆前国、卑陆后国、车师都尉国、车师后城长国。[1] 蒲类前国就是蒲类国，相对于蒲类后国而称前国。蒲类后国从蒲类国分化而来。蒲类国是一个大国，不可能是从姑师分裂出来，因而应该不在山北六国之列。[2] 也有人提出，"山北六国作为存在于天山北麓东段部落联盟名称，其上限应更早于西汉初年，直至西域都护府建立之后的宣帝时期仍存，所反映的应是上起战国，下至西汉末年的漫长时代，在此期间发生了匈奴西扩、西域归汉等一系列重大事件，这一山北部落联盟必随之发生了复杂分化，不可能原封不动。则由六国到十国乃是历史演变过程不断分化的结果。如果将它们重新合并，则汉初天山北麓的政治地图上，就会明确地出现蒲类、卑陆、郁立师、单桓、劫、且弥等六个清晰的国名，或部落名。这就是山北六国的原生形态，它们就是汉开西域之前，天山北麓东段原始的土著居民。……而以后来被一分为三的蒲类显然最为强大。"[3]

居于蒲类泽或蒲类海附近的蒲类国，西汉时期因为匈奴的

1　王素：《高昌史稿·统治编》，文物出版社，1998，第11页。
2　孟凡人：《北庭史地研究》，新疆人民出版社，1985，第50页。
3　薛宗正：《车师考：兼论前、后二部的分化及车师六国诸问题》，《兰州学刊》2009年第8期。

进驻而被迫西迁，王庭迁至疏榆谷。《后汉书·西域传》有着与《汉书·西域传》关于蒲类国完全相同的内容，并在此基础上有所增加：

"蒲类国居天山西疏榆谷，东南去长史所居千二百九十里，去洛阳万四百九十里。户八百余，口二千余，胜兵七百余人。庐帐而居，逐水草，颇知田作。有牛、马、骆驼、羊畜。能作弓矢。国出好马。"

"蒲类本大国也，前西域属匈奴，而其王得罪单于，单于怒，徙蒲类人六千余口，内之匈奴右部阿恶地，因号曰阿恶国。南去车师后部马行九十余日。人口贫羸，逃亡山谷间，故留为国云。"

"移支国居蒲类地。户千余，口三千余，胜兵千余人。其人勇猛敢战，以寇钞为事。皆被发，随畜逐水草，不知田作。所出皆与蒲类同。"[1]

以上可知，蒲类本为大国，人民庐帐而居，畜养牛、马、骆驼、羊畜，出产好马，制作弓矢，随畜逐水草，游牧于山谷草原之间，也很懂得耕作，是一个以畜牧业为主、农牧结合经济形态的部落。匈奴向西扩张到西域后，征服楼兰、乌孙、呼揭及其旁二十六国。蒲类大约就是从这个时候起被匈奴征服，成为匈奴右部属地。在此期间，蒲类王得罪了匈奴单于，单于一怒之下，将他的人民6000余人迁到匈奴右部阿恶地，称作阿恶国。其余人逃往天山山谷，依旧保留蒲类国的称号，中心地区在天山西部的疏

1　[宋]范晔:《后汉书·西域传》，中华书局，1965，第2928—2929页。

榆谷。其原居地则被另一支叫作移支的人群占据。清徐松说："盖（蒲类国）立国之始，因海为名。国既移徙，遗民逃亡天山之西，仍存旧号也。"[1]蒲类国就这样被拆分了，疏榆谷的蒲类是从蒲类海西迁之后的蒲类。

东汉时期，在疏榆谷留存下来的这个蒲类，只有2000多人，与车师前部、后部，以及东且弥、卑陆、移支，合称车师六国，北邻匈奴，属西域都护府统辖。

蒲类国到三国时期仍然存在，据《三国志·魏书》注引《魏略·西戎传》，"北新道西行，至东且弥国、西且弥国、单桓国、毕陆国、蒲陆国、乌贪国，皆并属车师后部王"。[2]蒲陆即蒲类，乌贪可能就是乌贪訾离。蒲类国之后便消失于历史长河中了。那么历经西汉、东汉、三国时期蒲类所居的疏榆谷在哪里呢？

遗憾的是，有关其方位的资料少而又少，除了"天山西"这一点，能够用于判断地理方位的，就是其到长安、西域都护、洛阳和长史所居里程数。然而这些数据往往又有许多矛盾之处，甚至连有关路线上诸国的顺序都存在疑问。不同的人有不同的理解，难成定论。

关于"天山西"究竟何指，关键是对"天山"这个词的判断。大致有两种不同的观点，一种观点根据两汉书记载的有关里程之间存在的矛盾，推断疏榆谷在今乌鲁木齐和玛纳斯之间。而另一

1　[清]徐松：《汉书西域传补注》下，清光绪二十年广雅书局刊本，第25页。
2　[晋]陈寿：《三国志·魏书》注引《魏略·西戎传》，中华书局，1971，第858—863页。

种观点则通过与"天山"有关的其他历史事件的记述，考证"天山"的位置，认为此"天山"，并非指今天众所周知的天山山脉，而是指天山的一条支脉，天山山脉最东端的部分，也就是哈密的北山，又叫白山，唐代称初罗漫山，亦作析罗漫山、折罗漫山、时罗漫山，清代作库舍图岭，今作喀尔里克山。喀尔里克山，一种说法是蒙古语"碑岭"的意思。据报道，山中有汉唐时期的石碑，记录着古代征战的功绩。如果是这样，"天山西"就完全可以在今巴里坤或其以西的某个地方。

比如，《史记》就记载，西汉贰师将军李广利曾以三万骑出酒泉，击匈奴右贤王于天山，这个天山被认为在伊州，今哈密的北山。《后汉书》记载窦固和耿忠率军在天山击破匈奴呼衍王，并乘胜追击呼衍王至蒲类海，这个"天山"与李广利和匈奴右贤王交战的天山应是同一座山，明显是在巴里坤湖以东。另外也有文献，如唐代李泰编修的《括地志》，就直接说，"天山一名白山，今名初罗漫山，在伊州伊吾县北百二十里"，方位非常具体清楚。与此记载类似的还有《旧唐书·地理志》，称："天山，在州北一百二十里，一名白山，胡人呼折罗漫山。"《新唐书·地理志》也说，"有折罗漫山，亦曰天山"。这些文献记载的"天山"，指的都是今天天山最东段的一座具体的山脉。

从哈密越过此"天山"，就是以巴里坤湖而著称的巴里坤盆地，新疆最优美的牧场之一，也是汉朝与匈奴必争的战略要地。如果事实确实如此，那么疏榆谷显然不需要到乌鲁木齐那么远的地方去找，而很可能就在巴里坤湖以西不需要很远的某个地方。

巴里坤，清代称巴尔库勒、巴里库勒等，巴里坤的巴里，与"蒲类"为同词音转，巴里坤突厥语意为"虎湖"，[1]就是两汉书中的蒲类泽、蒲类海，今天亦称巴里坤湖。蒲类国原在蒲类泽、蒲类海一带，因蒲类泽、蒲类海而得名。如前所述，蒲类国曾经是个大国，西汉时被匈奴征服，居其地，并被其驱散到西面的疏榆谷等天山河谷之地。东汉时蒲类国又与强大起来的车师后王国等合为车师六国，为车师后国所辖。因而其影响并不局限于巴里坤湖周围，而远及以西的广大地区。

巴里坤以西第一个较大的宜农宜牧的河谷要数今天的木垒河。当然木垒河左右还有众多小一些的河谷，共同构成地域更为广阔的游牧地。所以新疆社会科学院研究员薛宗正提出，"移牙庭天山西的蒲类国已迁至今木垒县境内"[2]。日本学者松田寿男也尝试把"蒲类国和蒲类后国安排在车师后王国（今吉木萨尔地区）以东，而把四至表中有记载的乌贪訾离国、卑陆后国、郁立师国及被记载为与它们有关系的单桓国、劫国、卑陆国全都安排在吉木萨尔以西"[3]。而前述《汉西域图考》《新疆图志·建置一》等也将

1　牛汝辰：《新疆地名概说》，中央民族大学出版社，1994，第123—124页。
2　薛宗正：《车师考：兼论前、后部的分化及车师六国诸问题》，《兰州学刊》2009年第8期。
3　[日]松田寿男：《古代天山历史地理学研究》，陈俊谋译，中央民族学院出版社，1987，第91页。

其与蒲类后国一道安排在木垒河一带。[1][2]《新疆建置沿革与地名研究》也认为，这里从西汉起就是有明文记载的古蒲类地方的西部。蒲类的最西边到今天的奇台，东部包括巴里坤和伊吾。[3]

可能正是出于这样的原因，唐代在庭州置蒲类县。庭州是唐代在今新疆设置的三州之一，领金满、轮台、蒲类县，治金满城（今吉木萨尔北破城子）。《元和郡县图志》认为，蒲类县"因蒲类海为名"。唐代蒲类县的位置，一般认为在今奇台县古城一带，或木垒河附近，东距巴里坤湖即蒲类海约有300公里。之后，蒲类这个地名就不再被使用了。

唐朝时，这里设置过军事据点独山守捉，据考今城南破城子就是其废墟。西辽还于此修筑过可敦城。元代时，独山守捉发展为独山城，元太祖经此，见城内田园开辟，委任当地人月朵失野讷为都督，兼独山城达鲁花赤（长官），被认为是有历史记载的第一个木垒官员。[4]

---

1 [清]李恢垣：《汉西域图考》，乐天出版社，1974，第233页："自镇西厅西北逾山以至奇台县，西为古城，东为木垒，在汉为蒲类后国。"蒲类后国，后面跟注："在木垒北"。
2 [清]袁大化修，王树枏、王学曾等纂《新疆图志一》，载苗普生主编《中国西北文献丛书·二编》第一辑：《西北稀见方志文献》第一卷，兰州古籍出版社，1990，第15页。
3 于维诚：《新疆建置沿革与地名研究》，新疆人民出版社，1986，第128页。
4 戴良佐：《木垒县建置概述》，载政协木垒哈萨克自治县委员会编《木垒文史》第十六辑（内部资料），2014，第100—102页。

第三节　木垒、穆垒与蒲类

可见，木垒漫长的历史上并不叫木垒。木垒之名始见于清代文献，又作穆垒。清代文献对木垒记述较多，有正史，也有其他各类著述，包括流放新疆的文官武吏留下的诗篇和文稿。《清史稿》《清实录》中就有大量与木垒有关的记载，主要又与军事屯戍有关。其中较为重要的主要集中于雍正和乾隆时期，与这一时期发生的平定准噶尔蒙古部落叛乱有关。

《清实录·世宗实录》卷一百零九记载，雍正九年八月，"宁远大将军岳钟琪奏报，臣遵旨袭击乌鲁木齐，于七月十二日自巴尔库尔启行，从伊尔布尔和邵地方，经行五百余里，直至穆垒河地方，并无贼夷卡伦。"[1] 这是岳钟琪奉命攻打乌鲁木齐的奏报，沿途经过木垒河，时作穆垒河。

《清实录·世宗实录》卷一百一十四：雍正十年正月，"宁远大将军岳钟琪奏言：'去年袭击贼夷，沿途细看，有穆垒地方，形势险要，兼可屯种。若于此建筑城池，驻兵二万，贼兵断难飞渡而东。再于巴尔库尔驻兵一万，于鲁谷庆、皮禅等城，添设官兵足一万之数。如此，则贼兵来时，我军互为犄角，前后邀截，可令大创而去。若将来穆垒驻兵，有未协之处，请将臣置之重典，妻子从重治罪。'得旨：'穆垒果为要隘之地，可以堵截贼人来路，

1　[清]鄂尔泰、张廷玉等：《清实录·世宗实录》卷一百零九，中华书局，1985，第 455 页。

又与鲁谷庆等处，互为声援。著照所奏，定议举行。'"[1]

这是岳钟琪次年的奏书，说穆垒地方形势险要，又可屯田耕种，奏请在此修筑城池驻兵防守。雍正皇帝准奏，后又吩咐大学士等在岳钟琪定议后落实驻兵穆垒之事。二月，令岳钟琪计议举行，"至穆垒筑城。若事在必行，以速为善。"又吩咐说："前议三四月间穆垒筑城驻兵一事，已降旨大将军岳钟琪……其酌量办理。今再四思维……不若迟至六月夏秋之交。"六月初，大兵从大营启程移驻穆垒，大概七月到达，但八月就因认为穆垒四面受敌，难以驻兵而撤出了。所以，穆垒城当筑于雍正十年三四月，而移兵驻防大概发生在六七月间。重要的是，据岳钟琪的奏书，穆垒一名并不是因为要在这里筑穆垒城才出现，而是岳钟琪行军途中，经过叫穆垒的地方，觉得很有军事意义，因此奏请在此筑城驻兵设防，所以是先有穆垒地方，之后才有在穆垒筑城之事，最后才有穆垒城的出现。

在筑城驻兵过程中，来往的奏书中还经常提到穆垒河。因此穆垒这个地方，以及穆垒河，都是在岳钟琪到达之前就已有的名称。所以我们基本上可以推测，当唐代在奇台置蒲类县，木垒实际上已成为其管辖下的一处乡野之地，蒲类这个名字因为被用于在奇台所设置的县的名称，因而不能再用来指代今天木垒这个地方，只能改用音同而字不同的穆垒或木垒来表示，这个形式可能之后一直在民间存在。蒲类这个名字这时主要用于两个地方，一

1 [清] 鄂尔泰、张廷玉等：《清实录·世宗实录》卷一百一十四，中华书局，1985，第521—522页。

个是蒲类县，另一个是在非当地人的话语中，还称蒲类海，但当地人则不再称蒲类海，而叫婆悉海。而之所以穆垒、木垒并存，是因为不同的人据发音而使用了不同的字，但所指没有什么不同。而这时，蒲类海之名也只出现于对前代文献的追述，实称则变成了巴尔库尔或巴里坤湖。

据《钦定皇朝通典》，木垒地方设有木垒营，有守备一人，驻扎穆垒城；又有把总二人，兵三百二名。[1] 木垒营建于乾隆三十七年，有"守备衙署一所，把总住房二所，兵丁住房三百间，仓厫一所，军器库一所，碓房二处"。镇标木垒营有"马兵百四十四名，步兵一百六十名"。[2]

到乾隆时期，大量记载的是关于屯田的事务。穆垒至乌鲁木齐、昌吉、罗克伦等地大开屯田，合穆垒等处屯兵达万人。又募安西、肃州民屯田于穆垒，"土肥泉畅，可垦地十余万亩"。乾隆二十六年，"巴里坤饶剩壤，穆垒土沃泉滋，俱募人大开阡陌"。至三十年，穆垒开垦屯田四千亩。这一时期，大批内地和河西地区的移民迁到木垒。

清代木垒、穆垒兼用，是字异音同、地同，皆为蒲类的音译和转写。从蒲类泽（海），到蒲类国，再到蒲类县，再到清代的穆垒和木垒。正如《新疆图志·建置一》所言："木垒，即蒲类之转音也。"木垒、穆垒、蒲陆，巴里坤，都是蒲类的音译或转写，

---

1 [清] 永瑢、纪昀等主编《影印文渊阁四库全书》第 643 册，《钦定皇朝通典二》，台湾商务印书馆，第 538 页。
2 [清] 和宁：《新疆省三州辑略》，成文出版社，1968，第 77、167—168 页。

源头是蒲类泽（海）。

但在音韵学上，蒲类是什么时候、怎样转为木垒，尚难确定。据岑仲勉的说法，中古蒲类之音为b'uoljwi。通过"东方语言学"上古音、中古音查询系统查询，蒲的上古音，高本汉作b'o，王力作ba，李方桂作bag，等等，其上古音声母不同学者观点一致，均作b。中古音高本汉作bhuo，王力作bhu，董同龢作bhuo，其他学者或作buo、bo，或作bou，声母仍然是b。木垒的木字，上古音据高本汉为muk，王力作mok，李方桂为muk，其他亦有作moog，声母均为m。中古音各位学者均作muk。[1]可知，木垒中的木的声母m是从b变过来的。那么这个变化是什么时候、从什么语言发生的呢？

现在确定的是清雍正时期已发木音了，即b已转成m。当时生活在这一地区的是准噶尔蒙古族部落。13世纪初，蒙古就击败西辽征服新疆，在各城派达鲁花赤（长官）。成吉思汗晚年把所征服的地方分封给他的四个儿子，其次子察合台的封地东至伊犁河流域，南面包括今南疆焉耆以西的整个地区，西至阿姆河，包括河中地区。今塔城、阿勒泰地区和蒙古西部则为三子窝阔台的封地。新疆地区包括中亚都是元朝的一个行省。元朝灭亡后，蒙古人分裂为许多部，到清代时分三大部分，即内蒙古自治区和东北的漠南蒙古，即科尔沁部；今蒙古国的漠北蒙古，即喀尔喀部；和新疆、青海、甘肃一带的漠西蒙古，即厄鲁特蒙古。漠西

1　东方语言学查询系统：http://www.eastling.org/zgycx.php，访问日期：2020年4月23日。

蒙古元代称斡亦剌惕，明代称瓦剌，清代称厄鲁特、额鲁特或卫拉特。中亚突厥语系各族称卫拉特为卡尔梅克。卫拉特人很早就形成一个四部联盟，清代史书认为这四部就是和硕特部、准噶尔部、杜尔伯特部和土尔扈特部。17世纪中叶，强大起来的准噶尔部占领了天山南北，并将势力扩展到中亚。18世纪初，准噶尔部的部分分裂势力在沙俄支持下发动叛乱，清朝从康熙平叛，历经雍正，最后到乾隆时彻底平定。[1]前述岳钟琪奏请筑穆垒城等往来文书，就发生在雍正九年至十二年间在天山东部对准噶尔作战的军事行动中。所以，清代木垒当是从准噶尔蒙古语音转过来。据《钦定西域同文志》卷一"木垒"："准语木垒，河湾也。地有河流环抱，故名。汉为车师后王国地，后汉、三国因之。余与乌鲁木齐同。三合切音：穆乌噜乌衣。"[2]准语转写为：muruy，察合台文：muriy。

1　新疆维吾尔自治区民族研究所编《新疆简史》第六至第八章，新疆人民出版社，1980，第175—272页。
2　[清]傅恒等奉敕撰《钦定西域同文志》卷一，乾隆二十八年武英殿刻本，第9—10页。

第二章　独特的地理环境

第一节　奇特的地质构造

　　木垒位于天山东段北麓、准噶尔盆地东南缘，地质构造上处于准噶尔地块、阿尔泰构造带和天山地槽东翼博格达构造带三大构造体系的交会处，形成复杂的地质构造。

　　南部博格达山是北天山东段的主要山地，具有褶皱－块断山性质，在构造系统中，是天山地槽晚加里东或早期华力西褶皱带的一个复背斜，远在早古生代就结束了地槽发育，形成山地，中生代被剥蚀成为准平原。山脉现有高度基本上形成于喜马拉雅运动以后。在古构造基础上，发生阶段性上升和断裂，构成了博格达山的高大山体，形成了分布于不同高度的多级夷平面，并使山坡呈现明显的阶状结构特征。[1]

1　伍光和、上田丰、仇家琪：《天山博格达山脉的自然地理特征及冰川发育的气候条件》，《冰川冻土》1983 年第 3 期。

博格达山主峰博格达峰海拔5445米，其附近相距不到3公里范围内，还耸立有两座海拔分别达5287米和5213米的山峰，共同构成"三个山"的地理奇观。它的东部余脉自西向东贯穿木垒东南部。山体脊轴呈东西走向，褶皱带岩层走向与断层方向一致，形成东西方向的平行山岭，中间紧密，逐步向外扩散，南翼陡峭，北翼平缓，背斜、向斜交错出现。山脉隆起的同时，山前形成山前拗陷带，沉积少量三叠系岩层，在戈壁地区又在此基础上沉积第四纪冰水冲积物，东部地区基底高低起伏。北部地区在长期风力作用下形成沙漠。中部的准噶尔地块岩层起伏变化不大，木垒境内地表覆盖第四纪洪积物、冲积物。北部的北塔山构造带属阿尔泰地槽的东延部分，在木垒县境主要形成北塔山，大、小哈甫提克山，受天山构造带的干扰，方向呈北西向，地势由西南向东减缓。

第二节　奇异的地形地貌

木垒境内主要是博格达山北坡。在不同地质构造的作用下，形成山地、山前丘陵、平原戈壁和沙漠等复杂地貌类型。可分为山地、山前丘陵、平原、沙漠四个不同地理单元，自南至北依次分布。地势南高北低，东、南、北三面环山，中部低缓，西面开阔，形成半壁盆地，盆地南部为山前冲积平原，北部为古尔班通古特沙漠。

县境南部的博格达山区，山势由西向东逐渐降低，由南向北下降。自然景观呈垂直带结构。海拔3500米以上地区为高山冰雪带，地表多被冰雪覆盖，冰川蚀积作用强烈，极少生长植物。海拔3500—3200米为高山亚冰雪带，冰缘地貌类型众多，只生长垫状植被及少量低矮草类。海拔3200—2700米之间是高山草甸，U形谷分布广泛，古冰川遗迹丰富，夏季流水作用活跃。植被为高山芜原及苔草－杂类草草甸。海拔2800—1500米之间为山地森林带，地形切割深、起伏大，谷地中有多级阶地。中部为雪岭云杉纯林，上下部分别与高山草甸草原和山地草原相交错。海拔1500—1200米之间为山地草原带，地表覆盖黄土，地势和缓，植被主要为中生杂类草。荒漠带处于北坡基带，地表覆盖黄土，主要地貌类型为低山及洪积扇，生长以蒿类植物为主的荒漠植被。[1]

在木垒境内主要形成大石头山、大浪沙山、照壁山、平顶山、东城山、大南沟山、英格堡山，自东向西横贯县境南部，海拔多在2500米以上，最高峰3483米，是南部天然屏障。山区以北，地势逐渐降低，形成连绵起伏的山前丘陵地带，平均海拔1428米，是耕地的主要分布区。丘陵以北，中部沙漠以南，是辽阔的平原戈壁，地势平坦，覆盖厚度不等的冲积、洪积黄土，生长蒿属植被，是优良的春秋牧场和引水灌溉农业区。中部霍景涅里辛沙漠，属古尔班通古特大沙漠的东端，海拔700—1000米，广泛分布新月形沙丘。北部为北塔山，大、小哈甫提克山地，属于阿尔泰山脉向东延伸的余脉，山体矮小，走向不

---

1 伍光和、上田丰、仇家琪：《天山博格达山脉的自然地理特征及冰川发育的气候条件》，《冰川冻土》1983年第3期。

一，海拔1500—2000米，干旱缺水，仅沟谷阴坡生长稀疏旱生植物，可以放牧骆驼和山羊等牲畜，但矿藏资源丰富，是木垒县的主要矿藏区。东部蒙罗克山和青居吕山海拔1500—2000米。在木垒与巴里坤之间有240公里的荒漠地带，人烟稀少，构成天然的病虫害传播屏障。

第三节　典型的大陆性气候

木垒地处欧亚大陆内陆，是干旱、半干旱地区，属典型的温带大陆性气候。受地理位置和特殊地形地势影响，气候冬季漫长寒冷，夏季短而凉爽，春夏多风，降水稀少，多年平均降水量为295毫米。全年平均气温5℃—6.6℃，全县年平均最高气温11.2℃，极端最高气温42℃；年平均最低气温-0.2℃，极端最低气温-42℃。气温具有明显垂直差异，海拔900米以下的戈壁和沙漠区热量丰富，冬季寒冷，夏季炎热，降水量少，蒸发强烈，多风。海拔1700米以下属中温带，山前丘陵热量欠缺，冬暖夏凉，降水较多，植被良好，空气较湿润。海拔1700米以上属寒温带，四季不甚分明，春秋相连，冬季大部分地区气温较戈壁沙漠高，夏季凉爽，热量不足。海拔1800—2000米，降水量较多，牧草生长良好。

第四节 短小的山溪性河流

木垒的河流主要发源于南部天山山脉的博格达山北坡，自南向北流，水源以积雪融水为主，补以自然降水，多属山溪性河流，流程较短。主要有6条河流，自西向东依次为英格堡河、水磨沟河、东城河、木垒河、白杨河、博斯坦河。其中，木垒河最长，全长约100公里，水量也最大，多年平均径流量4424.3万立方米/秒。木垒河积水面积小，源头无现代冰川补给，河水主要补给来源为山区基岩裂隙水和大气降水。其次是白杨河，全长18公里，但河流上游缺乏全年性积雪覆盖，河水主要依靠降雨，因此水量不是很大，年径流量只有851万立方米。同样，博斯坦河虽然有16.8公里长，但年径流量只有605万立方米，在6条河流中水量最少。其余河流流程多在10公里出头。

泉水是木垒县水资源的重要补充。全县有17条泉水沟和127个泉眼。此外，在中部沙漠以南到山前丘陵以北的戈壁平原地区，分布有丰富的地下水可供开采。

第五节 丰富的自然资源

多样的地貌及丰富的水资源构成了木垒县良好的生态圈，其间自然资源非常丰富，包括土壤、植物、药材、动物、矿产等。

木垒县境自然土壤垂直差异性比较明显，不同海拔土壤有所不同。据统计，全县土壤分8个土类、19个亚类、19个土属、33

个变种，丰富的土壤种类为生物多样性提供了有利的条件。

木垒县境植物类型丰富，不同海拔、不同地理单元，植被覆盖差异明显，形成沙漠及半荒漠带、山麓及半荒漠草原带、山地干旱草原带、山地森林草原带、亚高山草甸带、高山草甸带、裸露岩石砾石带等不同的生态带，不同生态带又分布着不同的植物资源，如梭梭、红柳、胡杨、沙枣、矮柳等木本植物，琵琶柴、麻黄、三叶草、乌头、党参、高山景天等草本植物，以及水源涵养林、沙漠保安林、农田防护林、经济林等人工森林资源。能入药的野生植物有300多种，包括雪莲、紫花贝母、大芸等名贵药材。

丰富的植物资源为动物生长提供了优良环境，仅国家级保护动物就有野驴、马鹿、雪豹、棕熊、鹅喉羚、大头羊、金雕、雪鸮、雪鸡等十余种，还有猞猁、野猪、狐狸、松鼠等野生动物，以及大小鹰鸽、野鸭、小鸟等飞禽。

矿产资源中，非金属矿主要有煤矿、盐矿、硼矿等，以煤炭资源最丰富，储量达4亿吨，质量好，埋藏浅，便于开采。另外还有水晶石、云母、石棉、石墨、石灰石、石膏、玛瑙石、石英岩、滑石、珍珠岩、芒硝等。金属矿藏有菱铁矿、铬铁矿、钨矿、铜矿、锌矿、沙金等，储量丰富。[1]

1　本章内容除特别的注明，其余主要参考和引自王胜兵、沙砚勤主编，新疆维吾尔自治区地方志编纂委员会编《木垒哈萨克自治县志》，新疆人民出版社，2003，第46—64页。

第三章　原始聚落的发现

第一节　最早的人类活动遗迹

木垒在大约距今5000年前的石器时代，就已经有了人类活动。这一时期的人们，活动范围从山区一直延伸到戈壁地带，他们打制各种细小石器，主要从事狩猎和采集等生产活动。他们活动的痕迹绝大部分早已消失殆尽，但难以被侵蚀毁坏的细石器得以保存下来，通过这些细石器，我们可以透视那段过往的远古历史。

木垒的细石器遗存非常丰富。无论是荒漠地带，还是山前山区，发现的细石器遗址不下10处，他们主要分布于照壁山乡、大石头乡、白杨河乡、大南沟乡、雀仁乡，以大石头乡和照壁山乡较为丰富。其中有的已列为新疆维吾尔自治区级重点文物保护单位，有的被列为县级保护单位，被很好地保护起来。[1]

木垒河细石器遗址是最早被发现的细石器遗址，于1959年被发现。遗址位于县城南照壁山乡照壁山村西北1.2公里木垒河古河床东岸，分布范围约10000平方米，此地采集到大量细石器和陶片。石器石质以燧石为主，也有砂质板岩、石英岩、玛瑙等，质地细密，有清楚的加工剥痕。细石器特征明显，器形包括石核、石片、石刀、刮削器、尖状器、石镞等。据研究，该遗址延续较长，可能从新石器时代晚期一直到青铜时代都在使用，是研究天山河谷下游冲积平原地带考古学文化的重要材料。吴震认为，木垒河细石器遗址和阿斯塔那遗址细石器文化存在差异。阿斯塔那的细石器文化，石片石器十分发达，压制石器丰富、类型繁多。木垒河细石器文化缺乏柳叶形镞，三角形镞的底向内凹，细长刀形薄石片多经截短，两面加工整修也不如阿斯塔那的多。[2] 这说明，虽然同属天山东部地区，但山南山北具有不同的地域特点。

七城子细石器遗址位于大石头乡七城子村南偏东2.5公里的天山山谷中，地属塔克尔巴斯陶村。山谷长约5公里，宽阔、富含水草，是较好的夏季牧场。1988年第二次文物普查时发现，遗

1　细石器资料，均参考了新疆维吾尔自治区文物局编《新疆维吾尔自治区第三次全国文物普查资料汇编：木垒哈萨克自治县不可移动文物》（内部资料），2011（以下不一一注出，仅注其他资料）。同时参考发表的考古调查、发掘简报和相关研究性论文。

2　吴震：《新疆东部的几处新石器时代遗址》，《考古》1964年第7期。新疆维吾尔自治区文物普查办公室、昌吉回族自治州文物普查队：《昌吉回族自治州文物普查资料》，《新疆文物》1989年第3期。徐延珍：《木垒县境内细石器遗址的发现与探究》，载政协木垒哈萨克自治县委员会编《木垒文史》第十六辑（内部资料），2014，第275—284页。

图1　木垒七城子细石器遗址现场

址面积约240000平方米，采集到细石器160件；2008年第三次全国文物普查时，又采集到3件细石核。细石器主要以硅化粉砂岩和硅质岩制作，主要有石核、石叶、石片石器和石片，石核分楔形和半楔形石核、半柱状石核；石叶有宽、中、细之分；石片石器中，有扇形刮削器，龟背形、条形、三角斜弧形刮削器，以及尖状圆刃刮削器和斧形器等。石核形体较大，多为斜台面，剥落的石片较宽。不见锥状石核。被认为器形和加工工艺都较哈密地区的七角井细石器遗址原始，年代可能早到新疆的中石器时代或新石器时代早期，大致为距今5000—3000年。[1]

塔克尔巴斯陶细石器遗址位于大南沟乌孜别克乡大南沟村西戈壁滩。塔克尔，哈萨克语为平坦的意思，巴斯陶是泉的意思，合起来就是平原上有泉水的地方。地图上此地标有两眼泉水，遗址中部有泉眼。遗址面积400000平方米，1988年调查时，采集到40多件石器，石质有硅质岩、硅化粉砂岩、火成岩、泥岩等。分为细石核、细石叶和石核石器、石片石器。石核石器中，有刮削器、尖状器、砍砸器等器类，采用单面、双面压剥法制作，加工较粗糙。细石叶不典型。一些石器特点呈现出与七城子等遗址相似的因素，因此年代应大致相当，有可能存在某种联系。[2]

伊尔哈巴克遗址位于雀仁乡乌克勒别依特村东20公里戈壁与沙漠交界地带，附近有加曼塔木泉，1985年被发现，面积80000平方米，采集到细石器20余件。石器以灰色和黑色硅质岩、石英岩打制。器形分为细石核、细石叶、细石器，以细石叶最丰富，加工精细。细石核多为楔形和锥形。细石器主要为镞、敲砸器等。镞的横断面近似菱形。该遗址也发现磨制砺石和陶纺轮、陶瓷片，说明4000年以来都有人类活动。[3]王炳华还提到该遗址发现有多件凹底石镞，通体修整，形制规整，近树叶形，体薄，尖

1　新疆维吾尔自治区文物普查办公室、昌吉回族自治州文物普查队：《昌吉回族自治州文物普查资料》，《新疆文物》1989年第3期。徐延珍：《木垒县境内细石器遗址的发现与探究》，载政协木垒哈萨克自治县委员会编《木垒文史》第十六辑（内部资料），2014年，第275-284页。

2　同上。

3　新疆维吾尔自治区文物普查办公室、昌吉回族自治州文物普查队：《昌吉回族自治州文物普查资料》，《新疆文物》1989年第3期。

图2　木垒黑疙瘩细石器遗址采集细石器

和刃锋利，尾端凹入。认为这种凹底石镞可以看作是木垒地区细石器文化中具有特点的一种器形。[1]

　　黑疙瘩细石器遗址位于大石头乡克孜勒加尔塔斯村（又名红岩村）北约20公里的戈壁和山脉交界地带，范围约50000平方米，采集到各类细石器约200件，以黑色、灰黑色硅质岩和石英岩、粉砂泥岩制作，质地坚硬细腻。有细石核、细石叶和细石器。细石核主要有锥状、楔状和柱状3类，压剥痕迹明显。细石叶多为

1　王炳华：《新疆细石器遗存初步研究》，载《丝绸之路考古研究》，新疆人民出版社，2010，第96—107页。

细长条形，两刃锐利，脊部有棱脊。细石器主要为三角形镞。也有刮削器、尖状器等。黑疙瘩细石器遗址是木垒县境内发现的细石器遗址中遗物数量最多的细石器遗址，推测其年代大约距今5000—3000年。

地窝堡细石器遗址位于白杨河乡下泉村西北5.4公里的平川谷地中，附近有泉眼。遗址面积15万平方米，采集到细石器100余件。石料为青、黑、灰白色硅质岩和粉砂质泥岩，器形主要为细石核、细石叶器。形制特点与附近其他细石器遗址相近，推测年代约距今5000—3000年。

2011年，新疆文物考古研究所在距木垒县城14公里的照壁山乡河坝沿子村抢救性发掘一批春秋战国、汉、唐时期墓葬时，在

图3　木垒地窝堡细石器遗址采集细石器

墓葬区发现了一处距今4000多年前的细石器居住遗址。细石器时代遗存被叠压在墓葬的下面，提供了清楚的地层层位关系，说明其年代早于墓葬群。细石器数量不多，但制作细石器产生的石废料相当多，说明很有可能是一处细石器作坊遗址，年代早于四道沟原始村落遗址。[1]这处遗址应就是干沟遗址。

　　细石器遗址基本没有做过考古发掘，因此很多用来判断年代和文化属性的科学方法、手段都无法运用。目前常用类比的方法，对细石器的形态特征进行比较，这样得出来的结果往往带有比较强的主观性。由于石器多为地面采集，而地面上往往还有其他类型的遗物混杂，比如晚期的陶器、铜器残片等，如何区分它们之间的关系是一个需要慎重考虑的问题。一般认为，细石器出现于中石器时代，那时还不能生产陶器和青铜器、铁器等，理论上讲就算混杂在一起，也可以区别开来考虑。但问题是，细石器并不局限于中石器时代，在青铜、铁器时代可能也有这类器物出现，因此简单地将一个遗址中的细石器断定为早于同出的陶、铜和铁器所处的时代，就会过于草率。所以上述沿河子村的发掘就非常重要，细石器被叠压在战国、汉唐墓葬的下面，这个层序关系清楚表明了它们之间的相对年代，细石器是要早于墓葬而存在的，也就是其年代下限早于墓葬的年代。

　　由于不同时代、不同文化的器物具有自身的特点，所以通

1　马永平：《新疆木垒考古意外发现细石器时代人类遗址》，亚心网，2011年5月6日，http://news.sohu.com/20110506/n306888277.shtml，访问日期：2020年3月20日。

过这批细石器，就可以以类比的方法来判断其他形态特征相近却没有明确年代依据的遗物和遗址的年代。对新疆地区细石器的断代研究，大多采用这种方法。前面提到的不同细石器遗址器物特征的比较就是这种方法的具体实践。王炳华就主要根据细石器和共存文物所显示的制作工艺的成熟程度、新工艺及新器物的出现等，将新疆已发现的26处细石器遗址划分为4个大的类型。其中第一类以阿尔金山、雅尔崖古城沟西、柴窝堡湖细石器遗址为代表，除少量石核、小石叶、细石器，另共存大量打制石片石器。石片较厚，宽往往大于长，形制不规整，取边刃或尖端用作刮削、锥刺。边刃和尖部见第二步加工或使用痕迹，具有明显的原始工艺特点，证明时代较古老，应该属于中石器时代或新石器时代早期，距今在万年以前。第二类以七角井、三道岭遗址为代表，遗址区内细石器工具比重较大，各类石核、细石叶，尤其是以小石叶为原料进一步加工成的小石镞、石钻、雕刻器等数量大。细石器多不做第二步加工，但边刃锋利。而以细石叶进一步加工成的细石镞、石钻头、雕刻器，经两面压琢修整，做工精细。并与石核砍砸器、打制石片、刮削器、尖状器共存。因此制作工艺明显比第一类进步。木垒河细石器是第三类的代表，前面已经提到，以细石器为主，包括柱状石核、大量细石片。细石片大多截断，表明是做石刀刃片的材料。细石镞镞体呈三角形，通体修压精致，最显著的特点是底部内凹。另一个特点是细石器与较大型的打制石斧、锛共存，而这些大型石器的刃口不经打磨加工。遗址内往往有粗糙的陶片。其年代明显晚于第二类，属于新石器时代。最后是以吐鲁番阿斯塔那、罗布淖尔地区的细石器遗址为代表的第四类，遗址中细石器不仅丰富，还与打制石器、琢制石器、陶器共存，并出现装饰类器物，如穿孔砾石坠、弹丸。细石器器形稳定，制作精巧。桂叶形矛头通体压修成鱼鳞状，是最具特色的器形。石镞精巧、有铤，与木垒所出明显不同。细石器多经第二步加工。偶见磨制石器。其年代大约在距今4000年前后，属于新石器时代末期。[1]虽然如此，这样根据器物形态特征推定的年代，仍然只能作为一个参考。

第二节　原始村落遗址

大约距今3000年前，生活在木垒地区的人们已建立起定居村落。根据第三次文物普查等有关资料和研究，考古学家们通过考古发掘和调查，目前已发现了61公里原始村落遗址、63公里原始村落遗址、四道沟原始村落遗址和霍斯章原始村落遗址等早期居住址，为了解当时人们的社会生产和生活提供了重要线索。

从木垒县城出发北行大约5公里，到达公路里程碑为61公里的地方，就到了木垒河畔。木垒河从天山倾泻而出，在山前形成巨大冲积扇。就在木垒河冲积扇东岸坡地上，可以见到地面上散布着大型打制石器、彩陶片，一些地方还有灰坑等遗迹。这个遗址最早于1978年修公路时被发现，因为附近没有居民点等标志性

1　王炳华：《新疆细石器遗存初步研究》，载《丝绸之路考古研究》，新疆人民出版社，2010，第96—107页。

地物，因此取名61公里遗址。

遗址范围不同时期的材料略有出入。1983年新疆社会科学院考古研究所王炳华一行初步调查时，根据地面暴露的文化遗物散布情况，估测遗址东西50米，南北200米，面积1万平方米。1989年发表的昌吉回族自治州文物普查资料中，估计面积约5.6万平方米。第三次文物普查资料为4.8万平方米。在修公路时，由于修路取土，遗址已挖出许多坑沟。因此，面积的差异与调查的详细程度以及后来的变化可能都有关系。

61公里遗址属木垒县新户镇新户村地界，现附近已有居民区和加油站。遗址西侧就是木垒河的主河道，距遗址台地高差7米。从河岸、坑沟和路基等地物提供的断面，可以观察到遗址有厚达2米的文化层堆积。根据一处土坑的剖面，大致可分为四层，最上面一层为黄色表土层，第二层厚约10—15厘米，土质呈灰色，较疏松，间杂有陶片、畜骨、灰烬等遗物，中间还有一层平铺的长约4米的扁圆形石块遗迹。第三层厚约70厘米，土色较杂，土质松软，见有灰坑等遗迹，灰坑中有夹砂陶片、炭渣等遗物。第四层为黄土层，厚约40厘米，夹杂物较少。其下为冲积砂砾层。这些层位关系表明，第二层平铺石块遗迹很可能是居住面残留的一部分，另外，不同地层中都出现了灰坑，从遗迹和遗物情况判断，这里应该是一处定居的村落遗址，延续了相当长时间。

从地面采集到的遗物中，有大量夹砂陶片、彩陶片，有些陶片还有烟炱，他们同时也出现于地层和灰坑中，与其共出的还有灰渣、畜骨和石器，生活气息非常明显。采集到的打制石器标本

图 4　木垒 61 公里遗址出土石锄（斧）

20 余件，包括石锄、穿孔环形石器、石镰、砍砸器、刮削器，还有马鞍形石磨盘残段。这种石磨盘是距今 7000 多年前就已出现的谷物加工工具，一般与石磨棒或由正反两块配合使用，底盘有的还有柱足，在中原和欧亚大陆早期时代使用普遍。石镰也是早期的收割工具。这些说明这里确实曾经有过农作物的生产和谷物加工，以及牲畜饲养。陶器有罐、钵、釜等器类。彩陶多为红衣黑彩，施黑色垂幛纹、倒三角纹、网格纹等纹饰。彩陶反映出一幅原始农耕社会的景象。这些特点被认为与四道沟遗址存在相似性，可能属于同一种文化，其年代可能早到新石器时代。[1]

1　新疆维吾尔自治区文物普查办公室、昌吉回族自治州文物普查队：《昌吉回族自治州文物普查资料》，《新疆文物》1989 年第 3 期。王炳华：《天山东段考古调查纪行（三）》，《新疆文物》1988 年第 4 期。

图5　木垒61公里遗址出土石磨盘

　　从61公里遗址往南约1.5公里，就到了第63公里里程碑。同样是在木垒河东岸台地上，有另一处遗址，与61公里遗址同样的原因，被命名为63公里遗址。这里原属新户镇三村，现属木垒镇，南距木垒镇城关村2公里，西到木垒河只有250米。

　　63公里遗址也是一处原始村落遗址，于1978年被发现。根据地面散布陶片情况，粗略估计面积有6.4万平方米。遗址地面采集的文物标本中，主要为夹砂红陶片、石器、角器。从陶片可以看出，陶器显然是手制的，器形有单耳罐、双耳罐、敛口罐、鋬耳盆和釜形器。釜形器有烟炱痕迹。也发现有彩陶，为红衣黑彩，竖条纹。从

图6 木垒63公里遗址出土陶鋬耳盆（钵）

中原地区的情况来看，彩陶一般出现于新石器时代中晚期，但新疆各地青铜时代和早期铁器时代仍然在使用，应该是发展相对滞后的表现。大概直到中原战国－汉代文化盛行于西域之后，彩陶才被新的随葬品取代。石器中也出现了马鞍形石磨盘。

从挖掘的土坑剖面可以看到文化堆积明显分为两层。上层厚约40厘米，土色较杂。下层为沙土混合层，厚约1.6米，夹杂有红烧土。遗址总体文化面貌与61公里遗址接近。[1]

---

1 新疆维吾尔自治区文物普查办公室、昌吉回族自治州文物普查队：《昌吉回族自治州文物普查资料》，《新疆文物》1989年第3期。

在新户镇霍斯章村东北3公里荒漠中也有一处遗址，称为霍斯章原始村落遗址。该遗址20世纪六七十年代取土时被发现，位于一个圆形土丘上，面积约6000平方米。遗址区散布大量夹砂红陶片，发现罐、钵、壶等器类，以及大量马鞍形石磨盘。

据第二次全国文物普查资料，新户镇还有一处原始村落遗址，叫新户遗址，位于新户牧业队坎尔孜村南偏东约3公里，但目前新户镇行政区划中并无坎尔孜行政村，第三次文物普查资料中也没有关于新户遗址的记录，可能已经发生了大的变化。根据"二普资料"，新户遗址的中部有一座直径约30米的土丘，周围为黑色细砾石。土丘上被人掘出大大小小的土坑，土质为黄色熟土，混杂有灰土、炭粒和动物碎骨，很明显是人类活动的遗迹。遗址地面散落遗物较多，洪水冲沟内和沟壁中，都见有大量陶片和石器。陶片多为手制夹砂红陶，器形有带流罐、双耳罐、双系小罐、錾耳盆、盆、钵等。彩陶为红衣黑彩，饰折线纹。一些陶片上有烟怠痕迹。石器中有石磨盘和石杵。石磨盘变化较多，有马鞍形磨盘，也有椭圆形、船形和不规则形等。许多遗物与上述诸遗址特征相近，因此应该存在一定的联系。[1]

上述四处原始村落遗址都分布在新户镇，临近木垒河，相互之间也相距不很远。

木垒河上还有一处遗址，叫干沟遗址。干沟遗址位于木垒县城南约11公里、照壁山乡河坝村东南百余米、新修建的三眼泉水

1　新疆维吾尔自治区文物普查办公室、昌吉回族自治州文物普查队：《昌吉回族自治州文物普查资料》，《新疆文物》1989年第3期。

图7　木垒干沟遗址出土骨镞

库淹没区内。遗址处于木垒河东岸二、三级台地上，2011年进行了抢救性发掘。发掘5×5米探方9个，面积225平方米。遗址地面散布小量陶片、细石器等遗物。地层堆积厚1.5—1.6米，分5层。第一层为表土层，黑褐色土，土质疏松，内含石块，厚0.05—0.1米。第二层为墓葬封堆，由卵石和土混合堆积而成，土质较硬，厚0—0.5米。出土少量兽骨和夹砂陶片。其下开口有墓葬。第三层为黄褐色土，土质疏松、细腻，厚0.05—0.6米。出土陶片、细石器、动物骨骼等。其下开口有灰坑。第四层为灰褐色土，土质较硬，内含大量白色斑点，厚0.35—0.55米。此层下有一层居住面。第五层为灰黑色土，土质疏松，厚约0.5米。出土石器和动物骨骼。其下有一层居住面。

共发现居住面2个，卵石垒砌的墙基2条。其中开口于四层下的一条呈西北—东南走向，长约4.5米，宽约1米，残高0.3米。开口于五层下的呈东西走向，长约7米，宽约1.2米，残高约0.2米。三层下还发现一口平面呈圆形的灶，直径约0.3米。由卵石垒砌而成。地面有火烧痕迹，附近有零星动物骨骼。另外还发现灰坑7个，平面呈椭圆形、长方形或不规则形。深一般不到1米，坑内填有陶片、兽骨和石器，有的有骨镞、牛角。也发现一个柱洞和一处红烧土面。柱洞深1米余，底部有用5块卵石构造的柱础。红烧土面位于四层下居住面内部，平面呈椭圆形，面积约0.55平方米，局部堆积有灰烬。

出土的石器当中，有打制石器和磨制石器。前者为石核、砍砸器、刮削器、斧、石核石器、石片和石料，磨制石器加工精细，

图8　木垒四道沟遗址地貌环境

有杵、磨盘等。陶器主要为手制夹砂红陶，少量饰以戳刺纹、附加堆纹、弦纹和红色条带纹。器形以高领罐、敛口罐、敛口深腹罐、束颈罐为主，部分陶器表面有烟炱痕迹。该遗址的墓葬与居址区部分相互重合，部分位于居址的北面。

根据碳14测年结果，从遗址地层和灰坑出土的7个动物标本的年代为公元前1300—前1100年。[1]

干沟遗址的两个居住面，以及墙基和灶、灰坑等遗迹，石质农具和陶器，是很明显的定居村落遗存。该遗址延续时间较长，马镫、殉马坑等显示了较为发达的游牧经济。发掘出的墙基可能

---

[1]　新疆文物考古研究所：《新疆木垒干沟遗址发掘简报》，《文物》2013年第12期；《木垒县干沟遗址发掘报告》，《新疆文物》2012年第1期。

是房屋建筑残留的一部分，可惜没有全面揭露。但从已出露的部分来看，房屋很可能呈方形或长方形。出土的彩陶与哈密、吐鲁番地区的几乎相同，说明相互之间有着密切联系。

如此丰富的原始村落遗存集中发现于木垒河岸，说明木垒河流域自距今3000多年起，就已经是农牧经济的中心区域，这与上文有关木垒早期历史的记载是相符的。

在木垒河流域以外的丘陵地区，也有一处原始村落遗址，叫四道沟遗址。四道沟遗址位于木垒县县城西南10公里，东城镇四道沟村东南2公里，是新疆最早被发现和进行考古发掘的原始村落遗址。遗址发现于1976年秋，当时四道沟大队第二小学在操场修建跑道，发现了石球、石杵、石磨盘、纺轮和陶片等遗物。1976年10月和1977年3月，自治区博物馆两次派人前往调查。1977年5—7月进行考古发掘，历时2个月，发掘探沟2条，5×5米探方6个。

遗址位于天山北麓丘陵地带的一条山梁上，西面有一条小河流过，遗址高出河床近7米，东、西、南三面被山丘环绕。文化堆积厚约2.5米，从上到下分为5个地层。其中，第3层和第4层之间有一层厚约5厘米的硬土层，据判断为居住面。这层硬土层也具有分界的意义，即其上部出土的遗迹、遗物，和其下部出土的遗迹、遗物有明显区别，因此可分为早晚两期。据碳14测年，早期文化年代距今约3000年，约相当于中原地区西周时期；晚期年代距今约2300年，约相当于中原地区战国晚期。

发掘出的遗迹115个，包括灰坑101个，柱洞10个，灶4个，也分为早晚两期。灰坑分圆筒形、锅形、半圆筒形、袋形、平面梯形和不规则形6类。其中，圆筒形灰坑较多，袋形灰坑仅出现于晚期。柱洞分为筒形和锅形两种，直径在12—40厘米之间，柱底多填卵石，或先在底部垫卵石片做柱础石，再在其上填卵石。部分柱洞尚存已腐朽的残木柱，有的还在木柱周围用小卵石做加固处理。柱洞亦有早晚期之分，晚期只有锅形柱洞。灶址早、晚期各2个。早期的灶一个为卵石底圆形灶，另一个为椭圆形石壁灶，先在地面挖出灶坑的基槽，再在槽内填入卵石，然后用卵石围砌灶壁，灶壁高出灶底15厘米，灶底平整，灶口朝南。晚期灶一个是圆形石壁灶，灶壁用大块长条形卵石围砌，高出灶底20厘米，灶南部放置一件红底黑彩陶罐；另一个是圆形土坑灶，灶壁烧结面尚存，灶坑内上部堆积红烧土碎块、烧土、烧碎的骨头、陶片和石头。从柱洞布局和灶坑的位置，可判断当时房屋可能呈圆形。

　　遗址中发掘区也发现有墓葬。墓葬与上述遗迹基本上都分布在T3、T5、T6和T7四个探方，而探方大小才5×5米，在这么狭小的范围内同时分布遗迹和墓葬，说明居住区和墓葬区基本上合在一起，可能还没有单独的墓地设置。这是四道沟原始村落遗址一个很重要的现象，为我们提供了一个有关天山北麓地区早期聚落布局的一个新模式。

　　根据考古资料，四道沟遗址出土了40余件陶器、80余件石器、25件骨器、10余件铜器，共计170余件，文物相当丰富。陶器主要为夹砂陶，早期陶器多为手制夹砂红陶，彩陶施黑彩，纹饰以网纹、菱形纹、弧线回纹为主。器形规整，多圜底器，主要为罐、盆、钵等饮食器，但也有陶刀范和陶纺轮，说明这里存在冶铸业

图9　木垒四道沟遗址出土石锄

和纺织业生产活动。从遗址和墓葬均出土铜器并且铜器中主要是铜刀和铜环之类来看，它们很有可能就是本地冶铸加工的产品。晚期陶器多为褐色夹砂粗陶，较为粗糙，器类除罐、盆、钵，新出杯、釜等器，彩陶数量增加，除黑彩，另出现朱彩，纹饰以垂幛纹、纵横条纹、长短纹的组合纹饰为主。早晚陶器有明显变化。这与墓葬形制的变化是一致的。

四道沟遗址的生产工具仍以石器为主，78%是磨制石器，器形早期有石球、石磨盘、石杵、石钻，以及石核、石片等细石器。[1]

1　新疆维吾尔自治区文管会：《新疆木垒县四道沟遗址》，《考古》1982年第2期。新疆维吾尔自治区文物普查办公室、昌吉回族自治州文物普查队：《昌吉回族自治州文物普查资料》，《新疆文物》1989年第3期。戴良佐：《木垒县四道沟遗址》，载政协木垒哈萨克自治县委员会编《木垒文史》第十六辑（内部资料），2014，第195—198页。

这些石器从功能上看是日常生活中常用的加工工具。石球属于一种投掷器，石磨盘是粮食加工工具，石钻的用途很难明确，可以作为装饰，也可以作为缝纫工具。它们提供一种生动的日常生活场景。晚期石器除石球、石磨盘、石杵，还有石臼、石磨棒、石锛、石锄、石磨、石环、石纺轮、柱础石，同时也有石核和石片等细石器，石器的种类丰富得多。从功能上看，石器的使用面更广，水平也提高了不少，很明显农业生产规模和水平有了较大进步。

有意思的是，晚期同时出土了与早期类型相同的马鞍形石磨盘，还出土了与之组合使用的石磨棒，一般是用来加工谷物等粮食。这说明这种加工方式仍在延续。马鞍形石磨盘和石磨棒组合时代出现得很早，大概在新石器时代早期人们就已经开始使用。在新疆地区一直到汉晋时期仍然常见。这种加工工具使用起来比较费力，效率较低，后来就被更先进的到现在仍然流行的圆形组合式石磨取代。这种新型石磨不仅减轻体力，而且极大提高了效率。四道沟遗址晚期文化中，就出土了这样一件石磨，虽已经残损，但仍可看出石磨盘面上的纹理，中心部位有钻孔。同时存在两种不同类型的石磨，说明它们使用上可能有不同的分工。马鞍形石磨可能用来加工一些工作量不大、相对比较容易的东西，而新型圆形组合式石磨用于加工工作量和工作难度更大的粮食。这说明在生产加工方面有了更精细的分工。

石杵和石臼也是组合工具，用来研磨或捣碎需要精细加工的东西，如药物、调料等。石锛一般是木工工具，石锄用于耕地，而石纺轮是纺织工具。这些石器涉及当时生活的方方面面，生动地展示了一幅丰富多彩的生产、生活场景。再结合出土的骨针、骨纺轮，他们应该还有一定的纺织业生产。

从以上情况综合判断，四道沟人构建了定居的农业聚落，建筑大致呈圆形的房屋居住，房屋的中间设置椭圆形石壁灶和土坑平底灶，灶的底部铺卵石。他们用石锄等农业生产工具从事耕作，用石磨加工粮食，石臼、石杵加工调料之类的产品，用石锛等木工工具制作和加工家具等物品。他们也从事纺织生产，可能纺织毛毡和衣服。他们当然也不会忘记打扮自己，用梳子梳头，佩戴耳环。偶尔也会带着弓箭、石球、细石器出去狩猎，以改善生活。牧业是很重要的经济方式，占有很大的比重，遗址中出土的大量动物骨骼表明，马、牛、羊、狗等是主要的饲养家畜。最重要的是，他们已经掌握青铜冶铸技术，可以使用陶刀范铸造铜刀等物品。从这些看来，四道沟遗址发现的数量庞大的灰坑，其性质可能就非常复杂，不能简单地理解为垃圾坑之类，其中一部分很可能是手工作坊。

很明显，这是一个高度复杂化的农业社区，但他们的墓地就设在村落中间，而不是单设墓地，反映了他们的一种古朴的生死观。据研究，居址葬从人类居住在洞穴的时候就已经存在，后来发展到在房屋建筑内部地面及地下"埋藏"死者，称为居室葬。居葬合一习俗曾广泛流行于世界各地，从旧石器时代的洞穴，到新石器时代各阶段的遗址都有发现。[1]

1　李永强：《中国史前居址葬俗刍议》，《中原文物》2017 年第 6 期。

上述遗址一般分布于山前地带，特别是木垒河岸，经过发掘的遗址有两处，一处是四道沟遗址，另一处是干沟遗址，两处遗址都发现了居住面，房屋墙基和柱洞，灰坑、灶等遗迹，出土石质农具、手工业加工用具和狩猎器具，陶质（部分为彩陶）炊饮器，骨器、木器和铜器，显示了明显的村落生活情况，农业显然已经发展起来。根据研究，年代都在距今3000—2500年左右，约相当于中原地区西周至战国时期。干沟遗址还有唐代的墓葬和殉马坑。木垒的自然环境是非常适于农作物生长的，而且由于与周边隔离较大，夏天温和，冬天寒冷，有利于农作物病虫害的防治。

遗憾的是，由于保存状况和发掘面积的局限，过去的发掘没有能够提取到更多的文物信息，因此除了在四道沟遗址一处不起眼的灰坑里发现了种子[1]，没有获得更多确切的农作物的种属，局限了对农业形态的探讨。对村落的形态、建筑物的结构也难以形成更丰富的知识。但另一方面，这些遗存文化面貌大致接近，文物类型、器类、器形、纹饰都很相似，反映这一时期的农耕文明具有分布上的广泛性，相互之间存在交流。如果我们将它们放到更大的范围来考察，或者可以获得更多有关这一时期木垒农作物和村落特点方面的一些认识。

木垒周边的东天山地区，有一定的农作物的相关线索发现，如小米、青稞、小麦等，结合这些考古发现以及人骨碳氮稳定同位素的检测结果（以C3植物为主），可初步推测木垒地区史前的农

1　羊毅勇：《新疆的铜石并用文化》，《新疆文物》1985年第1期。

作物种植当与其周边地区一致。结合墓葬中出土的动物骨骼，如羊骨、牛骨等，亦可初步推测其饮食结构中包括牛、羊等动物蛋白质摄入。而在更广泛的天山地区，农作物发现的例子就更多了。

第三节　早期墓葬与丧葬礼俗

木垒地区开展的墓葬考古工作极为有限，加上各种原因的临时性清理，前后不过6次。最早的一次是1976年四道沟遗址的发掘，第二次是1983年在县城西南独山守捉城遗址北门外基建工地墓区的抢救性清理，第三次是1989年在县城东鸡心梁发现了一座古墓，第四次是1994年博斯坦乡两座墓葬被追回海贝和飞镖等部分文物，第五次是2011年干沟遗址墓群的发掘，最近一次是2015年照壁山乡平顶山墓群的发掘。其中正式发掘的只有四道沟遗址、干沟遗址和平顶山墓群。

1. 四道沟遗址的简单丧葬

四道沟遗址据发掘简报共清理墓葬4座，分为两期，其中3座为早期墓葬，年代距今3000年前后；1座为晚期墓葬，年代距今约2400年。不过这4座墓葬的编号为M1、M3、M5、M6，[1]显然原该是6座。另外，戴良佐清楚记载是6座墓葬，而且特别提到了简报中所缺载的M2，这是一座有彩绘狩猎纹棺木的墓葬，

1　新疆维吾尔自治区文管会：《新疆木垒县四道沟遗址》，《考古》1982年第2期。

碳14测定年代为公元425—470年。[1] 孙伯海在《中国文物报》上发表的报道也明确记载为6座，其中有一座墓出土彩绘狩猎纹棺木。[2] 所以清理了6座墓葬应该是准确的，M2、M4两座被简报排除在外，可能是因为它们年代偏晚，属于历史时期。

根据简报，3座早期墓葬均为长方形竖穴土坑墓，其中一座墓葬的人骨仅残存下颌骨、一条腿骨和髋骨，无随葬品；一座墓葬为侧身直肢的小孩，也无随葬品；第三座被晚期灰坑打破，人骨的一条下肢已不存，仰身屈肢，无随葬品。3座墓葬很明显属于单人葬，但由于过于简陋，除人骨外均无随葬品，因此很难判断他们的其他文化面貌。

另一座年代接近战国末期的晚期墓葬，为洞室墓，是在竖井式墓道底部向一侧挖出略呈圆角长方形的墓室，又以大块卵石修砌一道石墙，从中间将墓室分为南、北两部分，北部葬一位老年妇女，头向西南，仰身直肢。其左侧紧挨着两个儿童，头脚相接，上下相叠，上侧儿童仰身直肢，下侧儿童仰身交叉下肢。老年妇女随葬铜环5个，铜饰1件，都是个人随身物品。墓室的南部则空置无物。[3] 这座墓葬显然是一座母子合葬的偏洞室墓，但仅有随

---

1 戴良佐：《木垒县四道沟遗址》，载政协木垒哈萨克自治县委员会《木垒文史》第十六辑（内部资料），2014，第195—198页。

2 孙伯海：《由四道沟遗址看木垒早期文化遗存的民族特点及属性》，《中国文物报》1989年12月15日第2版。

3 新疆维吾尔自治区文管会：《新疆木垒县四道沟遗址》，《考古》1982年第2期。新疆维吾尔自治区文物普查办公室、昌吉回族自治州文物普查队：《昌吉回族自治州文物普查资料》，《新疆文物》1989年第3期。戴良佐：《木垒县四道沟遗址》，载政协木垒哈萨克自治县委员会编《木垒文史》第十六辑（内部资料），2014，第195—198页。

身物品，无随葬品。

两种不同类型的墓葬，除年代不同，还表明不同的人群来到了同一个地方，选择了同一个场所作为墓地。最先到来的人群使用的是长方形土坑竖穴墓形制，单人葬，几乎没有随葬品，也没有什么个人随身物品。虽然可以判断墓葬和居住址位置几乎重合，遗憾的是没有任何有关居住址和墓葬之间层位关系的信息，不过多少可以推测早期遗迹和墓葬主要开口于第四层下和第五层下（H75），晚期遗迹和墓葬则主要开口于第一、二层下。因此，居住址和墓葬大概率会发生同时期位置相近和重合的情况。如果这个推断正确，那么除非居址和墓葬属于不同人群，否则当时施行的应该是居葬合一的习俗。到了战国末期，这里又迎来了新的人群，其丧葬采用了新的洞室墓形制，流行合葬习俗。

2. 木垒县城南郊和城东鸡心梁墓地丰富的个人随身物品

木垒县城南郊墓地提供了又一种新的墓葬形制：竖穴土坑石棺墓。根据发掘简报，这里一共清理了6座墓葬，分为竖穴石棺墓和竖穴积石墓两种类型，但各只有一座墓葬材料较全。保存较好的石棺墓 M1 是在竖穴土坑四壁用加工过的石板围砌一周，起到棺或椁的作用，现存左右、前面三块石板，后面的石板已不存。内置3个人头骨和髋骨，成年男、女各一，小孩1个，有少量石串珠和陶片，被认为是二次迁葬。资料较全的积石墓 M2，在墓坑填土中夹杂有砾石、陶片、人骨残段。该墓底有一具成年人骨骼，身长1.8米，耳部有一对铜耳环，胸前、腹背、上下肢和脚部有青铜饰件、串珠、贝、铜锥形卷饰、玛瑙环等62件随葬品，手腕处还放置一根黄羊前腿骨。[1]

如上所述，所谓积石墓实际仍是普通的竖穴土坑墓，不过地表有石堆，墓穴人骨上压有卵石块，似乎有被扰动或重复使用过的迹象。这个墓的一个特别之处，是遗物看似丰富，但除手腕处的一根黄羊腿骨代表祭奠意义，均为个人随身物品，且多串珠、贝、玛瑙这类贵重饰品，墓主生前应该是有一定身份地位和财富的。因为邻近的其他同类墓葬出土的彩陶罐与四道沟遗址所出彩陶纹饰相近，被判断为年代大致相当。尽管骨骼不全，但明显是家庭成员的合葬墓无疑。个人随身物品入葬是其典型的丧葬礼俗。这一点在鸡心梁古墓中同样能见到。

1989年在木垒县东城鸡心梁发现一座古墓，出土文物较多，包括贝、金箔、金耳环、珊瑚、翡翠、琥珀珠、玛瑙耳环、龙形饰件和石器等，可能是未经正式发掘的缘故，其他情况不明。但上述遗物很明显与前述县城南郊墓葬一样，都是死者个人的随身物品，并且都是高档的贵重饰品，应该是一座较高等级的墓葬。

3. 干沟遗址不同墓葬类型的新变化

干沟遗址在墓葬分布上与四道沟有相同，也有区别。在南北500米、东西200米左右的范围内集中分布5处墓葬，一部分墓葬位于遗址区内，其余在遗址的北部和东部形成多处单独墓区。根据发掘简报，遗址区文化堆积共分5层，最上层是地表土，去掉之后现出墓葬的封土，封土之下应该是当时的地面，从地面挖出

1　黄小江、戴良佐：《新疆木垒县发现古代游牧民族墓葬》，《考古》1986年第6期。

墓室，埋好后再在其上垒筑封土，部分直接平地起坟。这个当时的地面之下是一层灰褐土层，被当时地面层下开口的灰坑打破。其下为居住面，发现两条墙基，墙基附近还有灶和红烧土面。居住面下最后一层文化层，灰黑色土，叠压在最底部的居住面上。从这个地层序列可知，最早这里是居住址，被废弃后，逐渐堆积起一层灰黑色土。后来，人们重新回到这里，在这层灰黑色土层上面用卵石修建房屋，垒起灶台。不知生活了多久，又废弃了，居住址被新形成的灰褐色土层掩埋。第三批人到来时，他们在这个土层上挖出灰坑，最后也被新形成的地表层覆盖了。之后第四批人在这个地面上垒起坟堆，把它当成了墓地。[1]

根据发掘简报，共清理了62座墓葬，1座殉马坑。墓葬分为4种类型：竖穴土坑墓、竖穴石棺墓、竖穴偏室墓和地表起建墓。竖穴土坑墓34座，是主流墓葬形制，地表有封堆，单人二次葬为主，人骨不完整，部分墓葬有铜耳环、铜戒指及其他铜饰件等个人随身饰品，随葬少量陶、铜、铁和骨器、石珠，部分墓内还有羊距骨、趾骨等。随葬的陶器中有彩陶单耳罐、彩陶豆等。骨器中有骨镞，铁器中有铁刀。

竖穴石棺墓10座，比较小，在圆角长方形竖穴土坑中，用石板紧贴坑壁围砌一周，形成石棺或石椁，上部露出地面。棺内葬一人，骨骼凌乱不全，为二次葬或二次扰乱，少有随葬品。竖穴偏室墓3座，地表有较大圆形封堆，其下为竖穴土坑墓道，于墓

1　新疆文物考古研究所：《木垒县干沟遗址考古发掘报告》，《新疆文物》2012年第1期。

图10　木垒干沟墓地竖穴偏室墓出土铜带具

道底部东壁向外挖出墓室，部分墓葬墓室口部位用石封堵。死者葬于墓室内，多为单人一次葬。墓道内殉葬1—2匹马。其中一座墓M43死者为一成年男性，仰身直肢，头骨不在其位，而被移到墓道内马头的位置，右肱骨残缺，腰部系一条皮带，皮带上有带扣，带面饰一组18件铜带具，包括方形和半圆形带銙、环、扣眼、铊尾。此外，右股骨上有铜带钩1件，右股骨外侧为桦树皮箭箙，箙上放置铁刀1把。左股骨外侧放置弓1张。殉马的头部出土铁马衔1件，肋骨左右两侧各出铁马镫1件。另一座墓M32，填土中混有打破早期居住址中的石斧、马鞍形石磨盘等遗物。墓室内葬一成年男性，坐式俯身葬，斜坐于一块卵石上，下肢前伸，上半身伏在下肢上，双手置于腹下。墓道内殉马2匹，上下相叠。上层马的颈部出土1件铁环，右肩胛骨下出土铁马镫1件。下层马左肩胛骨旁也出土铁马镫1件，其余部位还出土有其他铁器、木盘等。第三座墓M42墓室内葬一性别不明成年人，仰身直肢二次葬，头骨缺失，颈椎、肋骨不全。右肋骨上有一根羊骨，右股骨旁出铁箭镞1件，左趾骨旁有残弓片。墓道内殉马1匹，出土铁刀1件。[1]

3座偏室墓都在墓道内有殉马，多数还有弓箭，死者骨骼不全，可以想象，这些墓主生前一定是勇武的骑马将士，特别是M43的墓主，很可能是在一次激烈的战斗中阵亡，与他的战马一道被埋进了墓穴。装饰华丽的腰带可能是他生前战绩的象征，显示了不一般的身份，他可能是一位职位不低的军官。除墓葬中殉马，干沟遗址还发现一座单独的殉马坑，只是作为殉牲的马匹，骨骼凌乱不全。伴随殉马出土的仅有1把石斧和少量陶片，年代难定。普遍殉马的现象，除了体现一种新的丧葬观念，也是当时社会现状的直接反映。

被这些晚期墓葬打破的早期遗址，其中所出土的石斧和石磨盘与四道沟遗址等出属于同一类型，说明干沟墓地的居住遗址年代可能也早到了与四道沟遗址相近的时代。

第四类地面起建的墓葬简报和报告中未做任何介绍，因此具

---

1 新疆文物考古研究所：《木垒县干沟墓地考古发掘报告》，《新疆文物》2012年第1期；《新疆木垒干沟遗址发掘简报》，《文物》2013年第12期。

图11　木垒干沟遗址墓葬出土彩陶罐

图12　木垒干沟遗址墓葬出土彩陶豆

图13　木垒干沟遗址墓葬出土铁马镫

体情况不得而知。推测是没有特别的发现，不值一提。如果事实如此，则干沟墓地有分析意义的主要为上述三种形制的墓葬。

　　根据简报，竖穴土坑墓和竖穴石棺墓属于青铜时代晚期，年代在公元前1300—前800年前后；竖穴偏室墓为唐代。不过前者虽然出土彩陶罐、彩陶豆等特征性陶器，但也出土铁刀等铁器，因此这个年代似乎偏早。

　　由于没有公布完整资料，地表起建的这类墓葬文化性质和年代都不清楚。而关于竖穴偏室墓的年代，简报从铁马镫、铁镞、铜带具等器物推断为唐代，与碳14测定年代略有出入。偏室墓共为3座，分别为M32、M42、M43。简报没有给出从M43采集标本的测年数据，仅说偏早，可能是早于唐代太多，所以被排除。但同时确定偏室墓的绝对年代为公元600年左右，应该是采用了另一个标本的测年结果。不过两个标本的测年结果相差如此之大，一般很难做出选择，除非另有其他的排除性根据。即便如此，公元600年左右也还是早于唐代。如果简报根据器物比较得出的上述结论是正确的，那么用加速器质谱法测得的碳14年代就明显偏早了很多。

还有一个问题是M47，简报没有说明M47是哪一类型墓葬，不过发表于《新疆文物》的报告中有该墓的材料，将其放在竖穴土坑墓这一类型中。该墓地表有圆形封堆，墓室呈圆角长方形，口大底小，填土中含有少量石块，底部葬成年人骨1具，二次葬，只有零星股骨、胫骨、腓骨、髋骨和骶骨散乱于地。这个墓葬很重要，是因为它出土1件海兽葡萄纹铜镜和1件铁刀。海兽葡萄镜也称海马葡萄镜、禽兽葡萄镜等，是唐代的物品，主要流行于唐高宗、武则天时期。由于3座竖穴偏室墓已经很明确，所以M47不可能是偏室墓。这样，关于这三种不同类型墓葬的年代问题就又变得复杂了。

上述情况说明干沟遗址在不同阶段被多次反复使用，在居住址使用阶段应该有墓葬的存在，却并没有发现。同样三种类型墓葬使用阶段也没有发现居住区的存在。这种错代使用的奇怪现象，可能需要等到更多发掘工作才能得到较可靠的解释。

4. 平顶山大型墓群复合体

平顶山墓群是一个大型综合性复杂体系。墓群位于木垒县照

图14　木垒平顶山墓群墓葬与地貌环境

壁山乡平顶山村、距平顶山村委会3公里的丘陵地带，这里低山连绵，沟壑纵横，但总体地形相对开阔、平缓，起伏不大，是优良的夏季牧场，现开垦有大面积旱田。2008年第三次文物普查时发现，2015年中国社会科学院考古所新疆考古队和中央民族大学考古文博系师生来此发掘，揭开了一个古老文化的神秘面纱。

平顶山古代墓葬分布范围达数公里之广，数量较多，散落于一个个山梁上，大大小小，类型不一。有的单独一方，有的则连片成群。这种按山梁分布的墓葬群据报道至少有6处，最典型的是位于营盘梁的那片墓群。

营盘梁上有一座封堆高大的古墓特别引人注目，当地人误以为是古代的营盘，因而称这片山梁为营盘梁。因为其相对位置靠西，也称西梁。

西梁早已开垦成田，是木垒"万亩旱田"的一部分。田里不同的庄稼色彩各异，像一幅幅巨型油画铺展在大地，一眼望不到边，蔚为壮观。

在一望无际的庄稼地的高处，排列着6座大型土墩墓。土墩是指古代墓葬地表以上用黄土和石块混合垒砌的大型土丘，即封土、坟丘。一般认为我国内地中原地区春秋以前的墓葬是没有封土的，大约从春秋时期开始，为了辨认墓穴位置，方便祭祀，就在墓穴上面垒坟或种树作为标志。孔子就说："古也墓而不坟。"就是这个意思。《礼记·檀弓上》郑玄注说："土之高者曰坟。"杨雄《方言》曰："葬而无坟谓之墓。"意思是墓葬地面垒起高大封土叫坟，不起坟的叫墓。封土后来被作为身份的标识，规定不同社会等级配以不同规模的封土。如《周礼》记载："以爵等为封丘之度，与其树数。"就是按官爵的等级来确定坟丘大小高度和种植的树木种类和数量。据《白虎通·崩薨》记载，周天子的坟高三仞（约相当于今8米），坟丘上种松树；诸侯坟高减半，种柏树；大夫坟高八尺，种栾树；士坟高四尺，种槐树；庶人的墓不起坟，种杨柳。

平顶山墓群西梁上的这6座大墓均有规模宏大、略呈圆形的坟丘。其中最大的1号墓，坟丘外围原来还围砌有一圈大石块，已被当地村民搬去建房子用了。这种围以石圈的坟丘，形状结构与明清时期帝王陵墓的宝顶很相似。1号墓封堆的直径约70米，高7—9米，外侧有6米宽的围沟。2号墓位于1号墓西南196米，封堆直径30余米，高1.5米，外面也有围沟。其余4座稍小，直

图15　木垒平顶山墓群西梁1号墓

径20—30米不等，现高1—1.5米。[1] 细观封土的结构可以发现，1号墓实际至少有两圈石围，具体情况需要等待正式发掘报告。

地处我国边疆的平顶山墓群，封土的尺寸可能不一定符合《礼记》等文献记载的有关制度规定，但考虑到规模的大小背后

1　新疆维吾尔自治区文物局编《新疆维吾尔自治区第三次全国文物普查资料汇编：木垒哈萨克自治县不可移动文物》（内部资料），第127—128页。新疆维吾尔自治区文物局编《新疆维吾尔自治区第三次全国文物普查成果集成：昌吉回族自治州卷》，科学出版社，2011，第146页。巫新华：《2015年木垒县平顶山古墓群遗址考古发掘工作总结——2015年社科院考古所田野考古成果（二十）》，中国考古网，http://www.kaogu.cn/cn/xccz/20160128/52949.html，访问日期：2020年4月15日。

包含着所使用的劳动量，或者说劳动价值，封土越大，所耗费的劳动量就越大，使用的劳动价值就越多，因此，只有掌握足够社会资源和财富的人，才有可能修筑特别巨大的墓葬，从这个意义上讲，墓葬规模的大小实际是具有等级意义的。规模越大，比如封土越大、越高（姑且不论墓室等其他方面），墓主社会身份和等级越高。平顶山墓群西梁墓地虽然只有6座墓，但墓葬规格也明显表现出了等级差别。最大的墓葬，直径比其余5座大墓大一倍以上，高则达到6倍，封土周围的石围数量也较多，墓主的身份显然非常显赫，说是王一级的人物应该也不为过。如果这个判断合理，那么西梁应该就可能是平顶山墓群的王陵区。其他山梁的墓地则可能是等级略低的墓区，甚至是平民墓区。

这次发掘的成果尚未见到正式报告，但在有关网站可见到发掘工作总结，另外陆续发布的新闻报道也提供了一些信息，大致可以梳理出基本情况。

1号墓没有完全发掘，所以具体情况不甚清楚。但其规制至少可以从已经发掘的低一等级的2号墓来做出大致判断。2号墓的墓室平面呈圆角长方形，深3米余。出土了彩陶罐、骨马具、骨质格里芬饰件，虽然随葬品不多，但考虑到这类大墓往往被盗也就不足为奇，剩下的这些随葬品等级仍然很高，表明墓主具有较高的社会地位。

而更显示其身份不一般的是墓底独特的结构设计。在3米深的墓穴底部，用石块精心砌出了一个从圆心以放射线逐圈向外辐射的三重同心圆结构，一些报道形象地将其比作太阳符号，而称

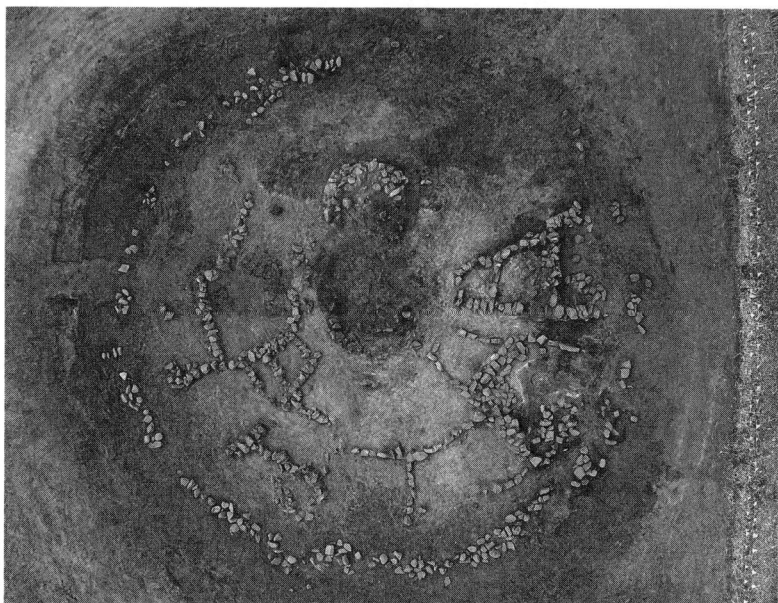

图16 木垒平顶山墓群西梁2号墓墓底结构

该墓为太阳神墓。[1]在罗布泊地区孔雀河流域的古墓沟墓地，一些墓葬的地面上有用木桩排列而成的类似的辐射状结构。但更接近的是在南西伯利亚"国王谷"发现的阿尔赞1号墓。20世纪70年代俄罗斯考古学家米哈伊尔·格里亚兹诺夫调查了该座墓葬。墓葬直径100余米，墓底也有一个类似形状的木结构。[2]该墓长期以

1 贾春霞：《木垒平顶山古墓群发现青铜时代晚期塞人遗骨》，中国新疆网转载自2015年8月10日《新疆日报》，http://www.chinaxinjiang.cn/dizhou/2/201508/t20150810_501535.htm，访问日期：2020年4月15日。
2 Konstantin Chugunov, Anatoli Nagler, Hermann Parzinger, "The Golden Grave from Arzhan," *Minerva*, 2002, 13(1)：39-42.

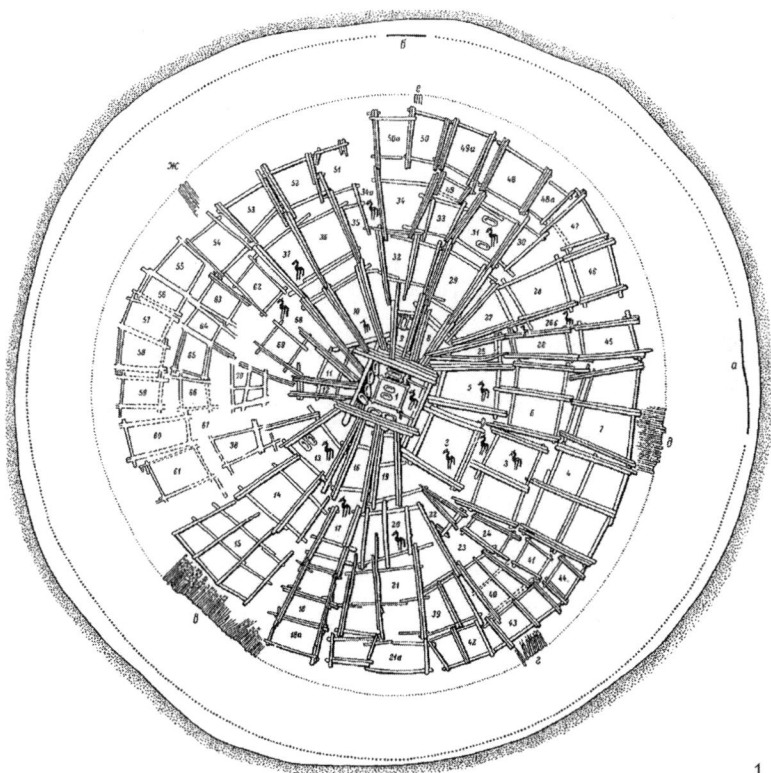

图17　南西伯利亚阿尔赞1号墓平面图

来被认为是该地区最早的斯基泰人王公贵族墓。其所在的乌尤克河谷由于发现大量这样的墓葬而被称为"西伯利亚的国王谷"。这里的土墩墓多达几百座，其中150多座直径在25米以上，最大者直径超过100米。平顶山墓群2号墓的规模即使在"国王谷"也属于前150以内。1号墓直径有70米，比2号墓至少还要高一个等级，在"国王谷"也可能处于前列。如果由此推测其为某个蒲类王的墓也许应该不算太过大胆吧。

西梁以东约1公里的山梁俗称东梁。东梁的顶部是一个经过规划的区域，最外围是浅围沟，围沟内布置石堆遗迹，石堆直径一般2米左右，仅略高出地面。这些石堆规模都不大，埋深也较浅。从发掘的结果来看，石堆下一般没有什么遗迹、遗物现象。有一个石堆下埋有一具人骨，伴出一件残损的陶罐、一只金耳环和若干骨镞。另有一个石堆下只出土一匹不很完整的马的骨骼，很明显是一个殉马坑。还有一个石堆下的墓穴中埋有一具人骨，人骨的上半身散乱不全，下肢相对较好，墓穴一侧略高于人骨的二层台上发现一匹马的骨骼。殉马坑的单独出现，加上该山梁作为平顶山墓葬区制高点的地理形势和有规划的设计，意味着这里可能不是一般的墓地，而可能是一个公共祭祀场所。这也可以从东梁最顶部的一组遗迹中得到进一步说明。

这组遗迹由13个略高于地面的石堆构成。以正中间较大的圆形石堆为中心，向左、右两侧各横向排列6个较小的石堆，列成一行。这个有规律的对称布置很明显具有某种含义。乍一看很像是一个家族的墓地，就好像昭穆制度所规定的那样，先祖之葬居

图18 木垒平顶山墓群东梁区由13个石堆构成的一组遗迹

图19 木垒平顶山墓群东梁祭祀遗址发掘现场

中，以昭穆为左右，左为昭，右为穆，依次排列。但发掘后发现，石堆下并无埋葬任何东西，因而墓葬的可能性不大。在这一组13个石堆的中心石堆的下方，还有一个石堆，中心是空的，实际形如石环，也是空无一物。综合考虑，这应该是一个祭祖或祭天的设施。

平顶山墓群西梁正南3公里的山梁，称为南梁。这里清理出一些小型石棺墓、石圈墓和石砌祭坛，规模较小，形制简陋，少有随葬品。它们可能是一般平民或较低等级的墓葬和相关设施。最有意思的是，这里发掘出一座殉马坑，坑内埋葬4匹家马，并成一排，姿势和头向基本一致，但毛色遵循黑色、栗色带白斑、黑色、栗色带白斑这样的交错重复规律。4匹马均为雄性。一些资料称此殉马坑为殉马台，由于资料还没有发表，没有更详细的信息可以判断。不过，应该可以猜想，它是一个祭祀遗存，里面埋葬的马匹应是祭祀的献祭品。

类似这样的遗迹区据调查共有6个，共同构成范围广阔、规模宏大、功能复杂、分区明确的墓地体系。从目前的发掘情况来看，平顶山墓葬区整体上是分区布局的，区域的划分体现了强烈的等级观念和功能区别。墓地内的遗迹其实并不限于墓葬，还包括了祭祀遗址和祭祀区。西梁是整个墓地区域的核心区，是王公贵族的墓葬区。封堆的大小可能是身份、等级的标志之一。东梁是祭祀区，单独分布于最高的山梁，是举行公共祭祀天神的场所。排成一行的13个石堆构成的一组遗迹，可能是祭祀天神的祭坛；而其余各个石堆，应该也是用来举行献祭仪式的辅助设施。南梁

图 20　木垒平顶山墓群南梁 M1 马祀

离核心区和祭祀区都较远，墓葬等级明显较低，是平民或较低等级的墓葬区，但这里也有自己的祭马坛。整个综合体系里，祭祀占有重要的地位，而马则是主要的献祭品，无论在世俗生活还是精神世界都具有重要意义。

最后需要提及的是，墓葬形制和随葬品都反映了游牧的社会性质。他们已使用马镫骑马。从出土马骨的遗传学分析来看，全部样本均属于家马范畴，但有5个不同的谱系，毛色则有栗色、栗色带白斑、黑色和金黄色4种。相关的遗传信息表明木垒古代可能是一个优质马产地，并且与巴里坤马有着基因上的联系，再次证明了木垒与巴里坤的历史关系，并且不排除与其他更远地区的马群存在类似联系的可能性。[1]

上述古墓群基本上位于木垒河流域及其附近，从殉马习俗来看，干沟遗址和平顶山墓群存在明显的相似特点。综合分析，木垒地区目前所知的6处墓地，年代基本上在新疆地区的早期铁器时代，大约相当于春秋战国时期，下限可晚至秦汉甚至晋唐时期。各个墓地的墓葬类型不一，其中一些可能是由于不同时代造成的，也有一些可能因为属于不同人群，因生死观和丧葬习俗不同所致。各个墓地及其包含的墓葬形制种类不一，多数遗址或墓地不止一种墓葬类型，且存在不同的使用阶段，说明墓葬形制具有年代意义，当然也就有文化和人群上的不同。比如四道沟遗址有两种类型，一种为竖穴土坑墓，另一种竖穴偏室墓。前者的年代早到距今3000年，后者在战国时期。还有两座墓因为材料没有正式公布，墓葬形制不明，但据有关文章透露的信息，至少其中一座是较高等级的木棺墓，木棺板上有狩猎纹彩绘纹饰，木棺现保存在自治区博物馆。该墓碳14测定年代为公元425—470年，相当于南北朝初期。

县城南郊墓地发现竖穴土坑墓和竖穴石棺墓两种类型。石棺墓很少出土遗物，人骨也散乱不全。这种墓葬在新疆北疆草原地区很常见，因缺少遗物，文化面貌和使用情况很难准确判断，一般认为是游牧民族的墓葬。其竖穴土坑墓的最显著特点是随葬大量个人随

1　赵欣、东晓玲、韩雨等：《新疆木垒县平顶山墓群出土马骨的DNA研究》，《南方文物》2017年第3期。

身物品，其中还包括贵重的舶来品。鸡心梁的墓葬与之相似。

干沟遗址实际有竖穴土坑墓、竖穴石棺墓、竖穴偏室墓、地表起建墓4种类型墓葬，其中的竖穴石棺墓与县城南郊墓葬类似，随葬品极少。竖穴土坑墓被认为早到距今约3000年前，不过尚存一些疑问，其中最晚的可能到了唐代。竖穴偏室墓随葬品较丰富，最典型的是殉马，不过人骨和殉马有骨骼不全的情况。其年代被认为属于唐代，但碳14测年数据尚存疑问，实际可能到不了唐代，墓葬形制结构仍然是汉魏晋南北朝时期的竖穴偏墓样式，与吐鲁番阿斯塔那等墓地唐代洞室墓形制完全不同。

平顶山墓群尚未见到完整报告，零星的报道已经显示出十分复杂的丧葬行为。仅就墓葬形制而言，综合各墓地情况，可知主要有土坑墓、石棺墓和偏室墓3种形制。

第四章　农作物种子的发现

第一节　农业起源与扩散

如前所述，木垒考古中，虽然没有大量发现史前农作物的种子实物，但许多信息表明，大约在距今3000年前后，定居的农业村落已经普遍存在。这里所说的农作物，是指为获取食物而栽种的作物，包括粮食和果蔬等。人类为了生存，不同阶段采取过不同的生业经济方式。早期阶段一般还没有发展出食物生产技术，所以只能采取攫取经济方式，通过狩猎、采集、捕捞等方式直接从大自然中获取食物。证据显示，大约12000年前，农耕行为就已经产生了。农耕者与狩猎采集等觅食者的区别，就是其最重要的能量来源是经过驯化的动植物。动植物的驯化，是指野生动植物经人工干预而改变原来的习性，成为家畜、家禽或栽培植物。这意味着大约在旧石器时代晚期和新石器时代早期，许多地方陆续出现生产经济行为，一些动植物得到驯化，人类从而得以逐渐摆脱完全依赖自然资源生存的状态。尽管不同地区有早有晚，但基于植物栽培和家畜驯养的农业体系开始在世界各地逐步取代狩猎和采集，进而取得在生活中的主导地位。因为有相对稳定的食物来源，半定居、定居生活方式随之产生，进而促进了一系列的工艺、技术、艺术等的发展，人们用农业革命或新石器革命来表示这个变革带来的重大影响。

农业起源的一个重要内容是作物栽培。据研究，被人类栽培种植的植物约有1500种，而作为粮食作物的可能只有30来种，其中最重要的主要是水稻、黍、粟、小麦、大麦、玉米、高粱等。具有全球性影响的大型家畜则只有5种：牛、绵羊、山羊、猪、马。大约在更新世末期和全新世初期，我国长江流域一带已有驯化稻的出现，并发展成为稻作农业的发源地和中心。距今11000年前后，我国北方产生了以种植黍、粟为主的旱作农业，并成为以黍、粟生产为特点的旱作农业发源地和中心。而水稻、黍、粟也逐渐成为我国当时南、北方的主要粮食作物。大约在同一时期，西亚地区发展出以种植小麦、大麦和豆类作物为主的种植农业。中美洲则是玉米、番茄的发源地。高粱、非洲水稻、非洲小米起源于北非。中国、西亚、北非和北美洲被公认为是世界4个农业起源中心。现今世界上最重要的农作物品种和家养动物品种都源自这4个农业起源中心。种植技术一经发明，就迅速从4个起源中心向外传播到世界各地。根据有关资料，小麦大约在公元前3000年已传入我国西部地区，夏代时就传入到黄河流域并被普遍种植。起源于中国的水稻则很快向东传播到日本，向西传播到印度，中世纪时传播到欧洲南部。中美洲在玉米栽培之前也曾栽培过粟，欧洲已发现公元前3000年的粟的实物遗存。[1]

新疆地域广阔，地形地貌差异大，气候变化明显，不同地区适应的作物资源也不尽相同。史前考古不仅有反映农耕文明的锄、犁、磨盘、杵等农具和粮食加工工具的不断出土，各种农作物也不断被发现。大麦（青稞）、小麦、黍、粟已相当普遍，尤以青稞为最。黍的分布也相当广。大麦大约在公元前1千纪就已传入新疆，小麦传入的时间可能早到公元前2千纪。根据碳14测年数据，塔里木盆地地区就已经出土了至少公元前1800年前的小麦标本，而近年在新疆北部吉木乃县通天洞遗址发现的炭化小麦年代已早到公元前3000—前1500年前。黍、粟类作物传入新疆的年代，可能略晚于麦类作物，但年代似乎不会晚于公元前1千纪，在西天山发现的炭化粟，已测得的年代在公元前1400年以后。[2]

第二节 农作物种子的考古发现

1. 木垒四道沟遗址发现的早期农作物种子

木垒四道沟遗址发掘的完整报告尚未见到。发表的简报中没有提及农作物种子的发现情况。但发掘者的有关研究论文透露了这方面的信息：在1976年四道沟遗址的发掘中，一处不起眼的

1　何红中：《全球视野下的粟黍起源及传播探索》，《中国农史》2014年第2期。
2　田多：《公元前一千纪东天山地区的植物考古学研究：以石人子沟遗址群为中心》，博士学位论文，西北大学，2018，第157—164页。

灰坑里，考古学家发现有粟的种子，当时粟粒和周围的泥土融为一体，已经腐烂不堪，但拨开层层厚重的泥土，一颗颗粟粒还是露出来了。[1]这是新疆最早注意到农作物种子的考古发掘。另一篇有关东天山植物考古研究的学位论文里，提供了木垒四道沟遗址发现更多农作物种类的一些模糊信息，文中的一张关于公元前1千纪农作物出土概况表显示，四道沟遗址出土了数量极少的青稞、小麦、黍和粟，另一张有关新疆出土的史前大麦（青稞）的一览表上，显示从四道沟遗址一个探沟剖面采集的土样标本中，浮选出了炭化青稞颖果，对三个青稞样本进行碳14测年，结果分别为：公元前975—前831年，公元前796—前549年，公元前764—前491年。大致相当于西周到春秋。文中还有一张关于东天山出土小麦的一览表，显示从四道沟遗址浮选出的两个炭化颖果标本测定年代分别为公元前1411—前1129年和公元前1493—前1132年，[2]大体相当于商代中期。但文中没有交代这些标本是如何获得的。

2. 天山其他地区发现的早期农作物种子

在天山其他地区，许多早期遗址都发现了农作物种子，如东部天山地区的哈密、伊吾、巴里坤、吐鲁番到乌鲁木齐一带。出土农作物种子的遗址大都位于山间盆地和山前河谷平原地带，地形平坦，水资源丰富，适宜农业生产。

1 羊毅勇：《新疆的铜石并用文化》，《新疆文物》1985年第1期。
2 田多：《公元前一千纪东天山地区的植物考古学研究：以石人子沟遗址群为中心》，博士学位论文，西北大学，2018，第156、159、162页。

哈密市五堡墓地是哈密地区最早发掘的遗址之一，距今3000多年，先后于1978、1986、1991年进行了3次发掘，共发掘墓葬114座。虽然只有第三次发掘的两座墓发表了发掘简报，前两次发掘发现了小米饼和青稞穗壳的信息还是通过一些资料披露了出来。[1]第三次发掘的简报中多次提到了谷秆、谷草、大麦穗、谷穗、穈谷类烤饼等的发现，经鉴定为大麦和谷子，基本特征与今天新疆普遍栽培的同类作物属于同一种属。[2]而另一篇研究论文更说到该墓地"出土的大麦数量之多和保存之完好均国内外前所未见"，属四棱裸大麦，与今天新疆各地栽培的大麦品种有很近的亲缘关系。[3]该墓地同时还发现残碎的高粱秆，青稞出土时仍保留了茎叶和成熟穗子，穗子籽粒保存完好，饱满且成熟度好，色泽呈深黄褐色；小米饼中的小米就是粟。[4]这些资料提供了重要信息。

伊吾盆地的盐池乡古城，1957—1958年黄文弼在新疆考古时，从古城内一个房址中发现了白色面粉，还从一个残陶罐内发现了已经炭化的小麦。[5]哈密地区文物普查资料改称为盐池乡乱

1 穆舜英、王明哲、王炳华：《建国三十年新疆考古的主要收获》，载新疆社会科学院考古研究所编《新疆考古三十年》，新疆人民出版社，1983，第1—24页。
2 新疆文物考古研究所：《新疆哈密五堡墓地151、152号墓葬》，《新疆文物》1992年第3期。于喜凤：《新疆哈密市五堡152号古墓出土农作物分析》，《农业考古》1993年第3期。
3 王炳华、刘杰龙、梅玉祥等：《新疆哈密五堡古墓出土大麦的研究》，《农业考古》1989年第1期。
4 张成安：《浅析青铜时代哈密的农业生产状况》，《农业考古》1997年第3期。
5 黄文弼：《新疆考古发掘报告（1957-1958）》，文物出版社，1983，第11页。

石滩遗址，认为采集到的陶器风格特征与木垒四道沟遗址相近或相同，因此判断它们可能属同一文化或时代相近，年代为大约距今3000年。[1]

巴里坤盆地的东黑沟遗址，1957年文物普查时称石人子乡遗址。1958年黄文弼等调查时沿用此名。[2]1959年吴震等调查时，在遗址内土墩中部一处露头的灰层中，清理出不少炭化麦粒，颗粒保存完好，与之共存的有彩陶，确定为新石器时代。[3]《哈密文物志》正文古代遗址中称为石人子遗址。[4] 2005年西北大学文化遗产与考古学研究中心调查时改称东黑沟遗址。2006—2007年发掘出土炭化麦粒和大量炭化谷物颗粒，[5]2009—2012年又在该遗址的大型居址F001的发掘中，浮选出大量炭化植物种子，经鉴定，这些炭化谷物和植物种子主要是青稞，另有极少数粟和黍。F001的年代为公元前1千纪后期。[6]

吉木萨尔县乱杂岗子遗址在试掘中发现，自第4层至第10层几乎每一层中都发现了炭化的农作物种子，主要为小米、小麦和大麦。除普通小麦、粟、大麦3种农作物，后又发现黍等植硅遗存，其中麦类在遗址中占主要地位。其年代早期在公元前1400—

1　自治区文物普查办公室、哈密地区文物普查队：《哈密地区文物普查资料》，《新疆文物》1991年第4期。

2　黄文弼：《新疆考古发掘报告（1957-1958）》，文物出版社，1983，第13页。

3　吴震：《新疆东部的几处新石器时代遗址》，《考古》1964年第7期。

4　《哈密文物志》，新疆人民出版社，1993，第31—32页。

5　新疆文物考古研究所、西北大学文化遗产与考古学研究中心：《新疆巴里坤县东黑沟遗址2006—2007年发掘简报》，《考古》2009年第1期。

6　田多：《公元前一千纪东天山地区的植物考古学研究：以石人子沟遗址群为中心》，博士学位论文，西北大学，2018，第95页。

前1000年，晚期为公元前1000—前800年。[1]

2013年发掘的乌鲁木齐萨恩萨伊墓地，早期墓葬的年代可早到距今约3890年前后，中期至公元前7世纪，晚期为汉晋时期。从早期墓葬出土的磨盘、臼、研磨器等5件石制品的使用面上提取到的淀粉粒，经比对分析，可鉴定为小麦、黍和粟3种谷物，以及豆类和块茎类植物。[2]

阿拉套山南坡的阿敦乔鲁遗址，是一处同时包含有房址和墓地的综合性遗址，也是目前西天山地区最完整的青铜时代遗址之一。该遗址的房址内堆积物、自然地层中出土的植硅体、孢粉，经分析以黍和麦类作物的稃片为主，后期出现了少量的粟，说明该遗址的粮食作物是以黍、大小麦为主，兼有粟的混合结构。房址的年代范围为公元前1743—前1375年，粟到房址使用晚期才出现。[3]

3. 天山以外地区发现的早期作物种子

除天山地区，其他地区也有发现早期农作物的大量报道。

据报道，1979年在罗布泊西北约70公里的孔雀河下游北岸一座原始社会的墓葬里，一个随葬的草篓内发现了小麦粒。[4]综合其他有关资料分析，该墓葬疑为1979年11月发掘的古墓沟墓

1　中国社会科学院考古研究所新疆队：《新疆吉木萨尔县乱杂岗子遗址调查简报》，载《边疆考古研究》第13辑，科学出版社，2013，第43—52页。
2　新疆文物考古研究所：《新疆萨恩萨伊墓地》，文物出版社，2013，第224—235页。
3　邵孔兰、张健平、丛德新等：《植物微体化石分析揭示阿敦乔鲁遗址古人生存策略》，《第四纪研究》2019年第1期。
4　张玉忠：《新疆出土的古代农作物简介》，《农业考古》1983年第1期。

地墓葬之一。古墓沟墓地墓葬中多随葬草篓，"少数草篓内盛小麦粒，自十多颗至一百多颗不等"[1]。古墓沟墓地的年代早到距今3800年前。

同样位于罗布泊地区孔雀河流域的小河五号墓地，2003年发掘时发现，墓主身上及身侧撒有小麦粒、黍粒，随葬品中还有麻黄枝、芦苇枝和红柳棍，而墓地的年代范围在公元前1650—前1450年。[2] 根据对小河墓地出土植物种子的详细鉴定，小河墓地出土的植物种子确定为普通小麦、黍和画眉草，后者可能与饲喂牲畜有关。根据对小河墓地出土小麦和黍的 DNA 测序，小麦应为西方起源，而黍源自中国北方。[3] 小河五号墓地文化面貌与古墓沟墓地相近，属于同一文化类型。

天山以南焉耆盆地北部的和硕县新塔拉遗址，用浮选法，从8个地层中获得90粒炭化小麦，6个地层中发现炭化青稞和黍。小麦的碳14年代测定经校正为公元前1882—前1691年。[4]

克里雅河北方墓地与小河墓地出土的遗物类型和特征都比较

---

1 王炳华：《孔雀河古墓沟发掘及其初步研究》，《新疆社会科学》1983年第1期。
2 新疆文物考古研究所：《2002年小河墓地考古调查与发掘报告》，载《边疆考古研究》第3辑，科学出版社，2005，第338—398页；《2003年罗布泊小河墓地发掘简报》，《新疆文物》2007年第1期；《新疆罗布泊小河墓地2003年发掘简报》，《文物》2007年第10期。
3 李春香：《小河墓地古代生物遗骸的分子遗传学研究》，博士学位论文，吉林大学，2010，第64—65页。
4 赵克良、李小强、周新郢等：《新疆新塔拉遗址农业活动特征及其影响的植物指标记录》，《第四纪研究》2012年第2期。Zhao K, Li X, Zhou X, et al., "Impact of agriculture on an oasis landscape during the late Holocene: Palynological evidence from the Xintala site in Xinjiang, Northwest China," *Quaternary International*, 2013, 311.

相似，年代距今约3500年，出土的草篓中发现有圆饼状食品，通过对其进行植硅体、表皮横细胞和淀粉粒等植物微体化石分析，确定是用小麦和黍混合加工而成的面食。[1]

帕米尔高原下坂地墓地青铜时代墓葬出土的人骨，经碳、氮稳定同位素测定，可以确定他们的食物结构虽以C3类的动物蛋白为主，但也不乏C4类，个别个体中的C4类甚至占较大比例。结合有关资料分析，这里的先民可能已开始食用粟黍类作物，很可能已有麦类作物和粟黍类作物种植。[2]

目前为止，新疆最早的小麦出自2017年发掘的阿勒泰地区吉木乃县通天洞遗址。从该遗址青铜到早期铁器时代地层中，都浮选出了炭化小麦种子，年代早到公元前3000—前1500年。[3]

4. 新疆发现的早期铁器时代及历史时期的农作物种子

早期铁器时代，新疆多地出土了粟、黍、小麦、青稞等农作物遗存。

东天山的哈密地区艾斯克霞尔南墓地年代为公元前780—前380年。该墓地尚未见发掘简报，据有关报道，墓地出土有粮食

---

1 解明思、蒋洪恩、杨益民等：《新疆克里雅河北方墓地出土食物遗存的植物微体化石分析》，载《东方考古》第11辑，科学出版社，2014，第394—401页。
2 张昕煜、魏东、吴勇等：《新疆下坂地墓地人骨的C，N稳定同位素分析：3500年前东西方文化交流的启示》，《科学通报》2016年第32期。
3 于建军、何嘉宁：《新疆吉木乃通天洞遗址发掘获重要收获》，《中国文物报》2017年12月1日第8版。于建军：《2016—2017年新疆吉木乃县通天洞遗址考古发掘新发现》，《西域研究》2018年第1期。

作物糜子，[1]墓口的铺草层中发现有谷穗，出土随葬品中有面食，以及加工谷物的木锨和石磨盘[2]。据鉴定，该墓地内出土有经过脱粒加工的青稞，其余部分则用于丧葬铺垫墓室和制作土坯。[3]

巴里坤石人子沟遗址前面已经提到，是青铜时代到早期铁器时代的遗址，出土了大量炭化种子，主要为青稞，也有普通小麦、粟、黍。

乌鲁木齐市阿拉沟墓地，1983年发掘43座墓葬，年代距今2200—2800年的早期墓葬中，出土了胡麻籽；[4]2008年又发掘3座，其中一座墓葬填土中出有桃核、杏核[5]。

吐鲁番盆地鄯善县洋海墓地公元前820—前780年的墓葬中，发现黍、青稞和普通小麦，其中黍可能是古代洋海先民的主要粮食作物，此外也栽种葡萄等其他园艺作物。[6]对出土的馒头进行淀粉粒分析，发现为青稞和黍的淀粉粒[7]，而M59和M126两座墓出土的条状食物经鉴定其成分为小麦，也可能是小麦和大麦的

1　艾先木汗·肉孜：《哈密艾斯克霞尔南墓地与早期铁器时代白杨河流域的生活状况》，《中国文物报》2013年4月26日第6版。

2　王永强、党志豪：《新疆哈密五堡艾斯克霞尔南墓地考古新发现》，《西域研究》2011年第2期。

3　田多：《公元前一千纪东天山地区的植物考古学研究：以石人子沟遗址群为中心》，博士学位论文，西北大学，2018，第13页。

4　王炳华：《新疆农业考古概述》，《农业考古》1983年第1期。

5　新疆文物考古研究所：《乌鲁木齐市鱼儿沟遗址与阿拉沟墓地》，《考古》2014年第4期。

6　蒋洪恩、李肖、李承森：《新疆吐鲁番洋海墓地出土的粮食作物及其古环境意义》，《古地理学报》2007年第5期。

7　李亚、李肖、曹洪勇等：《新疆吐鲁番考古遗址中出土的粮食作物及其农业发展》，《科学通报》2013年第S1期。

混合物[1]。

　　吐鲁番盆地的鱼儿沟遗址和胜金店遗址也发现了粟黍、普通小麦和青稞。[2] 同样在吐鲁番苏贝希墓地也发现了公元前300年左右的面条和点心遗存，经鉴定为黍类作物。[3] 加依墓地M231出土13株完整的雌性大麻和少量青稞、狗尾草和黑果枸杞。[4] 大麻的测定年代为公元前890—前520年。吐鲁番盆地胜金店墓地在墓口填充物中发现大量麦秆，该墓地一般认为距今2200—2050年，已到西汉时期；[5] 还出土黍、粟、青稞、皮大麦和普通小麦等农作物，以及葡萄、刺山柑等园艺作物。[6] 鱼儿沟遗址房址出土的陶罐底部发现有黍、青稞、粟、普通小麦，以及稗、苦豆子、黑果枸杞等。[7] 阿斯塔那墓地晋唐时期墓葬出土有小麦、粟、黍、大麦、大麻和水稻种子，从出土饺子、糕点、粥等遗存中提取的植硅体、淀粉粒，鉴定出了这些面食是用小麦和粟磨粉做成的，而粥主要是由

1　Zheng H.P., Jiang H.E., Zhang Y.B., et al., "Early Processed Triticeae Food Remains in The Yanghai Tombs, Xinjiang, China," *Archaeometry*, 2015, 57(2).

2　李亚、李肖、曹洪勇等：《新疆吐鲁番考古遗址中出土的粮食作物及其农业发展》，《科学通报》2013年第S1期。

3　田多：《公元前一千纪东天山地区的植物考古学研究：以石人子沟遗址群为中心》，博士学位论文，西北大学，2018，第16页。

4　Jiang Hongen, Wang Long, Merlin Mark D., et al., "Ancient Cannabis Burial Shroud in a Central Eurasian Cemetery," *Economic Botany*, 2016, 70(3):1-9.

5　吐鲁番学研究院：《新疆吐鲁番市胜金店墓地发掘简报》，《考古》2013年第2期。

6　Jiang Hongen, Zhang Yongbing, Lu Enguo, et al., "Archaeobotanical evidence of plant utilization in the ancient Turpan of Xinjiang, China: a case study at the Shengjindian cemetery," *Vegetation History and Archaeobotany*, 2015, 24(1).

7　Jiang Hongen, Wu Yong, Wang Huanhuan, et al., "Ancient plant use at the site of Yuergou, Xinjiang, China: implications from desiccated and charred plant remains," *Vegetation History and Archaeobotany*, 2013, 22(2).

黍熬成的。[1]

吐峪沟石窟为晋唐时期遗址，出土了小麦、粟、黍、大豆、青稞、薏苡6种粮食作物，说明形成了以麦、粟、黍为主，大豆、青稞为辅的粮食种植格局。[2]

天山南麓营盘墓地出土汉晋时期大植物遗存以及人工制作的面食遗存，包括粮食作物、杂草以及经济作物。其中，粮食作物有普通小麦、黍和青稞。对营盘墓地出土点心的检测，表明其原料为麦类作物。[3]

天山南麓和静县察吾呼墓地出土陶器的残留物分析，发现提取的淀粉粒为小麦、粟和大麦。[4]早期铁器时代的拜城多岗墓地的39具人骨，经碳氮稳定同位素分析，其食物中C4类植物为40%左右，相应的C3类植物约占50%。通过同周边地区遗址出土遗物比较，其C4类植物应为粟或黍，而C3类植物为麦类。[5]

昆仑山北麓汉魏晋时期的山普拉墓地发现黍和青稞两种粮食

1 Chen Tao, Wu Yan, Zhang Yongbing, et al., "Archaeobotanical Study of Ancient Food and Cereal Remains at the Astana Cemeteries, Xinjiang, China," *PLOS ONE*, 2012, 7(9).

2 荆磊、王龙、蒋洪恩：《吐鲁番晋唐时期的农业活动研究——以吐峪沟石窟作物遗存为例》，《农业考古》2020年第1期。

3 戴季：《新疆营盘墓地植物遗存研究》，硕士学位论文，中国科学院大学，2013，第25—35页。

4 新疆文物考古研究所：《新疆察吾呼——大型氏族墓地发掘报告》，东方出版社，1999，第413—415页。

5 张雪莲、仇士华、张君等：《新疆多岗墓地出土人骨的碳氮稳定同位素分析》，《南方文物》2014年第3期。

作物，以及沙枣、桃、杏、核桃和薏苡等经济作物。[1]

阿尔泰山南麓哈巴河县喀拉苏墓地，年代从早期铁器时代延续到公元8世纪前后。对喀拉苏墓主人、马及其他动物骨骼的稳定同位素分析，发现该人群应摄入有少量黍、粟等C4类谷物。对羊骨的碳、氮稳定同位素分析表明，羊的食物中也有少量的C4植物，可以推测这些羊可能也采食了少量的粟或黍的秸秆。[2]

早期铁器时代和历史时期，新疆各地农作物遗存的种类和数量更加丰富，并出土了以之制成的各类食物，表明农业得到了进一步发展。

从整个新疆地区来看，农作物种子的发现以天山地区最为集中。其中发现的地点多，种子的种类丰富，又以东天山地区为最。东天山考古工作开始得早，而且工作较多，可能与此有关。发现的早期农作物遗存，有些保留了茎叶，有些保留了种子，还有些被制成了食物作为随葬品。这些农作物主要包括小麦、大麦、粟、黍，个别地方还发现了水稻。各类园艺作物和经济作物就更普遍。他们构成先民的主要食物资源，不仅是早期农人的主要食物来源，也为饲养的牲畜提供饲料。

距今4000年前后，新疆各地已广泛发展出农业经济和畜牧业，人们的经济生活摆脱了完全依赖自然，而处于生产型经济状态。多数地方可能采取了农牧兼营的社会经济模式，一些适宜

1　新疆维吾尔自治区博物馆、新疆文物考古研究所：《中国新疆山普拉——古代于阗文明的揭示与研究》，新疆人民出版社，2001，第32页。
2　陈相龙、于建军、尤悦：《碳、氮稳定同位素所见新疆喀拉苏墓地的葬马习俗》，《西域研究》2017年第4期。

耕种的地区逐渐成为从事田作的定居农业区，到了战国至汉代时期，建立起绿洲城邦社区，《史记》将这种社区的人们称为"土著"，就是定居农人的意思。另一些适宜畜牧的地区，发展出畜牧和游牧经济，到战国至西汉时期，在草原上形成大大小小的游牧部落，《史记》将这些部落称为"行国"，"随畜逐水草"是对其生产生活方式最直观也是最真实的写照。

综合各地各时期的考古发现，新疆发现的史前到历史时期的小麦、大麦、粟、黍、高粱等农作物多达25种。青铜时代如木垒四道沟遗址出土的小麦、黍、粟，巴里坤东黑沟遗址和兰州湾子遗址发现的炭化麦粒、粟黍粒，吐鲁番苏贝希墓地发现的小米，哈密艾斯克霞尔墓地发现粟，五堡墓地的大麦、粟、黍，伊吾盐池乡遗址的炭化小麦、面粉，罗布泊地区古墓沟墓地第一类墓出土的普通小麦和圆锥小麦，小河墓地出土的普通小麦和黍，下坂地遗址的黍、小麦，通天洞遗址的小麦，地域几乎遍及新疆各大主要区域。早期铁器时代如巴里坤东黑沟遗址成堆的炭化麦粒和少量粟、黍，乱杂岗子遗址的小麦、粟、大麦，新塔拉遗址的炭化小麦、青稞、黍，特别是吐鲁番盆地地区，农作物的发现遗址最丰富，应该是天山地区最重要的农耕区之一。而木垒四道沟等为代表的遗址，反映了天山北部游牧社会的基本面貌，它是一种具有一定定居农业的农牧混合的经济形态。农作物种子的发现，为研究史前农业的传播、新疆农业的起源和发展提供了重要线索。比如，据分子生物学家李春香的研究，小河墓地的小麦、黍是来自西方的普通小麦和中国北方的黍。距今4000多年前的阿敦乔鲁遗址出土的小麦和黍，阿勒泰吉木乃通天洞遗址浮选出公元前3000—前1500年的小麦种子，为黍和小麦的传播途径提供了新证据。

第三节　史前农作物在天山的传播

越来越多的考古证据表明，在张骞凿空西域以前，大约距今5000—3000年左右，欧亚大陆上就存在着大规模人口迁徙与文化交流，史前农业就已经广泛传播。新疆地处欧亚大陆的内陆，是不同文明交汇的地方。特别是天山山脉，如前所述，更是古代东西交流的重要通道，不同文化元素在这里碰撞和融合。源于中原地区的粟、黍，与源自西亚的小麦和大麦等作物，从那时开始就已陆续传入新疆，并且主要通过天山廊道，继续西传东渐，最后到达世界各地。

1. 粟、黍西传

粟又称谷子，去壳后叫小米，在植物分类上属禾本科黍族狗尾草属，野生种就是狗尾草，栽培种学名叫 Setaria italica (L.) Beauv.，一年生草本植物。因为野生种的样子与谷子非常像，古代文献称之为莠。耳熟能详的成语"良莠不齐"就源于此。先秦文献《孟子·尽心章句下》第三十七章孟子和万章的对答中引用了孔子的一句话，"恶莠，恐其乱苗也"[1]，意思是说，厌恶狗尾草，

1　杨伯峻译注《孟子译注》，中华书局，1960，第341页。

是因为怕它把禾苗搞乱了。《淮南子·说山训》也说:"农夫不察苗莠而并耘之,岂不虚哉!"[1]《战国策·魏策·西门豹为邺令》则说:"夫物多相类而非也,幽莠之幼也似禾。"[2]都是说野粟幼苗时期与栽培粟相似。《农政全书·救荒本草·莠草子》记载:"莠草子:生田野中。苗叶似谷,而叶微瘦。梢间开茸细毛穗。其子比谷细小,舂米类折米。熟时即收,不收即落。味微苦,性温。救饥:采莠穗,揉取子捣米,作粥或作水饭,皆可食。"[3]也是说野粟与栽培粟样子相近,但籽实口感不好,不过饥荒时也可取而食之,可以做粥或稀饭。

粟是中国北方的主要粮食作物,在北方俗称谷子,南方因称稻为谷子,为了区别,常将粟称为粟谷、狗尾粟或小米。粟喜温,耐旱,耗水量低,抗脱水能力强,对土壤的要求也较低,适宜在壤土、沙壤土、黏壤土种植,能在瘠薄土地上生长,是我国北方最早驯化的栽培谷物之一,原产于黄河流域。1976年在河北省武安县发掘的磁山遗址中,有80座窖穴内发现有粮食堆积。[4]对出土的植硅体植物遗存进行的年代测定表明,磁山遗址保存的最早的农作物是黍,年代为距今约10000—8700年前,粟在距今约

1 何宁撰《淮南子集释》,中华书局,1998,第1131页。
2 [汉]刘向集录《战国策》,上海古籍出版社,1985,第778页。
3 [明]徐光启撰,石声汉校注《农政全书校注》下,上海古籍出版社,1979,第1536页。
4 河北省文物管理处、邯郸市文物保管所:《河北武安磁山遗址》,《考古学报》1981年第3期。

8700—7500年之间也已开始出现。[1]内蒙古赤峰敖汉旗兴隆沟出土的黍和粟，年代为距今8000—7500年。[2]而在河北省徐水区南庄头遗址和北京门头沟东胡林遗址出土的石器、陶器表面提取的残留物，以及从文化层中采集的古代淀粉，据测定其中有驯化的粟粒，这两处遗址的年代都在距今11000年前，因而粟类作物的驯化至少从距今10000多年前就已经开始了。[3]

　　世界上其他地区发现的粟类遗存，欧洲最早为公元前3000年，至公元前1000年数量才有明显增加；美洲栽培粟的年代大概为公元前4000—前300年；日本最早到绳文时代中期晚段，即距今4000年前；韩国发现的最早的粟是在距今4500年前后。[4]近年中亚哈萨克斯坦发掘的塔斯巴斯（Tasbas）遗址和柏加什（Begash）遗址提供了欧亚大陆中部地区最早的栽培谷物证据，包括黍、粟和小麦。塔斯巴斯第一阶段（公元前2840—前2500年）标本中浮选出了5粒小麦种子和一些难以区别是小麦还是大麦的残片；青铜时代晚期即第二阶段（公元前1450—前1250年）的标本中，种子数量大大增加，以去壳大麦为主，易脱粒小麦也不少，还有穄子类谷物，其中少量可能是粟。柏加什遗址早期即第一阶段（公

1　Lu Houyuan, Zhang Jianping, Liu kam-biu,etal., "Earliest domestication of common millet (panicum miliaceum) in East Asia extended to 10000 years ago," *PNAS*, 2009,106(18).

2　赵志军：《有关农业起源和文明起源的植物考古学研究》，《社会科学管理与评论》2005年第2期。

3　Yang Xiaoyan,Wan Zhiwei, Linda Perry, et al., "Early Millet Use in Northern China," *PNAS*, 2012, 109(10).

4　何红中：《全球视野下的粟黍起源及传播探索》，《中国农史》2014年第2期。

元前2450—前2100年）也发现了黍类、麦类等谷物。[1]

黍为禾本科黍属一年生草本植物，学名 Panicum miliaceum L.。《说文解字》解释为"禾属而黏者也。以大暑而种，故谓之黍。从禾，雨省声。孔子曰：'黍可为酒。'禾入水也。凡黍之属皆从黍。"黍喜温、喜光，具有早熟、耐旱、耐瘠的特性，可做粮食，亦可做饲料，在世界上分布较广。黍的野生种又称杂草黍。《农政全书》记载："野黍：生荒野中，科苗皆类家黍，而茎叶细弱；穗甚瘦小，黍粒亦极细小。味甜，性微温。救饥：采子舂去粗糠，或捣，或磨。面蒸糕食，甚甜。"[2] 野生黍的"种"很多，西非还有一种喜水的野生黍，常与水稻相伴长于水中，当地"采集—狩猎—捕鱼"部族采以为食。[3] 黍属全球大约有500种，我国有近20种，南北方都有分布。黍是很早就已栽培的作物，是我国传统的"五谷"之一。黍又分粳、糯等不同品种，粳黍古称稷、穄，现称穄子、糜子；糯黍古称黍子、粘糜子。

人类对黍的驯化比粟还要早。我国是世界上最早栽培黍的地方。如前所述，河北磁山遗址黍的植硅体测定年代距今约10000—8700年，内蒙古兴隆沟遗址出土的黍距今也有8000—7500年，而北京门头沟区东胡林遗址和河北南庄头遗址出土的

1　Robert Spengler, Michael Frachetti, Paula Doumani, et al.,"Early Agriculture and Crop Transmission among Bronze Age Mobile Pastoralists of Central Eurasia," *Proceedings of the Royal Society B, Biological Sciences*, 2014, 281.
2　[明] 徐光启撰，石声汉校注：《农政全书校注》下，上海古籍出版社，1979，第1537页。
3　游修龄：《黍粟的起源及传播问题》，《中国农史》1993年第3期。

黍、粟更早到了距今11000年以前，将黍的驯化时间前推了至少1000年，而粟的年代提前了至少2000年，是世界上已知最早的栽培粟黍。[1]需要注意的是，从该遗址浮选出的炭化粟粒虽然形态上已经具备了栽培粟的基本特征，但尺寸非常小，很有可能属于由狗尾草向栽培粟进化过程中的过渡类型。[2]这可能是人类开始对粟、黍两种作物野生祖本驯化的一个重要例子。

甘肃秦安大地湾遗址大地湾一期文化年代为距今7800—7350年，出土了黍的颖果，但是这个结论可能还有疑问；稍晚的距今6500—6000年前的仰韶文化早期遗址，也出土了黍的颖果遗存。西安半坡遗址发现好几处储藏粮食的例子，当时种植的谷物是粟。[3]2002年发掘的鱼化寨遗址与半坡遗址非常相似，浮选出土粟黍的炭化种子有近7000年历史，植物遗存异常丰富。[4]距今5000年前的甘肃东乡马家窑遗址，则出土了较为完整的黍的植株，包括了花序和颖果。甘肃民乐东灰山四坝文化遗址发现了距今约5000年前的炭化农作物种子，反映出以粟为主、黍为次的小米类农业，且以大麦和裸大麦为主，小麦的麦类农业作为补充。河西走廊永昌鸳鸯池马厂类型文化中也发现了公元前2300—

1　Yang Xiaoyan, Wan Zhiwei, Linda Perry, et al., "Early Millet Use in Northern China," *PNAS*, 2012, 109(10).

2　赵志军：《中国农业起源概述》，《遗产与保护研究》2019年第1期。

3　中国科学院考古研究所、陕西省西安半坡博物馆编《西安半坡——原始氏族公社聚落遗址》，文物出版社，1963，第223页，图版55。

4　赵志军：《仰韶文化时期农耕生产的发展和农业社会的建立——鱼化寨遗址浮选结果的分析》，《江汉考古》2017年第6期。

前2000年的粟。[1]青海省喇家遗址齐家文化地层中发现的面条中，提取到大量粟和黍的典型壳体植硅体颗粒和淀粉颗粒，证明距今4000年前已经以粟、黍为原料制作面条。中国以外地区最早的黍发现于希腊阿吉萨马赫拉遗址，年代为距今7950—6960年，不过这个年代仍然存在争议，并不被人接受。[2]

粟和黍虽然一个属狗尾草属，一个属黍属，植物分类上的"属"不同，但二者习性相近，栽培条件、生长特性和分布地区都大体相同，所以经常合起来称呼。综上所述，粟黍作物大约距今11000年前最先在我国华北地区被驯化和栽培，然后开始向外传播，新石器时代早期已成为黄河流域及其周边广大地区的重要食物来源。距今5000—4000年前后在河西走廊得到推广，并继续向西传播至新疆和中亚。[3]公元前2千纪初新疆一些地方已出现粟黍旱作农业的生产，随后迅速发展，普及到南、北疆各地。粟黍作物传播到新疆之后并未停止脚步，继续向中亚、西亚、小亚细亚、地中海沿岸、俄罗斯及至整个欧洲传播。粟黍在西传的同时，也向东传播到了朝鲜半岛和日本。

有人总结粟黍传播的特点，认为从我国内地考古出土的早期粟黍遗存来看，粟黍的分布集中于甘肃、陕西、河南三省，一般

1　甘肃省博物馆文物工作队、武威地区文物普查队：《甘肃永昌鸳鸯池新石器时代墓地》，《考古学报》1982年第2期。
2　蒋洪恩、李肖、李承森：《新疆吐鲁番洋海墓地出土的粮食作物及其古环境意义》，《古地理学报》2007年第5期。
3　杨谊时、石乃玉、史志林：《考古发现所见河西走廊史前的农业双向传播》，《敦煌学辑刊》2016年第1期。

距今 6000 年左右。黄河下游的山东半岛和辽东半岛可视为中心地带向东扩散的第一个层次；从山东半岛和辽东半岛向朝鲜半岛、日本传播可视为第二个层次；新疆、西藏、云南、台湾也可视为从中心地区向外传播的第二个层次。[1] 即以黄河中游地区为中心，通过中亚草原传到西亚各地，通过横断山谷到达我国的西南地区以及南亚及西亚各地。公元前 2000 年左右，全球气候变得干冷。河西走廊以及黄河流域等传统农业区的农业已经发展到一定水平，由于对自然的过度利用，土地资源的利用率逐渐降低，再加上气候恶劣，促使传统农业区的人口开始大规模转移，一部分从事农业生产的人们迁徙到经营畜牧业的群体当中。因此，关于粟黍作物的种植技术和农业知识也传播到该群体中去，使得粟黍作物的种植范围进一步扩大。大量考古证据表明，新疆东部地区与河西走廊在史前时期就存在着频繁的交流。河西走廊通道的畅通，使得粟黍作物可能在距今 4000 年左右进入今天的东天山地区，然后沿着天山传播到南、北疆各地。[2]

也有人认为粟黍在中国被驯化后，从华北地区很快扩展，向西传播到新疆，向东北传到吉、辽地区，向西南传到西藏、云南地区，向东南传到东南沿海和台湾地区，并逐步传播到世界其他地区。瑞士植物学家德堪多认为粟黍在史前时期由亚欧大陆的大草原，经阿拉伯、小亚细亚传入东欧、中欧等地区。我国考古学家石兴邦提出，粟黍以黄河中游地区为中心，从此向西北传到新

1　游修龄：《黍粟的起源及传播问题》，《中国农史》1993 年第 3 期。
2　于建军：《新疆史前考古中发现的粟类作物》，《西域研究》2012 年第 3 期。

疆，继续西传到西亚后，又分两个渠道传播：一条渠道是沿地中海北岸，从希腊到南斯拉夫的达尔马提亚、意大利、法国南部的普罗旺斯、西班牙一线，以印纹陶文化为代表；第二条路线沿多瑙河流域，从东南欧，穿过中欧，直到荷兰、比利时等国家和地区，以线纹陶文化为代表。除了通过中亚草原传到西亚这一条路线，还有一条粟黍西传的路线，即通过横断河谷由西北向西南，经过南亚山麓走廊，到达南亚、印度及西亚各地。[1]

粟黍最早传入新疆可能有两条路线，一条是天山南道，首先传入罗布泊地区，为古墓沟和小河五号墓地等为代表的青铜时代人群接受，然后进一步沿天山南麓和昆仑山北麓西传，经帕米尔高原后进入南亚和中亚、西亚。另一条传播路线从河西走廊至天山东部的哈密，沿天山北麓，经伊吾、巴里坤、木垒、吉木萨尔，到达伊犁河谷和准噶尔盆地西端通道，传入哈萨克斯坦等中亚地区，再西传到西亚、东欧和西欧。木垒是这条传播路线的重要一站。

2. 麦类作物的东传

麦俗称麦子，专指小麦，至迟12000年前已被驯化，栽培历史已1万余年。其祖麦是一种今天尚存的二粒小麦。野生二粒小麦是一种主要为自花授粉的冬性一年生禾本科小麦族草，广泛分布于西亚、北非之间的新月形沃地，如今天的以色列、约旦、叙利亚、黎巴嫩、土耳其东部、伊朗西部和伊拉克北部。小麦属作

---

1 石兴邦：《下川文化的生态特点与粟作农业的起源》，《考古与文物》2000年第4期。

物一般认为就是在这里最先被驯化。全世界现有约25000个小麦品种，大多数可归为两大组：普通小麦和硬粒小麦。普通小麦又称面包小麦，拉丁名 Triticum aestivum，占今天世界消费小麦总量的95%。硬粒小麦，拉丁名 Triticum Turgidum ssp. durum，占5%，用于制作面食和粗面粉食品。两种小麦都是野生二粒小麦的栽培种。单粒小麦（T. monococcum）也是大约同一时期驯化的，只是现在分布有限。根据遗传学和考古学研究，最早的小麦实物发现于今天土耳其东南部的卡拉卡达山地区。[1]

我国麦类作物栽培的历史十分悠久。商代甲骨文里就已经有"麦"字。甲骨文里还有个"来"字，也是指麦类作物。亦说前者指小麦，后者指大麦，或相反。因此，中原地区最迟在距今3300年前后的商代已经区分小麦和大麦的种植。[2]考古出土的麦类作物实物还要早得多。洛阳皂角树二里头文化第二期开始出现小麦、大麦，[3]属于夏代晚期。如前所述，甘肃民乐县东灰山遗址出土有距今5000年前的小麦和大麦。新疆阿勒泰地区吉木乃县通天洞遗址也浮选出了公元前3000—前1500年的小麦种子，只是这个年代范围有点大。

小麦出现之后传播到欧洲和中亚地区，进而东传至欧亚草原

1　K. Kris Hirst, "Wheat Domestication: The History and Origins of Bread and Durum Wheat," ThoughtCo, https://www. thoughtco.com/wheat-domestication-the-history-170669. 访问日期：2020 年 2 月 11 日．

2　赵志军：《小麦传入中国的研究——植物考古资料》，《南方文物》2015年第 3 期。

3　赵春青：《夏代农业管窥——从新砦和皂角树遗址的发现谈起》，《农业考古》2005 年第 1 期。

和中国。土库曼斯坦的科佩特山脉北麓出土了距今7000年左右的小麦遗存。大约距今5000年前后，传播到欧亚草原东部。哈萨克斯坦发现了距今4600年前的小麦。大约在同一时期，小麦继续东传到我国新疆的西端，到距今4000年前后，已遍及新疆南北疆各地，新疆东南角的罗布泊荒漠也开始栽培小麦。

小麦传入我国内地和中原地区一般认为可能存在两条路线。一条路线是欧亚草原通道。小麦在距今4500—4000年之间与青铜器、绵羊一起，由西亚传入中亚后，在欧亚草原诸多青铜文化的接力作用下，由西向东逐渐传播，最终到达蒙古高原地区，然后在长城沿线北方文化区的作用下，通过河谷地带，由北向南最终传播到中国古代文化核心区域黄河中下游地区。[1]

另一条路线是通过新疆、河西走廊传入。中国社会科学院考古研究所赵志军研究员认为，我国西北地区发现的早期小麦遗存，年代主要集中在距今4000—3500年之间。小麦从西亚经中亚传播至中国，中途经过新疆、河西走廊等地区的可能性极大。因此，新疆地区（或丝绸之路）成为探索小麦东传至中国的路径的重要线索。[2]总体上看，新疆原始农业的小麦种植，最早出现在北疆西部，如通天洞遗址、阿敦乔鲁遗址，年代都在距今4000年左右。另一个较早的地点是新疆南疆的东南部，如古墓沟墓地、小河五号墓地等遗址，年代也接近距今4000年。有一些研究认

1 赵志军：《小麦东传与欧亚草原通道》，载《三代考古》第5辑，科学出版社，2009，第456—459页。
2 赵志军：《小麦传入中国的研究——植物考古资料》，《南方文物》2015年第3期。

为，新疆地区早期青铜时代文化的传播，是从西北部的阿尔泰山向东南方向发展，穿过天山山脉到达罗布泊地区。如果这个假设正确，那么也可能是小麦的传播路线。新疆早期小麦的发现主要集中在东天山南北麓和山间盆地、河谷地区，早期小麦可能就是通过这样的通道传播到新疆南北的绿洲地区，最后通过河西走廊传入内地。这条路线正好是张骞凿空的丝绸之路。

木垒四道沟遗址出土了距今约3500年前的小麦颖果，在新疆发现的小麦遗存中，属于年代比较早的。考虑到从北疆穿过天山到南疆的通道十分有限，而从乌鲁木齐至木垒一带的天山之间，自古就是南北疆联系的主要通道所在，因此最便利的路线就是从这些地方穿越天山谷道到达吐鲁番，再从吐鲁番继续南下至塔里木盆地。木垒地区也是天山北麓东西向路线的必经之地。从这些情况分析，不难得出这样的认识，小麦传入新疆后首先在准噶尔盆地西部地区扎下根，然后向东扩展到天山北麓地区，从这里分两路，一路穿过乌鲁木齐—木垒一带的天山谷道南下吐鲁番盆地，最后到达罗布泊和塔里木盆地其他地区；另一路沿天山北麓向东，经木垒地区到达巴里坤盆地和哈密盆地。

大麦学名 Hordeum vulgare L.，是一年生禾本科大麦属草本植物，也是世界上最古老的种植作物之一，起源于两河流域一带新月沃地的原生植物野生二棱大麦（H. spontaneum）。大麦主要有两个变种：原变种大麦（H. vulgare）在成熟时所分泌的黏性物质可将内外稃紧密黏合以致不能完全分开，所以又称皮大麦。另一个变种是裸大麦，很轻易就可从内外稃内脱出。裸大麦在我国有两种类型，一种是青稞（Hordeum vulgare var. nudum），另一种是藏青稞（Hordeum vulgare var. trifurcatum）。二者的区别在于后者外稃顶端有3个裂片，两侧裂片顶端有短芒或无芒；而前者外稃顶端没有3个裂片，而是有1条长芒。最早的大麦发现于叙利亚，有1万多年历史。栽培裸大麦最早出现于伊拉克，有8000年历史。中亚最早的青稞出土于土库曼斯坦，也有7000余年的历史。我国最早的青稞发现于民乐东灰山遗址，距今约有5000年。[1]

如前所述，新疆哈密五堡墓地出土了距今3000年的青稞，吉木萨尔杂乱岗子发现的大麦年代可能早到距今3400年前，木垒县四道沟出土了距今3000年前的大麦/青稞。吐鲁番盆地的洋海墓地、加恩加依墓等出土的大麦/青稞也有近3000年的历史。粟、黍、小麦、大麦/青稞自新疆农业发展初期起就是最主要的粮食作物品类。

1　蒋洪恩、李肖、李承森：《新疆吐鲁番洋海墓地出土的粮食作物及其古环境意义》，《古地理学报》2007年第5期。

第五章　最早的居民

第一节　文化"基因"

"基因"是生物体携带和传递遗传信息的基本单位，支持着生命的基本结构和性能。随着基因技术对当今社会产生越来越大的影响，基因概念也被广泛用于其他领域，其与文化结合而产生了"文化基因"概念。人类除了生物的一面，还有思想、情感、信仰、价值观等文化的一面，它们决定了人的思维方式和行为模式。"文化基因"是指相对生物基因而言，内嵌着这些因素的人类文化系统的遗传因子。考古发现为解开木垒地区早期文化的遗传密码提供了重要途径。

《史记》将汉代前后时期活动于今新疆一带的人群据其习俗分为两类：一类如大宛等，"其俗土著，耕田，田稻麦。……有城郭屋室"，属于定居的城郭诸国；另一类如匈奴、乌孙等，为"行国，随畜移徙"，"毋城郭常处耕田之业"，属于游牧部族。

人们普遍认为古代西北地区游牧民族没有固定居所，终年逐水草而居。考古学成果表明，游牧民族并非完全居无定所，"随畜逐水草"并非常年不停地迁徙，多数情况下是在相对稳定的领地循着相对固定的路线，季节性地变换放牧的区域，但还是有相对稳定的常居地，即所谓"各有分地"。很多游牧部落其实也不是完全游牧，往往也从事一定的田作，游牧和田作混合的经济方式可能比较普遍。如前文所述，天山北麓东段一带古蒲类人，就以游牧为主，兼营农业。史书记载说，"庐帐而居，逐水草，颇知田作"，大概就是这种情况。

根据两汉书西域传的记载，大概可以推测从战国时期起，东天山一带，包括天山南、北麓地区，就已经形成了若干游牧部落和部落集团，蒲类是东天山北麓地区的主要部落之一，后来由于匈奴的侵袭，西迁到木垒河流域。他们游牧，耕种，制作弓矢，饲养牛、马、骆驼、羊畜，以出产好马闻名。西域都护府设立后，归属中原王朝统辖，尽管在很长时期仍然不时受到匈奴的袭扰。

蒲类人最早什么时候开始出现于木垒，仍然是个谜。但据考古发现，这里最早的人类活动遗迹可以追溯到公元前2000—前3000年前。由于文化面貌发生过根本性变化，所以这一时期的人群，应该不大可能是后来的蒲类人。因此，无论是细石器文化，还是稍后的青铜文明，再到早期铁器时代的游牧部落，都有一系列关键疑问需要回答，比如这些时期出现在木垒并定居下来的人们，都是些什么人，他们的文化是如何形成的，他们又是从哪里来，有没有地域性。

1. 源自华北地区的细石器传统

木垒地区目前发现的最早的人类活动遗存是细石器文化。前文已经简要说明主要细石器文化遗存发现、分布和其他一些基本情况。据研究，以木垒河细石器遗址为代表的木垒地区丰富的细石器文化，表现出以柱状石核为主、包含大量细石片的特征，最显著的特点是出土通体修压精致、底部内凹的三角形细石镞，它们往往与较大型的打制石斧、石锛共存。在新疆细石器文化的分类中，属于第三类，时代可能早到距今4000—5000年。[1]这是木垒具有地域特点的文化类型。遗憾的是到目前为止，还没有确凿证据可以肯定地说明创造这类细石器的是什么人群，不过我们可以利用间接依据尝试做一些推断。

木垒细石器文化直到西汉时期仍有延续。四道沟遗址晚期文化堆积，据碳14测年数据，年代为距今2345+90年，在晚期文化堆积中发现有与青铜器共存的扁平状、半锥状和圆柱状的细石核。扁平状细石核在罗布泊北岸，圆锥状细石核在伊尔卡巴克，圆柱状细石核在七角井、木垒河、阿斯塔那、辛格尔、楼兰、柴窝堡、霍加阔勒、苏勒塘巴俄、罗布泊等细石器遗址也有发现。这说明这些地区之间是存在联系的。从全球范围来观察，细石器分为几何形细石器和细石叶形细石器两个系统，我国的细石器属于细石叶形细石器系统，这一细石器系统的传统起源于我国华北地区。新疆地区的细石器毫无疑问也属于细石叶形细石器系统，

1　王炳华：《新疆细石器遗存初步研究》，载《丝绸之路考古研究》，新疆人民出版社，2010，第96—107页。

图21 木垒伊尔卡巴克桂叶形石镞

源自华北细石器传统。[1]木垒县伊尔卡巴克细石器遗址还出土一种桂叶形细石镞，这种细石镞在辛格尔、阿斯塔那、罗布泊诸多遗址点、阿尔泰山的克尔木齐古墓也有出土，时代都较晚。[2]这些特征一方面说明时间延续很长，另一方面说明分布地域很广。而战国到汉代时期，活动于木垒的是蒲类人，也就是说，细石器文化传统可能延续到了蒲类人活动时期。而这种细石器文化在特征上属于华北起源的细石器文化传统。经过在新疆地区的实践和发

1　邢开鼎：《新疆细石器初探》，《新疆文物》1993 年第 4 期。

2　邢开鼎：《新疆木垒县伊尔卡巴克细石器遗存调查与探讨》，《新疆文物》1995 年第 1 期。

展，形成了地域特色。在此过程中，他们创造出一些独特的器形，从中可以观察到与中亚等地的联系。[1] 中国社会科学院考古研究所安志敏研究员在20世纪80年代就说，新疆细石器传统与内蒙古大致一致，具有一定的地域性。[2] 那么，这似乎清楚划出了一条从华北经内蒙古到新疆的传播路线。新疆的细石器发现地域虽然非常广泛，北到阿尔泰山南麓，南到昆仑山北麓，东起哈密，西到喀什，都有分布，但乌鲁木齐以东的天山东部地区分布最为密集，说明这一时期这里是早期人群活动的主要区域。

除极少数例子，木垒的细石器往往与陶器共出，这也是新疆其他地区考古发现的普遍现象。在分布最为集中的天山东部地区亦如此。这说明细石器在新疆没有形成一个单独的时代，主要混合进陶器文明之中，形成一种细石器—陶器共生文化形态。

2. 源自中原与河西走廊的彩陶艺术

陶器是农业文明的产物，我国大约在距今1万多年前的旧石器时代末期就已掌握了制陶技术。最初的陶器是素面陶，到仰韶文化时期发明了彩陶，主要是在红陶的表面图绘各种黑色纹饰。彩陶因其风格化特征而更具比较意义，因而也成为新石器时代文化的一种很重要的标识。新疆地区早期遗址和墓葬中出土了陶器，其中也包括彩陶，因此最初被认为属于新石器时代。随着考古工作的进一步开展和研究的深入，现在一般认为新石器时代

---

1 伊弟利斯·阿不都热苏勒：《新疆地区细石器遗存》，《新疆文物》1993年第4期。
2 安志敏：《中国西部的新石器时代》，《考古学报》1987年第2期。

在新疆还不能被认为是一个可以完全确定的时代。新疆地区考古发现的陶器（特别是彩陶）是与青铜时代和早期铁器时代绑在一起的。

木垒四道沟遗址早期堆积中除素面陶，还发现有彩陶，为红陶黑彩，装饰以网纹、菱形纹、弧线和回形纹。晚期堆积也出土有彩陶，分黑彩和红彩，主要为垂帐纹、竖条纹、曲线纹等。晚期的年代已接近秦汉时期。

木垒县干沟遗址开口于第3层下的灰坑中，细石器、红陶片和

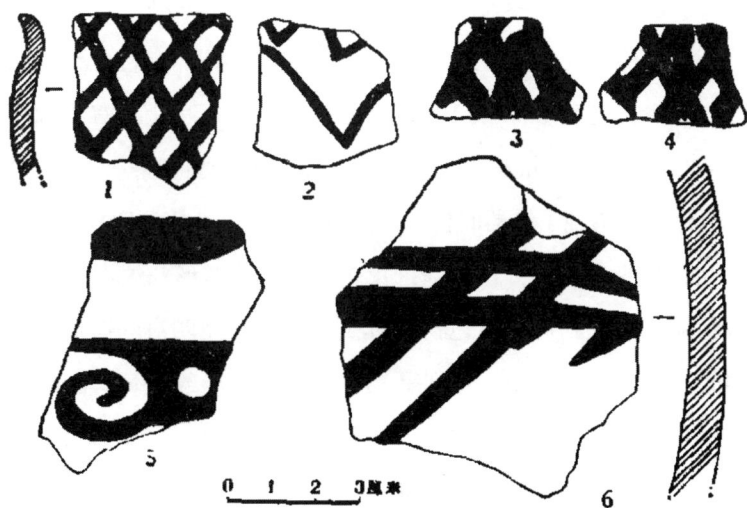

图22　木垒四道沟遗址早期彩陶

图23　木垒干沟遗址出土竖条纹单耳陶罐

图24　鄯善县洋海墓地出土彩陶豆

彩陶片共出，简报推断干沟遗址的年代相当于青铜时代早期，可能偏早。该遗址有竖穴土坑墓、竖穴石室墓和竖穴偏室类型墓葬，从举例的几座不同类型墓葬及出土器物的介绍中，可以大致得知各类型墓葬均出土陶器。除竖穴石棺墓少有随葬品，仅举了一个例子，具体情况不甚清楚，土坑竖穴墓出土彩陶和青铜器、铁器，比如竖穴土坑墓 M44 填土中出土铁器 1 件，墓底死者右股骨内侧出土 1 件铁刀。简报认为竖穴土坑墓属于青铜时代晚期，有待进一步讨论，应该到了铁器时代。竖穴偏室墓都已经快到唐代了。

　　需要注意的是，干沟遗址出土彩陶无论器形和纹饰，都可以从其他地方找到可比对之物。其竖条纹纹饰与四道沟遗址晚期彩陶的竖条纹是可比的。特别是 M31 出土的竖条纹单耳彩陶罐、竖条纹彩陶豆，与吐鲁番盆地鄯善县洋海墓地出土同类器风格几乎相同。M53 出土的叶脉纹单耳彩陶罐与鄯善县三个桥墓地、乌鲁木齐柴窝堡墓地出土彩陶罐非常相似，只是干沟遗址叶脉纹罐口

图25　鄯善县三个桥墓地出土叶脉纹单耳彩陶罐

沿下为水波纹，而这两个墓地多为倒三角形。除此之外，类似彩陶和纹饰也发现于吐鲁番盆地其他如奇格曼、艾丁湖、雅尔湖，以及托克逊县阿拉沟等遗址和墓地，显示了木垒彩陶与吐鲁番盆地到乌鲁木齐一带广大地区的密切关系。

新疆地区的彩陶主要发现于哈密盆地、巴里坤盆地、天山北麓、伊犁河流域、吐鲁番盆地和天山南麓等地区。根据有关研究，新疆中部、东部地区的彩陶时代较早，分布密集，而所有新疆彩陶与河西走廊西端的彩陶比较相同或相近，并且年代上也与河西走廊西端彩陶的年代相衔接。彩陶传到新疆东部以后，经过缓慢的发展，继续西进，沿着天山通道一直传播到新疆的西部，到西汉前后才消失。[1] 新疆师范大学刘学堂教授就提出，中国中原和中亚之间存在一条彩陶之路，这条彩陶之路最早可上溯至黄河流域新石器时代初期；距今7000年前，中原地区的彩陶文化向西发展到六盘山一带；距今5500—5000年到达青海东部；距今5000年前开始继续向西传播，到达祁连山北麓的酒泉地区；约距今4000年前后，出现于新疆哈密地区。此后，沿天山山脉继续向西发展，最后到达巴尔喀什湖东岸一线。在西传的过程中不断与当地文化交流、融合，在当地形成具有地方特点的彩陶文化。[2]

彩陶是新疆地区青铜和早期铁器时代文化的主要内涵之一，是判断文化特点的主要标志性因子，可以说一定意义上代表了一种考古学文化的基因。而这个基因可以追溯到河西走廊，并进一步追溯到华夏文明的中心地区。

3. 源自中原的丧葬传统

丧葬是指哀悼死者的礼仪和处置死者遗体的方式。我国古代形成了丰富的丧葬制度。丧葬制度大约在西周时期完善并体系化，但在此之前丧葬礼仪应该早已有之。山顶洞人就已经有了埋葬行为。随着丧葬观念和行为的产生，不同地区、不同人群、不同民族逐渐形成了具有自身特点的丧葬礼俗，并逐渐制度化。考古学能够观察到的主要是丧葬中最物质性的部分，即葬的部分，大量丧葬礼仪因无法保存在墓葬中而很难在考古发现中见到。古

1　陈戈：《略论新疆的彩陶》，《新疆社会科学》1982年第2期。
2　刘学堂：《史前彩陶之路终结"中国文化西来说"》，《中国社会科学报》2012年11月21日第382期。

代葬的方式多种多样，但主要可归纳为土葬、火葬、天葬、水葬、树葬等几种，以土葬最普遍。土葬就是将死者埋入地下墓穴中，又因墓穴结构、形制差异而分为不同类型的墓葬。木垒地区的早期丧葬，就目前的材料来看，都是土葬。根据墓葬形制，如前所述，分为竖穴土坑墓、竖穴石棺墓、竖穴偏室墓、地面起建墓等几种。其中竖穴土坑墓是最基本的一种类型，难以从形制结构上进行文化上的区分。竖穴石棺墓是新疆青铜时代以来草原地区流行很广的一种墓葬类型，一般认为是典型的游牧文化墓葬，随葬品稀少。小者1米左右大小，大者使用重达上千斤的巨型石板构筑石棺。木垒县干沟遗址、县城南郊墓地有所发现，均为小型墓葬，少有随葬品。地面起建的墓葬，目前仅见于干沟遗址，但没有公布任何具体材料。

竖穴偏室墓简称偏室墓，是木垒发现的一种比较普遍，且延续时间较长的一种特殊类型的墓葬，具有一定的代表性。偏室墓是洞室墓的一种。洞室墓以前也称为土洞墓，指在从地表下挖的长方形竖穴土坑墓道短的一端或长的一侧穿掏土洞作为墓室的墓葬。根据墓道和洞室的位置关系，可以把洞室墓分为两大类，一类为洞室位于竖穴墓道长的一侧（横侧），可以称作偏洞室墓或简称偏室墓，有些文章也称为横穴式洞室墓、平行式洞室墓；另一类为洞室位于墓道短的一端（纵端），可以称为纵洞室墓，一些文章也称为竖穴式洞室墓、直线式洞室墓。

洞室墓公元前20世纪曾出现于东欧南部草原地带，出土青铜武器、工具、饰品，以及深腹罐、四联足等陶器，称为洞室墓文化，流行于青铜时代早期。洞室墓文化的源头可能与同一地区公元前3千纪的竖穴墓文化有关，又因出土线纹陶或称绳纹器而被认为可能属于范围更大的线纹陶文化，大约公元前2千纪后期被木椁墓文化取代。

我国内蒙古和河北地区的雪山一期文化，如西辽河流域的大南沟墓地发现大量偏洞室墓，年代大约在公元前3000年。公元前2500年以后，甘青宁地区大量出现洞室墓。战国以后，关中、洛阳等地区洞室墓普遍流行。到了汉代，上至皇帝、诸侯，下到平民皆用洞室墓，并且发展出在洞室内修筑木椁室和砖室的形式，普及到全国。[1] 新疆地区也发现大量洞室墓，主要分布于沿天山地区，又以西段的伊犁河流域和东段的吐鲁番盆地较为集中，其年代多在早期铁器时代，早的可到公元前1000年前后，晚的到汉魏晋唐时期。

有学者将中国先秦洞室墓划分为北方、西方和秦三大传统。北方传统包括东、西两个支系。东部支系是指西辽河和桑干河流域曰字形（即偏洞室）洞室墓，是最原始的洞室墓形式，内置仰身屈肢葬式人骨。西部支系即甘青宁支系，流行屈肢葬，由东部支系发展而来，融合了当地因素，一直延续到龙山时代后期；进入青铜时代后，分布中心西移至青海和河西走廊，并向东传播到关中和鄂尔多斯地区。秦传统是指战国中晚期和秦代在陇东和关中秦文化地区产生的洞室墓类型，形制多为纵偏洞式，长方形墓

1　[日] 高滨侑子：《中国古代洞室墓》，韩钊译，《文博》1994年第1期。

道明显较长方形洞室宽大，墓道口大底小，有二层台，洞室深长可容纳整个人骨，人骨多头外足内，流行木棺和屈肢葬。西方传统分3个支系，其中"天山支系"是指早期铁器时代开始流行于新疆伊犁河流域的洞室墓，多数为偏洞室墓，为半洞室式，内置仰身直肢葬式人骨；也有纵洞室墓，洞室内置仰身直肢葬式人骨和牲畜的头、蹄等骨。它也包括吐鲁番等东部天山地区的同类墓葬。西方传统的第二个支系是"河西支系"，认为从公元前8世纪开始"西方传统"向东传播到这一地区而形成了一种新洞室墓类型。这个支系继续东传到宁夏以东长城沿线，称为"长城支系"。[1]

这个理论体系面临来自最新考古发现的挑战。最近陕西高陵杨官寨遗址庙底沟文化墓地新发现了大量洞室墓，将洞室墓的年代提前到了公元前3300年前，[2]说明黄河中游地区极有可能是洞室墓的起源地区。因此，洞室墓至迟在仰韶时代中期偏晚阶段已在黄河中游的庙底沟文化出现并逐渐成为主流墓葬形制，这一时期的洞室墓主要是偏洞室墓，墓道底部往往高于洞室的底部；仰韶时代晚期西辽河流域才开始出现洞室墓，为偏洞室形制，墓道底部与洞室底部高度基本一致；龙山时代早期西辽河流域和黄河上游甘青宁地区出现大量洞室墓；到龙山时代晚期，甘青宁地区纵洞室墓数量增加，既有单人葬，也有合葬，流行侧身屈肢葬和仰身直肢葬。[3]甘青宁偏洞室墓起源于庙底沟文化，还是"北方传统

1　韩建业：《中国先秦洞室墓谱系初探》，《中国历史文物》2007年第4期。
2　陕西省考古研究院、高陵区文体广电旅游局：《陕西高陵杨官寨遗址庙底沟文化墓地发掘简报》，《考古与文物》2018年第4期。
3　马金磊：《试论中国新石器时代土洞墓的起源》，《文博》2019年第4期。

的东部支系",或者是本地起源,又有了新的讨论空间。

偏洞室和纵洞室墓两种结构的墓葬广泛发现于甘青宁地区马家窑文化的半山类型和马厂类型、齐家文化、火烧沟文化、卡约文化、辛店文化、沙井文化,也见于先周与西周文化,以青海东部和甘肃中、西部最为流行,特别是马家窑文化和火烧沟文化表现最为突出。[1]河西走廊西部玉门市的火烧沟遗址发掘300多座墓葬,多数是竖穴偏洞室墓。很明显这些地区的洞室墓有悠久历史传统,并且向西发展是主要趋势之一。一般认为,战国时期关中、洛阳地区流行的洞室墓,应该源自上述地区。[2]各种迹象显示,新疆地区的洞室墓也很可能源自河西走廊地区。

虽然伊犁河流域最早的洞室墓似乎早于天山东段,但碳14测年结果表示的是标本停止与大气进行碳交换的真实年代在多大可能性上有可能是某个时间范围之内的任何一年,而不是指一个确定的时间点,即使经过树轮校正,也不能保证完全可靠和精确。碳14测年结果严格说只是标本的年代,并不表明同一区域的其他墓葬也是这个年代。尽管碳14年代数据一般都经过树轮曲线校正,但经验表明其误差仍然不可轻视。所以,最好的办法是结合具有较准确年历意义的文物进行校正,但是这一点在伊犁河流域几乎是难以做到的,但在天山东部地区的哈密、吐鲁番并不难,在新疆南部的沙漠地区材料就更多了。所以在没有更可靠的文物

---

1 谢端琚:《试论我国早期土洞墓》,《考古》1987年第12期。
2 李如森:《略论洛阳地区战国、西汉洞室墓的源流》,《社会科学战线》1988年第3期。张志祥、李祖敏:《论关中地区洞室墓的起源年代》,《西安文理学院学报(社会科学版)》2014年第2期。

验证之前，在利用碳14年代进行相对年代比较的时候，最好能够保持比较保守的态度。即便如此，伊犁河流域年代较早的穷科克墓地是叠压在安德罗诺沃文化层之上的，更多的其他墓地年代还要晚，部分已经到了西汉中期，且就墓葬形制而言，与北方传统也没有本质区别。考虑到洞室墓并不是伊犁河流域的传统，而是这一时期新出现的形制，因此这一时期突然从中亚传入这种形制的墓葬多少有点奇怪。中亚地区尽管有部分洞室墓年代似乎较早，但大量洞室墓年代其实是很晚的。

根据杨建华教授等的研究，在早期铁器时代，邻近我国伊犁河流域的中亚七河地区的墓葬有4种类型：地表起建的墓葬、竖穴土坑墓、石棺墓和土坑洞室墓。费尔干纳地区有3种形制的墓葬：地表起建的墓葬、竖穴土坑墓和土坑洞室墓。分为公元前8—前6世纪、公元前5—前3世纪、公元前3—公元1世纪和公元1—5世纪4个时期，前两个时期属于萨卡文化时期，后两个时期为乌孙文化时期。公元前3世纪发生的主要变化之一是出现洞室墓，另一个重要变化是突然出现了流行于新疆地区的圜底陶器。[1]萨卡即我国古代文献记载的塞克、塞种，也称塞人。

相对来说，天山东部地区洞室墓与河西走廊地区联系更加紧密，其年代也有更多具有年历意义的文物的验证，比如交河沟北墓地的洞室墓就出土有东汉五铢铜钱，因而更可靠。吐鲁番盆地

1　杨建华、张盟：《中亚天山、费尔干纳与帕米尔地区的早期铁器时代研究——与新疆地区的文化交往》，载《边疆考古研究》第9辑，科学出版社，2010，第85—104页。

晋唐时期流行的大量洞室墓，就明确源自河西地区，虽然时代已经晚得多。

天山地区春秋战国前后突然出现洞室墓，与这一时期的几次大的民族迁徙可能不无关系。第一次是"大夏"西迁。"大夏"见于《史记·大宛列传》和《汉书·西域传》，其故地至少可以追溯到河西地区，约公元前7世纪绝大部分自河西迁至伊犁河与楚河流域。[1]第二次是公元前3世纪或公元前2世纪大月氏西迁。大月氏原居敦煌、祁连间，公元前3世纪或公元前2世纪初被匈奴击破，西迁伊犁河、楚河流域，驱走原居此地的塞种而居之。第三次是乌孙西迁伊犁河、楚河流域。乌孙故地在今敦煌以西、天山以东，公元前2世纪中叶击走迁至伊犁河流域一带的大月氏并占有其地。大月氏被迫迁至阿姆河流域以南。塞种、大月氏虽然均被迫继续西迁，但仍有小部余众留在伊犁河流域，所以《汉书·西域传》记载说，"乌孙民有塞种、大月氏种云"。这些民族正是沿天山西迁的。这一时期天山一带突然出现洞室墓，可能就是这些从河西走廊西迁的民族带过去的。

天山地区的洞室墓有的还随葬彩陶，如前所述，天山地区的彩陶也与河西走廊具有渊源关系，大致也是这一时期从河西走廊西传到天山地区的。

---

1 余太山：《大夏和大月氏综考》，载《中亚学刊》第3辑，中华书局，1990，第17—46页。

第二节 种族、性别与年龄结构

世界上不同地区、不同种族的人群存在体质特征上的差异。人群的体质特征受到遗传的控制，同时也受到环境、社会文化等因素的影响。通过对人群体质特征的研究，可以探讨人群的形成、迁徙和相互关系等问题。不同种族、性别、年龄的人，体质特征存在差异，这些差异会反映在骨骼上，体质人类学家通过对骨骼的观察、测量和统计分析，研究得知个体的体质性状。

人种或种族"是指那些具有区别于其他人群的某些共同遗传体质特征的人群。这些共同的遗传体质特征是在一定的地域内，在漫长的人种形成和发展过程中逐渐形成的，是对自然界环境长期适应的结果"。人种既有可以直接观察到的外表标志，也有一些是需要通过性状的测量和研究才能确定。通过非连续性性状、非测量性和测量性性状等特征的观察、研究，划分出不同的种族类型。血型、DNA 等遗传基因的分子生物学分析也发挥越来越大的作用。人种的分类方法很多，最普遍的是三分法和四分法。前者将人类划分为蒙古大人种、欧罗巴大人种和澳大利亚—尼格罗人种，分别为黄色、白色、黑色人种。每个大人种下又分若干小人种。后者是将澳大利亚—尼格罗人种分别作为两个不同的大人种，把澳大利亚人种称为棕色人种。但是不同种族间的人群在迁徙、混杂和融合中，也会不断产生新的混合类型，形成新的体质性状。蒙古人种的体质特征主要表现为肤色呈黄色，头发黑而粗硬，胡须少，体毛不发达，面部扁平度大，颧骨明显突出，脸部宽大，眼裂多较窄，鼻宽中等，颅骨有很大的鼻颧骨，眼眶普遍偏高，鼻根点凹陷较浅，存在较高的矢状嵴、下颌圆枕和铲形门齿出现率。又分为北亚、南亚、东亚、东北亚和美洲人种五个小的人种类型。欧罗巴人种又称白色人种、欧亚人种或高加索人种，体质特征主要表现为肤色由浅到深变异大，眼色中天蓝色、灰色和浅绿色等浅色调占一定比例，发型多为直发或卷发，发质较细软，发色变化大，胡须、体毛发达，鼻根高，鼻型窄，鼻部显著前突，眼眶略显凹陷，颧骨不突出，面部扁平度较小，颅骨具有高而狭窄的梨状孔，鼻指数小或中等，鼻根指数大，鼻前棘发达，眉弓发育显著，犬齿窝多半较深，颧骨较低窄，上颌骨下缘缺乏明显转折处。其下又分大西洋—波罗的海、印度—地中海、中欧、白海—波罗的海和巴尔干—高加索人种等小的人种类型。[1]

目前有关木垒地区早期人群体质人类学的研究还很少。但是通过现有不多的研究，仍然可以对木垒地区早期人群的体质特点有个初步认识。

20世纪80年代，学者们就对木垒四道沟遗址、木垒县城南郊破城子北门外墓葬等出土的人骨开展研究，随着考古工作的开展，陆续又对干沟遗址墓葬出土人骨、平顶山墓群出土人骨进行了鉴定分析，获得了初步认识。以下关于四道沟遗址和木垒县城南郊墓葬人骨的资料和数据来自邵兴周、王博的研究报告，[2] 干沟

1　朱泓主编《体质人类学》，高等教育出版社，2004，第319—320、337—339页。
2　邵兴周、王博：《木垒县古墓及出土颅骨的研究》，《新疆文物》1988年第1期。

墓地出土人骨的分析材料引自付昶、吴勇、王博的研究报告，[1] 平顶山墓群出土人骨的分析材料引自万雪娇、文少卿、孙畅、巫新华、李辉等人的研究成果，[2] 特此说明，下面不再一一注出。

1. 木垒四道沟和县城南郊墓葬人骨的体质特点

四道沟遗址发掘的6座墓中，第3号墓采集到1个完整颅骨。如前所述，这是一座战国晚期的偏室墓，墓室内葬3具人骨，一为老年妇女，其余为儿童。采集的颅骨属于老年妇女。根据邵兴周、王博的研究，该颅骨性别鉴定确定为女性，与简报推定相同；年龄鉴定为中年人，约45岁，与简报上的年龄有所差别。从颅骨形态观察，该颅骨颅形较长，颅顶圆穹形，颅侧壁弧形外凸，眉弓凸度稍显，犬齿窝浅，鼻前棘中等，梨状孔下缘为不对称型，颧骨和上颌骨下缘均属明显转角，腭圆枕为瘤状。颅面部测量特征：颧宽（面宽）143.5mm，颅最大长174mm，额最小宽97.95mm，鼻骨最小高5.45mm。经比较分析，该女性颅特圆，颧宽、颅宽、鼻指数在大蒙古人种范围之内，但额骨最小宽、鼻颧指数（上面扁平指数）、鼻骨最小高、鼻根指数、垂直颅面指数（颅面高指数），均在欧罗巴人种范围内。鼻颧角、总面角、颧上颌角、鼻骨最小宽等则介于大蒙古人种和欧罗巴人种之间。因此，该颅骨属大蒙古人群和欧罗巴人群混血组群。

木垒县城南郊墓区也发掘了6座墓葬，根据原报告，有2座

1　付昶、吴勇、王博：《木垒县干沟墓地出土人骨研究》，《新疆文物》2012年第1期。

2　万雪娇、文少卿、孙畅等：《木垒青铜时代人骨研究》，载《中国解剖学会2019年年会论文文摘汇编》，2019，第1页。

墓葬资料较好，其中1号墓M1为长方形石棺墓，墓室中有3个个体的头骨和髋骨，为成年男、女各1个，小孩1个，骨骼均不全，认为属于二次葬。2号墓M2是长方形竖穴土坑积石墓，墓底有一副35—45岁左右壮年男性的完整骨架，压有砾石，仰身屈肢。

根据邵兴周、王博的研究，M1实际至少有5个个体，分别用A、B、C、D、E表示。其中C个体是一具婴儿骨骼，不全，颅骨小，颅壁非常薄，四肢骨均很小，不便做性别和年龄鉴定。E个体仅存残破的颅顶骨、上颌骨等，上颌骨左侧门齿为铲形齿，亦不足以做年龄和性别鉴定，但铲形门齿是蒙古人种的特征。

其余3个个体，A个体仅存颅骨和下颌骨，性别和年龄鉴定结果与报告一致，为男性成年人，年龄在28—36岁之间。B个体仅存残颅骨，性别鉴定与报告一致，为女性。但年龄鉴定结果与报告不同，应为17—20岁左右青年。D个体仅剩左、右髋骨和下颌骨，特征显示为女性，属60岁以上老年。

M2的骨架完整，根据颅骨和下颌骨特征，可确定为男性。根据上颌左第三臼齿的萌出状态和其余臼齿的磨损，以及齿质点暴露和基底缝、矢状缝愈合情况，判断为36—45岁的中年。

通过测量性状分析，M1A男性颅骨和M2男性颅骨比任何组群数值都大，颅围异常长、大。M1A男性颅额最小宽、颅指数为中颅型，颅长高指数I为低颅型，颅宽高指数为阔颅型，为蒙古人种。M1B女性颅也属于大蒙古人种，其测量数值基本在蒙古人种范围内或接近蒙古人种。M2男性颅骨的颅宽、颧宽、鼻颧角、总面角、鼻指数数值在大蒙古人种范围内；颅指数、额最小宽、鼻骨最小高、鼻骨最小宽、鼻根指数、垂直颅面指数均在欧罗巴人种范围内；上面扁平指数、腭宽等在蒙古人种和欧罗巴人种之间，因此应该是蒙古人种和欧罗巴人种的混血型。

从以上分析结果可知，南郊 M1A 男性、M1B 女性和 M1E 均为蒙古人种，M2 属于蒙古人种和欧罗巴人种的混合组群。属于蒙古人种和欧罗巴人种混合组群的还有四道沟 M3 女性。

从性别角度来看，南郊墓区 M1 共鉴定出 4 个个体，M2 为 1 个个体，合 5 个个体。四道沟鉴定 1 个个体。所以总共鉴定 6 个个体。其中成年男性 2 个，成年女性 3 个，婴儿 1 个。但是四道沟 M3 是 3 个合葬，其中 2 个是儿童，不便做鉴定，所以儿童个体实际为 3 个。

从年龄角度看，3 座墓的 8 个个体中，3 个女性覆盖各主要年龄段，其中一个为 60 岁以上的老年，一个为 45 岁的中年，一个为 17—20 岁的青年。2 个男性均为青壮年，一个 28—36 岁，另一个 36—40 岁。未成年的婴儿和儿童 3 个。

上述样本数量虽然较少，不具有普遍代表性，但至少反映出一些现象，即男性基本上死于青壮年；女性最高寿命可活到 60 岁以上，但各年龄段死亡风险均较高；未成年人死亡的比例大，占三分之一强。

如前所述，四道沟 M3 为偏室墓，年代为战国末期至秦汉时期。南郊 M1 为石棺墓，该类墓葬因为遗物极少，年代判断难度较大，如干沟墓地石棺墓简报据其附近其他类型墓葬出土陶器而认为其为青铜时代晚期——可能偏早，宜放在早期铁器时代至两汉时期。南郊M2为积石墓即竖穴土坑墓，葬俗与四道沟早期墓葬具有相似的特征，年代可能早到距今约3000年前。上述分析从一个侧面反映了这一时期木垒地区人群的种族、性别和年龄结构。类似情况也发生在干沟墓地和平顶山墓地。

2. 干沟墓地人骨的体质特点

关于干沟墓地人骨的研究目前为止只见到发表了两个头骨的鉴定研究结果。其中一个头骨采自M43，另一个头骨出自M44。M44是竖穴土坑墓，根据简报，属于青铜时代早期，上文已分析，这个结论疑偏早，更宜放在春秋战国时期，但也可能更晚。墓内见人骨骼1具，仰身直肢。与人骨共出的有羊腿骨、箭杆痕迹、皮毛制品、铁块、桦树皮。人头骨显示出明显男性倾向，可以确定为男性。头骨的年龄特征显示在28—36岁之间。非测量性状上欧罗巴人种特征明显，但在测量性状方面，则处于蒙古人种和欧罗巴人种类型的中间形态，因此应该是欧罗巴人种和蒙古人种的混血类型。

M43为竖穴偏室墓，简报推断年代为唐代，前文分析可能要略早一些，可能在魏晋南北朝时期。该墓葬1人，仰身直肢，有殉马一匹，随葬有铁马镫、铁马衔和铁刀，判断为游牧民。人骨总体上判断为男性，年龄在20—28岁之间。其连续性形态特征和测量性状均明显趋向蒙古人种类型，基本特征为圆颅、中鼻、阔面、中额、上面扁平中等、中面扁平明显、中眶、短颌、鼻尖高等。颅、面体质特征上更趋向于蒙古人种类型。

这两个墓葬反映了从春秋战国到魏晋南北朝时期，男性的寿命同样很短，二人都死于青壮年。人种方面，春秋战国时期为蒙古人种和欧罗巴人种的混血类型，而魏晋南北朝时期的样本则是蒙古人种。

3. 平顶山墓地人骨的体质特点

平顶山墓群人骨的研究目前仅见到一篇会议论文的摘要。据其介绍，共对33具人骨进行了性别、年龄、身高、非测量性状、测量性状等方面的分析，得到的结果表明，大约50%的个体死于青壮年期之前，23.68%的个体死于婴幼少年期，人口的平均预期寿命只有22.24岁，非常低。男性平均身高约169.5厘米，女性身高约154.8厘米。对2具保存完整的女性颅骨的非测量和测量性状分析表明，其非测量性状具有东西方人群混合特征，但东方特征所占比例略高于西方。测量性状显示其散居在欧亚大陆的东亚、中西亚和西伯利亚草原三大群体之间的位置，与西伯利亚草原人群更近，因此，也属于欧罗巴和蒙古人种的混血类型，但以蒙古人种特征占优。

总体而言，从目前的有限材料来看，从公元前1千纪到魏晋南北朝时期，生活在木垒地区的人群主要是蒙古人种和蒙古人种与欧罗巴人种的混血类型，他们的生存条件可能不很理想，人口的平均寿命很短，多数人死于青壮年时期，未成年和婴幼儿死亡率较高，占到总人口的四分之一到三分之一。

4. 从体质特征看与周邻地区人群的关系

木垒的早期居民与周边邻近地区的人群体质特征上显示有比较密切的联系。据研究，与平顶山墓群的人群关系最近的是石河子南山墓地人群。[1]虽然由于详细研究报告尚未正式发表，但南山墓地发掘的11座有墓室的墓葬中，10座是竖穴偏室墓，墓室位于墓道北侧，墓葬形制与平顶山墓群差距甚大。[2]对保存较好的7例人头骨的观察和测量比较分析表明，4例男性头骨颅面形态基本一致，均为短颅型，与欧洲人种的中亚两河类型最接近，其中1例有少量蒙古人种因素混入，而3例女性头骨除与中亚两河类型接近，还受到地中海类型因素影响。他们被认为与天山地区的早期乌孙、阿莱塞克乌孙、昭苏乌孙组等最接近。[3]而正如上文所述，平顶山墓群的人群主要是东西方即欧罗巴人群和蒙古人群的混合类型，并且蒙古人种特征占优，这与石河子南山人群明显不同。

木垒县以东地区的古代人群，巴里坤县石人子沟遗址属于青铜—早期铁器时代，对2006、2007和2012年出土共11例头骨进行的非测量性状特征观察，结果表明有部分人群表现出鼻根凹陷深、犬齿窝中等、颧骨纤细、颧下颌下缘转折处欠陡直、鼻梁直型等特征，这些特征更接近欧罗巴人种，但在简单的颅顶缝、较阔的鼻型和明显的矢状嵴、腭圆枕和下颌圆枕上，又体现出蒙古人种的形态特征；而从颅面部的测量特征来看，同样"带有明显的过渡人种的种族因素"，代表一种内陆短颅的蒙古人种与原始

1　万雪娇、文少卿、孙畅等：《木垒青铜时代人骨研究》，载《中国解剖学会2019年年会论文文摘汇编》，2019，第1页。
2　新疆文物考古研究所、石河子市军垦博物馆、新疆大学历史系：《新疆石河子南山古墓葬》，《文物》1999年第8期。
3　陈靓：《石河子市南山古墓葬人骨种系研究》，《新疆文物》1999年第1期。

欧罗巴人种古欧洲类型混合的过渡类型。[1]哈密市寒气沟春秋战国时期墓葬检测的人骨总体上倾向于欧罗巴人种，但也有蒙古人种特征，存在混血现象。[2]

哈密地区古代居民与塔里木地区、吐鲁番地区、罗布泊地区等居民聚合成了一个大的类群，在体质特征上同时居于甘青地区古代居民与南西伯利亚、阿尔泰地区古代居民之间的过渡状态。与南西伯利亚、阿尔泰地区的欧罗巴人种古代居民相比，哈密地区青铜—早期铁器时代居民与甘青地区"古西北类型"居民在体质特征上更接近。[3]哈密市天山北路古墓出土的公元前19—前13世纪的13具人头骨，根据形态观察和测量特征分析，其中9具属于蒙古人种类型，3具属于欧罗巴人种类型，另一具从颅骨形态观察上看趋向于欧罗巴人种体质特征，而从测量特征上看则可归入蒙古人种类型，这个现象应该与不同种族居民间混血有关。[4]哈密市柳树泉附近的焉布拉克古墓区，依据颅骨的形态学特征，焉不拉克古代居民可以明显区分为两个种系类型，即蒙古大人种和欧罗巴大人种。[5]寒气沟墓地出土的颅骨的基本特征是长颅、

1　陈靓、马健、景雅琴：《新疆巴里坤县石人子沟遗址人骨的种系研究》，《西部考古》2017年第1期。

2　王博、崔静、郭建国：《哈密寒气沟墓地出土颅骨研究》，《新疆文物》1998年第1期。

3　魏东：《新疆哈密地区青铜—早期铁器时代居民人种学研究》，博士学位论文，吉林大学，2009，第98—107页。

4　王博、常喜恩、崔静：《天山北路古墓出土人颅的种族研究》，《新疆师范大学学报（哲学社会科学版）》2003年第1期。

5　韩康信：《新疆哈密焉不拉克古墓人骨种系成分研究》，《考古学报》1990年第3期。

正颅、狭颅、中面、中鼻、低眶、中颌型，与焉不拉克的特征极为相似，已存在与蒙古人种的混血现象。[1]其他如五堡墓地、焉不拉克墓地人群，都显示了人种过渡区域人群的特点，他们往往介于大人种典型特征之间，很难用蒙古人种或欧罗巴人种概念简单划分，更多的是一种过渡类型。[2]

吐鲁番地区苏贝希古墓地、洋海墓地出土的颅骨中，同样存在蒙古人种和欧罗巴人种的个体类型，大多数个体为蒙古人种与欧罗巴人种的混合类型。乌鲁木齐市阿拉沟葬墓头骨中，属欧罗巴人种支系者明显占优势，其余绝大多数可归为蒙古人种支系或两个人种支系混杂类型，在属欧洲人种支系的头骨中，有一定比例的地中海东支类型或印度—阿富汗类型，占较大比例的是中亚两河类型或古欧洲类型向中亚两河类型的过渡形式，其次是介于这两组类型之间的过渡类型。[3]

新疆早期人种结构的复杂性并非个例，也非局部区域独有，而是普遍现象，是西方人群东进和东方人群西进共同作用的结果，欧罗巴人种的古欧洲类型、地中海东支类型、中亚两河类型和蒙古人种支系都参与了其人种的构成。[4]

1　王博、崔静、郭建国：《哈密寒气沟墓地出土颅骨研究》，《新疆文物》1998 年第 1 期。

2　魏东：《新疆哈密地区青铜—早期铁器时代居民人种学研究》，博士学位论文，吉林大学，2009，第 112 页。

3　韩康信：《阿拉沟古代丛葬墓人骨研究》，载《丝绸之路古代居民种族人类学研究》，新疆人民出版社，1993，第 71—175 页。

4　刘宁：《新疆地区古代居民的人种结构研究——以楼兰、乌孙、车师、回鹘为例》，博士学位论文，吉林大学，2010，第 120 页。

对吐鲁番等地一些古人类 DNA 分析得出了大致相同的结论。青铜和铁器时代存在欧亚谱系混合现象，早期欧洲谱系人群的遗传影响更强，但随着东亚人群西迁而趋于弱化，[1] 并且在距今3200年前就已发生东、西方两大人种的混血现象。[2] 距今 2500—3000年前的察吾呼沟居民也是一个欧洲和东亚人种混合的古代群体。[3]

从这一点上看，木垒早期居民体现出更多东方因素。其与周边地区人群，特别是东面的巴里坤和南面的吐鲁番等地区人群之间，存在遗传交流。

新疆的欧罗巴人种主要来自中亚、西亚以及南西伯利亚地区，而蒙古人种体质特征与现代东亚蒙古人种中的华北类型显得颇为相似。该类型的先秦时期居民主要分布在黄河流域上游的甘青地区，向北可扩展到内蒙古额济纳旗的居延地区，向东在稍晚近的时期可渗透进陕西省的关中平原及其邻近地区。[4]

第三节　物质生活

1. 石器制造

木垒地区见到的最早的文化遗存是细石器。细石器是一种细

1　崔银秋、张全超、段然慧等：《吐鲁番盆地青铜至铁器时代居民遗传结构研究》，《考古》2005 年第 7 期。
2　何惠琴、金建中等：《3200 年前中国新疆哈密古人骨的 mtDNA 多态性研究》，《人类学学报》2003 年第 4 期。
3　谢承志、刘树柏等：《新疆察吾呼沟古代居民线粒体 DNA 序列多态性分析》，《吉林大学学报（理学版）》2005 年第 4 期。
4　朱泓：《中国西北地区的古代种族》，《考古与文物》2006 年第 5 期。

小的打制石器，在旧石器时代晚期出现，流行于中石器时代。但木垒的细石器基本上与青铜时代和早期铁器时代文化共同存在，或者作为青铜时代和早期铁器时代文化的一部分而存在。大都采用石英、燧石、粉砂质泥岩、桂质岩、玛瑙作为石料，制作的细石器既有石核石器，也有石片石器。石核石器是用石片打下后剩下的石核加工而成的石器，石片石器是指用从石块上打下的石片作为石料加工而成的石器。木垒地区发现的细石器中，主要器形有石核、石片、石叶、石镞、石刀、刮削器、尖状器等，有时也有砍砸器和细石叶，还有普通的细石核和细石片。石核石器包括石镞、石刀、尖状器。照壁山乡干沟遗址的第3层既出土有陶片，也出土有细石器，这个共存关系说明细石器与陶器的使用时代大致相同。并且此层下开口有M30墓葬和H1—H7七个灰坑，还叠压有第4层和第5层，说明其年代要晚于M30和H1—H7。M30出土青铜泡，H1出土彩陶、人骨、细石器、石磨盘和铜器，H2和H5也出土陶片、细石器，H3出土石杵，第4层也出土石杵、陶器，实际上第3层也出土有石杵、石斧、铜泡等遗物，[1]说明细石器不仅与陶器共存，也与铜器、石磨盘、石杵、石斧等器物共存，时代不会早于青铜时代。由于干沟遗址细石器遗存中石废料多，被认为可能是一处细石器作坊遗址，因此可以推断，这些细石器很可能是当地制造的。

1　新疆文物考古研究所：《木垒县干沟墓地考古发掘报告》《木垒县干沟遗址发掘报告》，《新疆文物》2012年第1期。《新疆木垒干沟遗址发掘简报》，《文物》2013年第12期。

除细石器，不少遗址也发现了大型磨制石器。除上文提到的干沟遗址，四道沟和61公里、63公里原始村落遗址，以及新户遗址，都出土和采集到磨制的石磨盘、石杵。61公里遗址还采集到石锄、石镰、砍砸器。特别是四道沟遗址，出土的磨制石器不仅数量大，种类也多，不仅有石磨盘、石杵，还有石球、石钻、石臼、石磨棒、石锛、石锄、石环、石纺轮等器，丰富程度没有任何遗址可比。不仅有其他遗址同类的马鞍形石磨盘，也有圆形石磨。

这些石器不仅反映了当时狩猎采集和农耕生产的情况，也体现了当时的石器制造工艺水平，更生动地再现了当时生活的一些侧面。

2. 骨器制作

木垒出土骨器不多，却很有特色。骨器主要出土于四道沟遗址、干沟遗址和墓葬、平顶山墓群，以四道沟遗址和平顶山墓群最丰富，但平顶山墓群研究材料尚未发表，详细情况不明。

骨器可分为工具、兵器、马器和装饰品几类。工具类包括骨纺轮、骨针、骨锥、骨刮削器等。其中纺轮以动物髌骨截半而成，呈截尖圆锥形，中心部位一面钻孔。骨梳以动物肢骨制成，呈扁平长条形，弧背，齿在窄的一端，6齿或3齿。

骨兵器主要是各类型的骨镞。骨镞出土比较普遍，四道沟遗址、干沟遗址和墓葬、平顶山墓群都有出土。骨镞分单翼、双翼和三棱形三类。单翼镞见于四道沟遗址早期，镞体较长，三棱形，铤呈平扁形，于镞体和铤结合部修出一根倒刺。干沟墓葬出土1件骨镞，镞体三棱形，尾端有倒刺，铤残，形制与四道沟早期骨镞近似。平顶山墓群也有单翼镞。双翼镞见于四道沟晚期，镞体呈四棱形，铤做扁平状。平顶山墓群的双翼镞与此应为同一类。三棱形镞干沟遗址出土1件，墓葬出土1件，镞体呈三棱锥状，铤残。另外，干沟遗址和墓葬还出土弓弭和弓体贴片。

骨马器主要是马镳，平顶山墓群出土。

骨装饰品有镂孔的饰件，最典型的当属平顶山墓群出土的骨格里芬雕饰。

骨器工艺并不复杂，形制不很规整，应该是简单的手工作品，疑均为本地制作，唯骨格里芬饰件，可能是输入品。

3. 金属器冶铸

木垒地区的古墓葬出土较多青铜器和铁器。其中四道沟遗址就出土青铜刀、笄、环、饰件等10余件。干沟遗址和墓葬出土青铜器近60件，包括耳环、带扣、带钩等；铁器17件，器形主要有铁镞、铁带扣、铁马镫、铁马衔、铁环、铁刀。除青铜器，四道沟遗址早期地层还出土30余件陶刀范残件，因此，木垒从距今3000年开始可能已掌握冶炼青铜甚至铁器的技术，自铸青铜刀等铜、铁器。

4. 居住设施

四道沟遗址和干沟遗址都发现有居住面和建筑遗迹，反映了青铜时代和早期铁器时代木垒的居住建筑形式和室内设置。建筑物的上部结构和样式已不得而知，由于发掘面积太小，基础部分也未完全揭露，难以复原，不过通过残存的墙基、柱洞、灶址和灰坑等遗迹，还是可以探知一些情况。四道沟遗址时期可能有某种形式的房屋建筑。房屋大约呈圆形，使用木柱构建房屋的框架，木柱插入向地下挖出的柱洞内，柱洞底部垫石块作为柱础，立好木柱后在柱洞内沿木柱周围塞入砾石以使立柱更加稳固。房屋的中间设置椭圆形石壁灶和土坑平底灶，灶的底部铺卵石。

干沟遗址的居住面上发现有墙基、灰坑和灶址。共发现2条墙基，均开口于第4层下，以卵石垒砌而成。由于二者相距甚远，因此似乎应该属于两处不同的建筑。由于紧靠着墙基还发现有灶址，因此可以推断可能是居址。墙基基本上呈直线，因此其基本形状很可能是方形。该处房址也使用了立柱结构。

汉代前后，木垒地区的居住设施大约是一种穿顶的圆形帐篷或毡房，正如《后汉书·西域传》所谓："庐帐而居。"

四道沟遗址2号墓出土一具南北朝初期的彩绘狩猎纹木棺，木棺板上主要用红色绘出狩猎场景，其中有大角羊、鹿、人物等形象，与之一起的还有类似蒙古包的建筑物。这幅画提供了魏晋南北朝时期木垒地区游牧狩猎的生活画面和居住形式证据。

5. 服饰

木垒四道沟出土有石纺轮、陶纺轮、骨纺轮，说明青铜时代和早期铁器时代木垒存在着纺织业生产。根据地理位置和生业情况，可以推断生产的应当是毛纺织品，包括纺织毛线、毛毡和毛衣。生产的毛毡除用于穿戴，还用于搭建毡房。

木垒县城南郊2号积石墓墓主还保留了一部分衣服残迹。"从随葬品的位置和尸骨上的朽痕等迹象推测：墓主身穿皮、毛类衣服，胸前挂海贝、串珠，背后、手臂服装上缝有扣形和锥形卷饰件，足穿高腰的皮或毡靴，上装饰铜扣，尤以脚面周围居多。"[1]这一现象形象地说明了当时木垒人的基本服装品质和样式。

他们还用各种装饰品装扮自己。上述南郊2号墓墓主身上，从头到脚都缀满了装饰品：耳部饰有一对耳环，胸前、腹背、上下肢和脚部都有青铜饰件、串珠、海贝、铜锥形卷饰、玛瑙环形饰等，多达62件。如前所述，1989年在东城鸡心梁发现的一座汉代墓葬，出土海贝、金箔、金耳环、珊瑚、翡翠、琥珀、玛瑙等饰品。其他如四道沟遗址出土有铜笄、铜环和其他饰件。干沟墓地墓葬出土石珠、铁带扣、铁刀、铜珠、铜镜、铜戒指、铜泡等饰件。最值得一提的是M43成年男性墓主腰部系着的一条皮带，上面装饰铜带具一套共19件，包括皮带头上的带扣，带面上缝缀的4件方形和7件半圆形的带銙和3件铜环，以及铜扣眼、铊尾。该墓主右股骨部位还有铜带扣1件。

6. 饮食

木垒早期遗址除各种工具、农具等器具，更多的是陶质炊器和饮食器。出土的炊器，外壁往往带有烟炱。从伴出的牛、羊、马、狗等动物骨骼来看，它们提供主要的肉食资源。粟、黍、大麦、小麦则是基本主食。

虽然目前没有关于早期木垒居民骨骼的稳定同位素分析资料，但附近巴里坤黑沟梁出土人骨的碳、氮同位素测定结果可以

1　戴良佐：《木垒县发现的古代游牧民族墓葬》，载政协木垒哈萨克自治县委员会编《木垒文史》第十六辑（内部资料），2014，第240—242页。

提供一个参考。黑沟梁早期铁器时代居民的饮食结构中，肉食类食物所占比例很高，其墓葬中也发现牛骨、羊骨和马骨等动物骨头，可能就是其肉类的来源。植物类食物的摄入中，以 C3 类植物为主，很可能来源于小麦；C4类植物所占比例相对较少，可能来源于粟、黍等植物。[1]

---

1   张全超、常喜恩、刘国瑞:《新疆巴里坤县黑沟梁墓地出土人骨的食性分析》，《西域研究》2009 年第 3 期。

第六章　颇知田作到万亩旱田

第一节　颇知田作

　　木垒是一个宜农宜牧的地方。如前所述，史前农作物种子和农具的考古发现表明，早在距今3000多年前，木垒就已经出现原始农业，耕种小麦、大麦（青稞）、粟和黍等旱作粮食作物。通过对四道沟遗址一条探沟浮选出的3个炭化青稞颖果样本的碳14年代测定，其年代范围早到公元前975—前831年，晚到公元前764—前491年，约相当于西周至春秋时期。而另外两个浮选的小麦炭化颖果标本的碳14测定年代分别为公元前1411—前1129年和公元前1493—前1132年，约相当于商代中期。[1]这些新测定的年代数据说明，四道沟遗址的年代上限比最初确定的早期遗存距今约3000年还要早，并将最初推定的这个年代提前了约500年。也就是说，可能早到距今约3500年前，木垒的居民就已开始食用

1　田多：《公元前一千纪东天山地区的植物考古学研究：以石人子沟遗址群为中心》，博士学位论文，西北大学，2018，第156、159、162页。

小麦，大约距今约3000年前的食物中已有青稞、粟、黍等粮食。因为采集的标本毕竟有限，这只是最保守的判断。即便如此，根据这些作物品类在新疆地区的发现情况，很难想象它们都是通过远距离长途贸易获得的，因此可以有把握推测这些粮食作物是当地生产的，即他们不仅食用，而且栽培和种植小麦、青稞、粟和黍。换句话说，距今约3500年前木垒已种植小麦，至少在距今约3000年前已有青稞（大麦）、粟、黍类作物栽培。包括多种农作物品类生产的复杂农业系统已经形成。

如前所述，北疆阿勒泰地区吉木乃县通天洞遗址出土了公元前3000—前1500年小麦种子[1]，公元前19—前17世纪青铜时代早期的博尔塔拉蒙古自治州温泉县阿敦乔鲁遗址的粮食作物是以黍和大、小麦为主，兼有粟的经济结构[2]；南疆和硕县新塔拉遗址发现距今3600—3900年前的小麦、大麦和黍类作物种子[3]，罗布泊地区孔雀河古墓沟墓地、小河五号墓地也都出土了公元前1800年前

---

1 于建军、何嘉宁：《新疆吉木乃通天洞遗址发掘获重要收获》，《中国文物报》2017年12月1日第8版。

2 邵孔兰、张健平、丛德新等：《植物微体化石分析揭示阿敦乔鲁遗址古人生存策略》，《第四纪研究》2019年第1期。

3 赵克良、李小强、周新郢等：《新疆新塔拉遗址农业活动特征及其影响的植物指标记录》，《第四纪研究》2012年第2期。Zhao K, Li X, Zhou X, et al., "Impact of agriculture on an oasis landscape during the late Holocene: Palynological evidence from the Xintala site in Xinjiang, Northwest China," *Quaternary International*, 2013, 311(311).

后的小麦粒、黍粒[1]，距木垒较近的乌鲁木齐萨恩萨伊墓地、吉木萨尔乱杂岗子遗址出土的同类别作物种子的年代与此大体相当[2]。这些发现表明，公元前3500年前后小麦、青稞、粟、黍类粮食已普遍出现于新疆各地，成为当时人们的主要粮食品类。

这一点还可从发现的制成食品中得到证明。年代及文化面貌都与小河五号墓地相当的克里雅河北方墓地出土的圆饼状的点心样食物，据检测其成分为黍和小麦粉。[3]说明当时人们是将黍、小麦等磨成面粉然后加工成饼类食物。古墓沟墓地虽然没有发现小麦制成的食品，但墓葬中出土的草篓里多放有麦粒，[4]很明显具有希望死者带到另一个世界享用的象征意义，因此对于古墓沟人而言，小麦既是生前也是死后都离不开的主粮。小河五号墓地墓葬出土的草篓内同样发现黍粒和麦粒，还有已经干结的食物，说明草篓的主要功能就是装盛食物，并作为随葬品埋葬在死者的身边。包裹死者的斗篷边角也包扎麦粒，死者后背、臀、腰间等部

1 王炳华：《孔雀河古墓沟发掘及其初步研究》，《新疆社会科学》1983年第1期。新疆文物考古研究所：《2002年小河墓地考古调查与发掘报告》，载《边疆考古研究》第3辑，科学出版社，2005年。新疆文物考古研究所：《新疆罗布泊小河墓地2003年发掘简报》，《文物》2007年第10期。

2 新疆文物考古研究所：《新疆萨恩萨伊墓地》，文物出版社，2013，第224—235页。中国社会科学院考古研究所新疆队：《新疆吉木萨尔县乱杂岗子遗址调查简报》，载《边疆考古研究》第13辑，科学出版社，2013，第43—52页。

3 解明思、蒋洪恩、杨益民等：《新疆克里雅河北方墓地出土食物遗存的植物微体化石分析》，载《东方考古》第11辑，科学出版社，2014，第394—401页。

4 王炳华：《孔雀河古墓沟发掘及其初步研究》，《新疆社会科学》1983年第1期。

位也发现散置大量麦粒，[1] 与草篓和草篓中的麦粒、黍粒一样，都是供死者在另一个世界使用和享用之物。

乌鲁木齐萨恩萨伊墓地早期墓葬年代早到公元前1900年，其出土的石磨盘、石臼和石研磨器上提取到小麦、黍和粟的淀粉粒，说明这些品类的粮食是用这些石质工具碾磨加工成粉状后再做成食物的。[2] 稍晚一些的哈密市五堡墓地不仅发现大量大麦粒，还发现用大麦和小米做的烤饼。[3] 被认为与四道沟遗址属于同一文化的伊吾盐池古城也发现面粉，同出的陶罐中也发现小麦粒，[4] 因此可以推测这些面粉很可能是小麦粉。这些是小麦、大麦、黍、粟作为当时人们主要粮食的直接证据。吐鲁番胜金店墓地出土半个馒头，经淀粉粒分析，其中包含青稞的胡粉粒和淀粉粒，以及黍的淀粉粒，说明是用青稞和黍磨成的面粉混合制作成馒头。[5] 胜金店墓地的年代已经到了汉代，反映这种生活方式是一直传承下来的。

当地生产更直接的证据是谷秆、谷草、谷穗等遗物。哈密市五堡墓地发现有谷秆、谷草、麦草、大麦穗、谷穗和残碎的高粱

1　新疆文物考古研究所：《新疆罗布泊小河墓地2003年发掘简报》，《文物》2007年第10期。

2　新疆文物考古研究所：《新疆萨恩萨伊墓地》，文物出版社，2013，第224—235页。

3　新疆文物考古研究所：《新疆哈密五堡墓地151、152号墓葬》，《新疆文物》1992年第3期。于喜凤：《新疆哈密市五堡152号古墓出土农作物分析》，《农业考古》1993年第3期。

4　黄文弼：《新疆考古发掘报告（1957-1958）》，文物出版社，1983，第11页。

5　李亚、李肖、曹洪勇等：《新疆吐鲁番考古遗址中出土的粮食作物及其农业发展》，《科学通报》2013年第S1期。

秆，青稞出土时仍保留了茎叶和成熟穗子，穗子籽粒保存完好，饱满且成熟度好，色泽呈深黄褐色[1]，证明它们属于当地生产。汉代前后的吐鲁番地区胜金店墓地，墓葬二层台上常覆盖黑果枸杞、芦苇、糜子草、香蒲、麦等植物的秸秆[2]，说明这类种植一直到汉代都不曾中断。尽管这些发现并非出自木垒地区，但据上文所示，这些地方基本上处于大致相同文化传统人群的活动区域，因此作为木垒当地生产相同品类粮食作物的间接证据应该说不是没有可能。

关于这一点还有一些其他间接证据，就是农业生产工具。四道沟遗址出土大量石农具，其中一类是农业生产工具，如石锄，共发现了3件。一类是粮食加工工具，如石磨盘、石磨棒、石杵、石臼。粮食的生产和加工构成完整的产业链。谷类粮食的加工主要使用石磨盘、石磨棒等石磨具。但是，这类石器只能将谷类种子碾成小颗粒，而不能研成粉末。石杵、石臼等石器可能也和粮食加工有关，用于碾碎谷粒、研成粉末。谷类粮食经碾磨之后，再加工成形，最后做成熟食。墓葬中出土的成形食品，主要有黍饼和大麦饼，制作较为粗糙，可以看见小颗粒，中间夹杂有穗壳等，可见是直接使用石磨盘加工，未经进一步研磨。这种谷物饼

1　新疆文物考古研究所：《新疆哈密五堡墓地151、152号墓葬》，《新疆文物》1992年第3期。于喜凤：《新疆哈密市五堡152号古墓出土农作物分析》，《农业考古》1993年第3期。张成安：《浅析青铜时代哈密的农业生产状况》，《农业考古》1997年第3期。
2　吐鲁番学研究院：《新疆吐鲁番市胜金店墓地发掘简报》，《考古》2013年第2期。

成形后，直接烘烤或蒸煮就可食用。

木垒地区史前农业最早可追溯到公元前1500年前后，种植的农作物包括小麦、大麦、黍、粟等粮食作物，根据相邻地区的考古发现情况，可能还包括其他经济作物。从简陋的农业生产工具和大量动物骨骼遗存情况分析，当时的农业应该不是主流，规模不大，很可能是作为畜牧的补充。

两汉前后依然如此。根据《后汉书·西域传》记载，当时生活在木垒的蒲类人"庐帐而居，逐水草，颇知田作。有牛、马、骆驼、羊畜"。这是一种亦农亦牧，以游牧为主，兼有农耕的经济方式。

第二节　历史上的屯田

屯田是政府为保障军需供应和充实边防等目的而组织平民、士卒和犯人等到特定地区垦地耕作的一种集体农耕制度，是农耕的一种特殊组织形式。我国在西域屯田始于西汉。据《史记·匈奴列传》记载，公元前105年，西汉"以公主妻乌孙王，以分匈奴西方之援国。又北益广田至眩雷为塞"[1]。就是在乌孙北部广增农田，直到眩雷，作为要塞。眩雷疑在今巴尔喀什湖以南，是西汉在西域最早的屯田地点[2]。公元前101年贰师将军李广利伐大宛之后，陆续在轮台、渠犁等地屯田，置使者校尉领护。公元前48年

1　[汉]司马迁:《史记·匈奴列传》，中华书局，1959，第2913页。
2　赵予征:《丝绸之路屯垦研究》，新疆人民出版社，1996，第36—38页。

又在车师置直属中央政府的戊己校尉，驻高昌壁，为管理屯田的专门机构。

西汉在西域的屯田主要是在南疆地区，天山以北地区极为有限。有学者提出，汉宣帝地节二年（公元前68年）"将汉中及各郡免刑'罪犯'全部流放到蒲类后国一带屯田，以保证西域用兵军需粮草之供应。汉昭帝时在蒲类后国修筑城垒，设置关卡"[1]。因蒲类后国被认为在木垒，所以证明木垒这时已出现屯田。不过，这批免刑罪人被安排屯田的地方是渠犁而不是蒲类后国，目的是为进攻车师积累粮食。《汉书·西域传·车师后国》记载："地节二年，汉遣侍郎郑吉、校尉司马憙将免刑罪人田渠犁，积谷，欲以攻车师。"秋收时，郑吉、司马憙就征发城郭诸国兵万余人，和自己所率领的屯田士卒千五百人一起进攻车师，一举攻破车师都城交河城。之前匈奴曾在车师屯田，汉昭帝时期，匈奴又令四千骑兵屯田车师，匈奴在车师屯田的规模相当大。汉宣帝本始二年遣御史大夫田广明为祁连将军，后将军赵充国为蒲类将军，云中太守田顺为武牙将军，及度辽将军范明友、前将军韩增共五将击匈奴，蒲类将军的目标是与乌孙合击匈奴于蒲类泽，屯田军师的匈奴兵听闻后急忙撤离而去。郑吉等收复车师后，就派吏卒三百人到车师屯田，之后又在车师故地设立戊己校尉。汉在车师屯田并不顺利，其间不时被匈奴所迫而中断。汉平帝元始二年，戊己校尉徐普得知车师后国有新道，出五船北，通玉门关，可以节省一半的

---

1 董红玲：《历代新疆木垒屯田评述》，《新疆社科论坛》2009年第1期。

距离，又避开白龙堆之险，因此想开辟这条新道，希望车师后王姑句为其作证，结果被车师后王拒绝了。这些事件说明当时天山以北地区匈奴势力强大，车师屯田都困难重重，时断时续，更不用说天山以北靠近匈奴的蒲类后国了。

西汉与匈奴在西域的角逐前期主要在天山以南的南疆地区，后期北移至吐鲁番盆地一带，东汉以后进一步北移到天山以北，围绕西域北道展开。天山以北地区屯田的兴起主要应该归功于东汉。

东汉时期，伊吾是西域门户，通往车师前部，从车师前部向北又通往车师后部，因此是东汉与匈奴的必争之地。东汉明帝永平十六年（公元73年）遣兵北征匈奴，攻占伊吾卢地，留兵屯伊吾卢城，设立宜禾都尉，垦荒屯田，此后，伊吾成为屯田重地。东汉安帝元初六年（公元119年），敦煌太守曹宗又派遣长史索班"将千余人屯伊吾"。

东汉在北道上的屯田重地主要有三处：伊吾、车师前部和车师后部，由戊己校尉交替驻守这些地方。戊己校尉始置于西汉元帝初元元年（公元前48年），为驻车师的屯田长官，东汉沿袭，但不常置。伊吾卢城、金满城、且固城、候城都是重要屯城。但这些屯城要么在伊吾即今哈密，要么在车师后部即今吉木萨尔县一带，并不涉及木垒。

三国时期，北新道上的东且弥国、西且弥国、单桓国、毕陆国、蒲陆国、乌贪国都为车师后部所统。如前所述，其中蒲陆国即东汉时期的蒲类国。有无屯田，无籍可考。

唐代时期，木垒似乎应该有屯田。唐代在西域大兴屯田，伊州、西州、庭州是最先开设屯田的主要屯垦区，"屯守常千人，屯士数年一易"[1]。庭州为唐贞观十四年平高昌后所置，因位于天山以北，又称北庭，下辖金满、轮台、蒲类三县，木垒属蒲类县。据《唐六曲·尚书工部·屯田郎中员外郎》记载，"北庭二十屯"[2]，据《新唐书·食货志三》，"司农寺每屯三十顷，州、镇诸军每屯五十顷"[3]，唐百亩为顷，故北庭屯田规模合10万亩。庭州东通伊州，南通西州，是天山北麓的政治、军事、经济和交通中心。不仅有军屯，也有从西州迁来的汉族农民屯田，从关内迁来的"罪人"屯田，即有军屯、民屯、犯屯。另外还有所属的烽铺屯田，军、守捉、城、镇和烽戍都要屯田。木垒又是连接庭州和伊州的天山北道的交通枢纽，天山北道上的10个守捉城之一独山守捉城据考证就位于木垒县照壁山乡。因此，理论上唐代木垒屯田是完全有可能的。

元代称庭州为别失八里。《元史》多处讲到"屯田别失八里"。据研究，元代别失八里屯田规模在25万亩以上。又据《元史·世祖九》记载，"别失八里城东三百余里蝗害麦"，说明奇台、木垒一带种有麦子，有可能是屯田[4]。《元史·哈剌亦哈赤北鲁传》记载月朵失野讷回答成吉思汗为什么独山城空无人烟时说，独山城因

1　[宋]欧阳修、宋祁：《新唐书·西域上·高昌》，中华书局，1975，第6222页。
2　[唐]李林甫等撰、陈仲夫点校《唐六典》，中华书局，1992，第223页。
3　[宋]欧阳修、宋祁：《新唐书》册五卷五十三志四十三，中华书局，1975，第1372页。
4　赵予征：《丝绸之路屯垦研究》，新疆人民出版社，1996，第148页。

过去几年大饥荒，人民皆迁到其他地方去了。不过这里是从北方过来的要冲，应当在这里耕种粮食作为防备。他以前在唆里迷国时，那里有60户人家，愿意迁居过来。成吉思汗就让他去接这些人过来，6年之后，成吉思汗回来路过独山城，看见田野已经开垦出来，人民、物产一派富庶景象。[1]这可以看作是元代在木垒地方的民屯之举。

清代木垒屯田记载比较清楚。清朝在新疆屯田与康熙、雍正、乾隆时期平定准噶尔贵族叛乱统一西北地区进行的多次战争有关。准噶尔是漠西蒙古四部之一。漠西蒙古又称厄鲁特蒙古，也称卫拉特，明朝时称瓦剌，下面分为准噶尔、和硕特、土尔扈特和杜尔伯特四部。明末清初，准噶尔部崛起，到噶尔丹统治时期，控制了天山南北和中亚部分地区，兼有"回部、青海、漠北"。康熙二十七年（公元1688年），噶尔丹侵入喀尔喀蒙古，发起了延续近70年的准噶尔贵族叛乱。到康熙三十六年（公元1697年），经过三次平叛行动，清政府平定了噶尔丹叛乱。噶尔丹死后，继任的策妄阿拉布坦和噶尔丹策零又相继发动叛乱，直到乾隆二十三年（公元1758年）才最后得以平定，前后历时近70年。为了解决平叛中的粮饷供应问题，清政府在大军营地附近大开屯田。之后，又从内地大规模移民到新疆屯田。

据研究，从1716年到1911年，195年间清朝在新疆共建立有24个屯垦区，民屯、回屯、商屯、遣屯和旗屯等各种形式的屯田

1　[明]宋濂等：《元史·哈剌亦哈赤北鲁传》，中华书局，1976，第3046—3047页。

军民计12.67万人，屯田面积301.9万亩，屯田地点主要分布于哈密、吐鲁番、巴里坤、乌鲁木齐、朴城子—奎苏、伊犁、晶河、库尔喀喇乌苏、玛纳斯、塔尔巴哈台、木垒、奇台、济木萨、古城、辟展、喀喇沙尔、乌什、阿克苏。[1]

康熙五十四年（公元1715年），策妄阿拉布坦发动叛乱，侵入哈密，清朝随即派遣多路兵马驰援征剿，同时为缓解军需粮饷转运困难，下令驻军寻找可耕种的地方屯田。根据《清实录·圣祖实录》记载，康熙就多次提到粮食传输困难，强调屯田耕种的紧要，并且做出了具体决策。如康熙五十五年正月告谕议政大臣等说，"巴尔库尔（巴里坤）、科布多、乌兰古木等处种地之事甚属紧要，若种地得收，则诸事俱易。著会议俱奏，寻议开垦田地。现今公傅尔丹等，带领土默特人一千前往乌兰古木等处耕种，所需牛、种、田器应交都统穆赛等，动支正项钱粮购买发往。至军前赎罪人员，内有愿耕种者，亦准其耕种，俟收成后将米数奏闻议叙。再先经尚书富宁安奏称，哈密所属布鲁尔、图呼鲁克接壤之处，并巴尔库尔、杜尔博尔金地方，哈喇乌苏及西吉木、达里图、布隆吉尔附近之上浦、下浦等处，俱可耕种。应各令派人耕种，给与口粮、牛、种。再兵丁内有愿耕种者，亦令耕种，俟收成后，将米数奏闻议叙"[2]。既指明了屯田的地方、可屯田的人员身份，也讲清楚了屯田的政策。《清史稿·圣祖本纪三》记载，"（康熙五十六年）冬十月乙酉，命侍郎梁世勋、海

1　赵辉：《新疆屯田的历史演进及其意义》，《边疆经济与文化》2014年第5期。
2　［清］马齐、张廷玉等：《清实录·圣祖实录》，卷二百六十七，中华书局，1895，第620—621页。

寿往督巴尔库尔屯田"[1]。

《清史稿·食货志一·田制》说："新疆屯田，始康熙之季，察罕诺尔地驻兵，因于苏勒厄图、喀喇乌苏诸处创屯种，令土默特兵千，每旗一台吉，遣监视大臣一人。而哈密、巴里坤、都尔博勒及西吉木、布隆吉尔等，咸议立屯。"[2]喀喇乌苏即今木垒县大石头乡，都尔博勒位于木垒县东南，西吉尔即今木垒县西吉尔镇。

木垒屯田具备优良的地理条件。《清实录·世宗实录》卷一百一十四记载，雍正十年（公元1732年）正月，宁远大将军岳钟琪上奏说，"有穆垒地方，形势险要，兼可屯种"[3]。《清史稿·食货志一·田制》也记载，"巴里坤饶剩壤，穆垒土沃泉滋，俱募人大开阡陌"[4]。《清史稿》亦记载，乾隆三十一年（公元1766年），陕甘总督吴达善上奏说，"木垒地广土沃"[5]。

木垒不仅土地条件优越，军事和交通位置也十分重要。木垒是天山北道上的军事要地和交通枢纽。从哈密、巴里坤经木垒既可南下吐鲁番，又可西去伊犁，是重要的行军路线。清朝在沿线设台、驿、卡伦。据《清史稿·地理志·新疆条·迪化府条》，木垒境内的驿站有木垒河驿、阿克他斯驿、乌兰乌苏驿、色必口驿、头水沟驿等驿站。雍正时期又有岳钟琪筑穆垒城。乾隆二十五年

1　赵尔巽等:《清史稿·圣祖本纪三》，中华书局，1977，第292页。

2　赵尔巽等:《清史稿·食货志一·田制》，中华书局，1977，第3508—3509页。

3　[清]马齐、张廷玉等:《清实录·世宗实录》卷一百一十四，中华书局，1985，第521页。

4　赵尔巽等:《清史稿·食货志一·田制》，中华书局，1977，第3510页。

5　赵尔巽等:《清史稿·吴达善传》，中华书局，1977，第10612页。

开始在新疆设绿营屯防，其中就有木垒营，归巴里坤镇总兵统辖。同样还置有卡伦。木垒因此成为屯田重地。

据研究，清代在木垒先后有三次军屯，第一次是康熙年间的驻军屯田。第二次是雍正年间岳钟琪驻军时期的兵屯。第三次是乾隆年间屯田，乾隆三十一年（公元1766年）从西安与安西、肃州等地招募耕种，当年种2240亩，收获小麦、青稞等1600石；乾隆三十二年又派兵300名，共屯田1万亩。不仅有军屯，木垒民屯规模更大。乾隆三十二年派张掖县户民赴木垒、奇台、西吉乐玛泰（今西吉尔镇）等处屯田，各地户民共300户1173口；乾隆三十三年派拨张掖县户民150户共542人；乾隆三十四年再发张掖县户民100户共474人到木垒等地屯田。自吉尔玛泰到特纳格尔（今阜康市）共垦田800余万亩。乾隆三十五年，又安插户民屯田，自西吉尔玛泰到特纳格尔开垦四万余亩。此外，被安置在木垒屯田的还有一部分犯人，实行监督屯田，属于犯屯。[1]

屯田不止为木垒增添了大量劳力，也带来了先进的农业生产技术，对木垒农业的发展起到重大推动作用。遗憾的是时移世易，沧海桑田，今天已很难见到当年的屯田景象了。

第三节　万亩旱田

木垒历史上农业发展总体上相对落后和缓慢。据木垒县志记

1　董红玲：《历代新疆木垒屯田评述》，《新疆社科论坛》2009年第1期。

载，木垒全县可耕地面积92.2万亩，1949年全县农业种植面积为16.78万亩，只占总量很小的一部分，增长潜力巨大。新中国成立以后，木垒迎来了新的发展期。通过解放初期的土地改革和实现农业合作社化，以及50年代末实现人民公社化，木垒进行了大规模农田水利基本建设，同时改进耕作制度，引进、推广先进种植技术和优良品种，农业生产得到飞速发展，实现了耕地面积和粮食生产的持续增长。1950年新垦荒地5835亩，1959年新垦荒地2.77万亩，1960年又新开荒地8.6万亩。1958年耕地面积达到35.5万亩，1959年增长到47.7万亩，1960年增长到56.3万亩，1961年进一步增长到60万亩，是1949年的近3.6倍，占全县可耕地面积的65%。以后经过调整，耕地面积基本稳定在50万亩左右。粮食生产也实现大幅度增长，1984年粮食总产值比1949年增长近9倍，达到5298.8万公斤。在1988、1989和1990年连续三年严重干旱情况下，1990年的粮食总产值仍然有4000.1万公斤。木垒旱田面积占可耕地面积的将近一半，其中三分之二是山旱地，以旱作农业为特色。主要粮食作物为小麦、豌豆、谷子、糜子、青稞和其他豆类作物，以及油菜、胡麻等经济作物，各类作物品种达84个。[1]这一阶段的农业建设，为下一阶段的发展打下了良好的基础。

据有关报道，20世纪70年代后期起，逐步建立起多种形式的生产责任制，特别是80年代推行的"四定一奖"生产责任制，

---

1 新疆维吾尔自治区地方志编纂委员会编《木垒哈萨克自治县志》，新疆人民出版社，2003，第115—125页。

即定人、定地、定工、定产量，超产奖励，提高了农民的生产积极性。90年代以后，随着农村家庭联产承包责任制的不断巩固，农业产业结构的不断调整，农业生产不断发展，到2000年，农业总产值达到18168.84万元，是1990年的4倍；粮食总产值11529.2万公斤，是1990年的2.9倍。"十二五"以后，围绕"转型升级、提质增效"主题，转变农牧业发展方式，调整产业结构，实施打造50万亩优质小麦基地、10万亩优质玉米基地、10万亩有机豆类基地，以雀仁乡、新户镇为主的万亩高效经济作物基地、万亩设施农业基地，构筑年均播种面积75万亩的种植业新格局战略，全县播种面积达到79.43万亩，粮食产量达到2.52亿公斤。打造了全国最大的鹰嘴豆生产基地，2015年创建现代农业示范园3个，落实国家级万亩示范片2个，特色种植15万亩。通过农业部无公害农产品认证的生产基地7个，面积45万亩；无公害农产品认证9个；创建全国绿色食品原料小麦标准化生产基地10万亩，绿色食品原料鹰嘴豆标准化生产基地8万亩，绿色食品原料土豆标准化生产基地6万亩，绿色蔬菜食品认证8个；有机小麦、鹰嘴豆转换基地3个，面积1.5万亩，有机转换产品4个；完成了木垒鹰嘴豆、木垒白豌豆农产品地理标志登记保护，创建全国绿色食品原料（小麦）标准化生产基地30万亩。[1]实现了传统农业向现代农业的成功转型。

---

1 许志平、李会刚：《壮丽70年 奋斗新时代——木垒县农业发展篇》，中国昌吉网，http://www.cjxww.cn/content/cjxw/207098.jhtml，访问日期：2020年5月23日。

近年来，根据《关于引导农村土地经营权有序流转发展农业适度规模经营的意见》要求，按照依法、自愿和有偿的原则进行土地流转，拥有土地承包经营权的农户保留承包权，而将经营权转让给其他农户或经济组织，从而使个体分散经营的农业实现了向适度规模经营的转变，提高了土地使用的效率和质量，土地流转出去的农民转移到其他产业后，不仅增加了收入，也为其他产业的发展提供了劳动力，推动了产业的转型升级。到2017年，全县土地流转面积30万亩，涉及土地流转的农户6000余户。

以西吉尔镇为例，据报道，到2018年，全镇共有土地流转面积达13363亩，占全镇种植面积的10.07%，农民从土地流转中获益423.86万元，人均从中获得收入1208.26元，占全镇人均收入的8.58%。转移劳动力4053人，人均转移增收1953元，改变了单一依靠土地收入的局面。[1]

农业转型升级不仅仅体现在生产方式和增产增收上，也造就了新奇的农田景观。照壁山乡平顶山村集中连片的3万多亩旱田，根据土质情况、地势高低和农作物习性，有区别地种植小麦、豌豆、糜子、谷子、荞麦、油菜、胡麻、红花等不同作物，各种农作物在不同季节形成不同的色调，在不同光影条件下呈现出不同风光，又与远处的雪山、青松、草原一道相互映衬，构成色彩斑斓的田野奇观。平顶山万亩旱田，业已成为木垒国家农业公园的核心景区。

---

1 潘进武、王丹：《西吉尔镇土地流转见成效 农民转移劳动力促增收》，木垒哈萨克自治县人民政府网，http://www.mlx.gov.cn/kzw/yw/849055.htm。访问日期：2020年9月1日。

第七章　随畜逐水草

第一节　庐帐而居

木垒有优美的牧场。游牧与农业在木垒是相伴出现的。早期原始村落遗址的房屋、农具和农作物遗存，反映了定居农耕的社会形态，但共存大量牛、马、羊等动物遗存，这些浓厚的牧业元素表明，畜牧业在经济生活中占有重要地位。由于都是食草动物，结合木垒的草原、荒漠环境等因素，有理由推断这是一种以在牧区放牧为主的畜牧业，或称游牧畜牧业。这批牧人就是木垒已知最早的游牧民。

如前所述，61公里遗址、霍斯章遗址、干沟遗址、四道沟遗址等原始村落遗址的早期地层和遗迹中，都发现有距今3000年前后的各种动物碎骨或骨角器等遗物，表明马、牛、羊、狗等家畜饲养在当时已很普遍，反映一种农牧混合的经济特征。四道沟遗址早期灰坑、灶址等遗迹出土羊头骨和其他烧碎的骨头，包括马、

图26 平顶山牧场

牛、羊、狗等动物骨骼。干沟遗址早期地层，包括最早的第5层文化层，都出土动物骨骼。灶、灰坑中也有动物碎骨、骨器。这些动物骨骼中，既有羊骨，包括头骨、下颌骨、肋骨、肩胛骨、腿骨、距骨，也有其他大型动物的角和食肉动物的下颌骨等。部分骨头表面还有切割痕迹。从干沟遗址的地层和灰坑中采集到的动物骨骼标本，经加速器质谱碳14测定，其绝对年代在公元前1300年至公元前1100年之间。

除此之外，在木垒也调查到一些大型游牧文化聚落遗址，年代距今3000—2000年左右，其中最典型的当属石仁子沟遗址。根

图27　木垒石仁子沟方形石围居址

图28　木垒石仁子沟圆形石围居址

据有关报告，石仁子沟遗址年代大约为东周至汉代前后，位于照壁山乡河坝沿村东南10余公里的石仁子沟内，现为雀仁乡雀仁村四队夏牧场、照壁山乡阿拉苏村夏牧场，属于木垒河上游流域地区。聚落遗址包括4个分布区，自西向东依次间隔约760、750、1400米。各区遗迹由石围居址墙基、墓葬和周围分布的岩画构成。[1]

石围居址墙基由1—2层排列整齐、半埋于地下的石块围成，根据形状、结构分方形和圆形两类。前者边长3—16米，一般为单间，少数为双间和数个隔间结构。后者均为单间式，大小不一，小者直径3—6米，大一些的在10米以上，少数最大者直径30—50米。内部平坦，不见其他遗迹。附近一般有近似方形的石圈遗迹，据判断可能是火塘。这种居址墙基很可能是古代游牧民族毡帐留下的遗迹。

石仁子沟游牧聚落遗址的墓葬，地面一般都有土石混合的封堆。封堆多呈圆丘状，直径5—25米，高0.3—0.8米，以大小不一的卵石加砂土混合垒筑。部分封堆边缘竖立1或2块石块，石块高0.3—0.5米。立石没有固定的方位，比较随意。部分封堆旁边还附带一个可能是祭祀用的小石圈，直径1米左右。规模较大的墓葬封堆中部因墓室塌陷而下凹0.6米左右。除圆形石堆墓，还发现2座方形墓，地面不起封堆，仅用较大的石块围砌出一块

1　新疆维吾尔自治区文物局编《新疆维吾尔自治区第三次全国文物普查资料汇编：木垒哈萨克自治县不可移动文物》（内部资料），2011，第45—52页，第129—137页。

图29　木垒石仁子沟封堆墓

图30　木垒石仁子沟胡须墓

方形区域，边长2—3米左右，中间部位填以小石块。比较有意思的是4号居葬区有2座墓葬，其中一座地面中部有直径15米、高0.4米左右的封石堆，石堆外侧5米远的地方环绕一周圆环形石圈。另一座墓葬地面封堆直径31米、高0.7米，石堆外侧5米开外环绕5周环形石圈。这类墓葬也称为石围墓或石圈墓。其南面2米外还有用卵石排列而成的弧形石列，长18米。因石列状如胡须，又称此类墓为胡须墓。因为没有发掘，墓室情况不明。但从地面情形判断，这些墓葬明显属于游牧文化遗存。封堆的规模和石围的有无，代表墓葬的等级。直径20米以上者，可能属于贵族墓葬。那些带有石围，特别是多重石围的墓葬，等级更高。据考证，石仁子沟本作石人子沟，因沟口一块高约2米的人形石头而得名。这种人形石头，实际上可能就是欧亚草原地带流行很广的石雕人像。

这些游牧文化遗存表现出的特点，与汉代文献的有关记载完全一致："庐帐而居，逐水草，颇知田作，有牛、马、骆驼、羊畜。"考古发现与文献记载都表明，木垒早期的社会经济以游牧为主，农耕为辅。虽然也有较为固定的村落，但多数时间却是随畜迁徙，以毡帐为居。西汉远嫁乌孙的细君公主写有一首诗叫《悲愁歌》，生动形象地描绘了这样的生活方式："穹庐为室兮毡为墙，以肉为食兮酪为浆。"

第二节　游牧者的丧葬礼俗

1.石人

木垒许多地方都发现石雕人像。20世纪80—90年代曾在博斯坦乡东干加依拉克沟、博斯坦乡哈夏古尔沟、照壁山乡南闸村、北闸村等地发现石人5尊。此后又先后在白杨河乡脚户沟、西村、东沟，以及照壁山乡平顶山等地陆续有所发现，前后共发现近10尊石雕人像。其中有一些是在现场发现的，多数发现时已经移离了原位，有的还被当地人当成"菩萨"供奉。这对复原其最初的用途造成了困难。

加依拉克沟的石人发现于加依拉克山顶上，发现时平躺在草地上，是在一块长条形石材上用阴刻线条勾勒出人物的脸部轮廓、眉毛、眼睛、鼻子、嘴唇、下巴和胡须等特征。石人顶部已残，现高148厘米，已收藏于木垒县博物馆。哈夏古尔沟的石人发现于哈萨克牧民定居点附近的一座小山梁上。原有一座大型石堆墓，当地人称"将军墓"，石人竖立在墓前，后来因墓穴塌陷，石人掉进了约1米深的墓穴里。这尊石人用砂岩雕刻，也是以阴刻线条表现人物脸部特征，同时巧妙地利用石材的自然边缘和棱角，修整出头部轮廓和强化鼻子的突起，增强了立体感，更加生动形象。双眉和双眼外端上挑，鼻梁笔直，上唇的胡须顺唇形优雅弯曲并在嘴角外上方略微上卷，下巴较尖，用一条较宽且深的刻槽将其与下部石头分隔出来，显得英武威严。南闸村石人发现于村东山梁上，据说是农民锄草时从地里挖出来的，是一尊用花

图31　博斯坦乡加依
拉克沟石人

图32　博斯坦乡哈夏古尔沟石人

图33　照壁山乡南闸村女性石人

岗岩雕凿的女性头部浮雕。北闸村一户农户从新沟搬来的一尊石人特征又有不同，这是一尊浮雕人像，除头部造型，还雕刻出双臂环抱一柄短剑。而在博斯塘沙尔色克沟发现的石人，似乎右手持高脚杯曲于胸前。[1]

木垒发现的石人文物虽然不多，但类型比较复杂。雕刻技法、造型风格、表现内容和人物的姿势、神态都有差异，总体上比较简单、古朴。从雕刻技法上可分为阴线凿刻和浮雕两大类，从表现内容上可分为头像、佩剑半身像和持杯半身像三类。石人也有大有小，大者高近1.8米，小者仅80厘米左右。这些石人原本都应该竖立于墓葬的东面，后来一部分因人为原因而被搬走用作他途，因此很难恢复原状了。

在墓前竖立石人雕像是亚欧草原古代游牧民族流行的一种丧葬习俗。目前在新疆的天山、阿尔泰山地区，以及蒙古草原、中亚、南俄罗斯和南西伯利亚等草原地区发现石人不下千件，其中新疆哈密、伊吾、巴里坤、奇台、吉木萨尔、博尔塔拉、温泉、霍城、特克斯、昭苏、吉木乃、塔城、阿勒泰、富蕴、青河等县，以及南疆的巴音郭楞蒙古自治州和阿克苏地区都发现有石人，据不完全统计，总数有近200件。因主要分布于草原地区，因此也称为草原石人。

草原石人的年代早到青铜时代，晚到13世纪。新疆地区的早

---

1 孙伯海：《木垒草原石人发现经过及特点》，《新疆文物》1994年第2期。徐延珍:《木垒博物馆收藏的草原石人》，载政协木垒哈萨克自治县委员会编《木垒文史》第十六辑（内部资料），2014，第269—272页。

期石人年代可能在公元前1200—前700年，晚期石人的年代下限可能在公元11世纪左右。石人一般被认为是死者的象征，但也有观点认为可能是"杀人石"。根据《北史·突厥传》《隋书·突厥传》等的记载，突厥人有在死者墓地立石以标示其生前在战争中杀敌数量的习俗，这种立石可能有"杀人石"的意思。如《北史·突厥传》："死者，停尸于帐……葬日，亲属设祭及走马、劙面如初死之仪。表为茔，立屋，中图画死者形仪，及其生时所战阵状，尝杀一人，则立一石，有至千百者。"[1]《周书·突厥传》："葬讫，于墓所立石建标。其石多少，依平生所杀人数。"[2]《隋书·突厥传》所载与以上二书大致相同。立石的多少，以其生前在战场上杀敌人数为准，杀一人，立一石，杀千百人，则立千百块石头。这种"立石建标"，不仅有标示墓位的意义，更是战功的标识。不过文献记载是"立石"，并不是立石人，立石和立石人不能简单地画等号。何况石人大都竖立于墓葬的东面，面朝东，少数立于墓葬西北，面朝北或西，显然体现了一定的方位观念，而"立石建标"并未提到这一点。

据研究，青铜时代到早期铁器时代右手持杯和身体正面或侧面佩剑的石人可能是斯基泰石人；公元6—9世纪新疆、蒙古、中亚和南西伯利亚地区分布的石人属于突厥石人，包括阴刻线条勾勒人物脸部轮廓的石人，仅雕刻出人物头部和面部的石人，圆雕

1　[唐]李延寿:《北史·突厥传》，中华书局，1974，第3288页。

2　[唐]令狐德棻等:《周书·异域传下·突厥传》，中华书局，1971，第910页。

持杯石人、双手托器或抱器石人等。[1]

2. 动物骨骼随葬

干沟墓地和县城南郊墓地都没有发表完整资料，但从刊布的典型墓葬来看，存在随葬动物骨骼的现象。如干沟墓地 M31、M34 随葬羊距骨，M53 的填土中含有羊骨、马骨等动物骨骼。木垒县南郊墓地一座积石墓，则在死者手腕处放置一根黄羊前腿骨。这些墓葬属于青铜时代，年代在距今 2600—3000 年之间。随葬动物骨骼应该是某种丧葬观念的表达。

3. 动物殉葬

除动物骨骼随葬，还存在动物殉葬的习俗，主要是殉马。干沟墓地发现一座殉马坑。殉马坑的地表有卵石和砂土混合垒起的圆形封堆，封堆下是不规则长方形竖穴，坑底葬马 1 匹。只是马骨零乱，不完整，仅存部分脊椎骨、肋骨和肢骨。马骨的旁边放一把穿孔石斧。

除殉马坑，干沟墓地一些墓葬也有殉马现象。墓葬殉马出现在竖穴偏室墓中，发掘的 3 座竖穴偏室墓都有殉马。这种墓葬地面有较大的圆形封堆，封堆下是略呈长方形的竖穴土坑墓道，墓室位于墓道底部东侧。墓主均为成年男性，葬于墓室内。墓道内殉葬马匹。其中一座殉马 1 匹，马呈俯卧状，四肢蜷曲于腹下，除马头缺失，其余部位基本完整。而在本应是马头的位置，放置墓主的头骨。墓主的其余骨骼葬于偏室内。该墓主腰部系装饰华

1　王博、祁小山：《丝绸之路草原石人研究》，新疆人民出版社，1995，第 216—257 页。

图 34　木垒干沟墓地 M32殉马（墓）

丽的皮带，并随葬弓、弓箙、铁刀、铁马衔和铁马镫。第二座墓
的墓道内同样殉马1匹，马呈俯卧状，四肢蜷曲于腹下，保存完
整。该墓的墓主骨骼保存不全，头骨和部分颈椎、肋骨缺失，性
别难辨，但综合分析，为男性的可能性较大。右侧股骨旁见1件
铁箭镞，左侧耻骨旁有弓的残片。第三座墓殉马2匹，均保存较
完整。两匹马上下叠放，下层马呈左侧卧状，前足放在头下；上
层马呈右侧卧状，前腿以上部分压在下层马后半身上。与殉马一

起出土的有铁环、铁马镫和其他铁、木器残件。干沟墓地仅竖穴偏室墓出现殉马现象，所殉之马很可能是墓主生前的坐骑，而墓主很可能是非正常死亡。这类殉马习俗显然是在马的主人死后，将马与马的主人合葬在一起。

平顶山墓群发现更加丰富的殉马现象。平顶山墓群东梁墓区发现一个殉马坑。殉马坑的地面有不大的石堆，石堆下埋一匹马的骨骼，尽管不很完整。除殉马坑，也有一座殉马墓葬，墓穴的底部葬一具上半身散乱不全的人骨，墓穴一侧略高于人骨的二层台上葬一匹马。平顶山墓群的南梁墓区也发掘出一座殉马坑，坑内葬4匹毛色不同的雄性马。

殉马现象可能包括两种含义，一种是殉葬，即将马与马的主人葬于同一个墓穴；另一种是祭祀，如单独的殉马坑，特别是平顶山墓群南梁墓区发现的埋葬4匹不同颜色马匹的殉马坑，很可能是马祀的遗迹，一些报道直接称之为殉马台。

第三节　木垒长眉驼

骆驼是一种非常耐饥耐渴的动物，有"沙漠之舟"的美誉。骆驼的驼峰贮存的脂肪，在得不到食物补充时，可转化为身体所需的养分；骆驼胃里长着许多瓶子状小泡，可以贮存水分，因而骆驼可以在无水条件下生存2周，不进食物的情况下生存1个月。骆驼可以骑乘，还特别能在干旱的沙漠环境长途驮运货物，是理想的沙漠交通工具。

图35　木垒长眉驼

　　新疆饲养骆驼的历史十分悠久。骆驼很早就被驯化，史前岩画中就不乏骆驼的形象。汉代时人们已区别单峰骆驼和双峰骆驼，那时骆驼已作为重要运载工具。从《后汉书·西域传》记载可知，汉代时期木垒地区也已饲养骆驼很久了。

　　骆驼中有一个品种很特别，这个品种的骆驼体格高大，强壮结实，肌肉发达匀称，面似狮子，头部毛发浓密，额发发达，耳小眼大，特别是眉毛比较长，使之能够有效抵御风沙，被称为长眉驼。长眉驼是双峰驼，属准噶尔双峰驼的长眉型，发源且主要分布于木垒，因而也称木垒长眉驼。木垒长眉驼是原始地方品种，仅博斯坦乡、白杨河乡和大石头乡生产，中心产区是博斯坦乡。长眉驼的历史只有200多年，是当地品种与外来品种长期自然选育和驯化形成的新品种。[1]也有一种说法，说长眉驼是普通家养骆驼与野骆驼杂交形成的品种。长眉驼的数量极少，截至2016年底，木垒县存栏量才有千余峰。

木垒长眉驼全身是宝。长眉驼性情温顺，不惧风沙，耐饥渴，在气温50℃、失水30%的情况下仍能20天不饮水，同时可负重200千克，日行走75千米。产毛量比一般家驼大30%，而且是一次性脱毛。产奶期比一般骆驼长50—60天。成年驼产肉量可达200—250千克，净肉率最高可达50%—55%。长眉驼多属瘦肉型，脂肪少。驼乳有"沙漠白金"之称，富含维生素C和不饱和脂肪酸及特殊的活性蛋白，易被人体消化吸收。2015年，全国畜牧总站授予木垒县"中国长眉驼之乡"称号，2017年中华人民共和国农业部(现中华人民共和国农业农村部)正式批准对"木垒长眉驼"实施农产品地理标志登记保护。[2]

1　阿扎提、哈尔阿力、迪丽娜等：《新疆木垒长眉双峰驼品种资源调查》，《新疆畜牧业》2014年第1期。
2　百度百科：https://baike.baidu.com/item/木垒长眉驼/181693，访问日期：2020年6月20日。

第八章　丝路通衢天山路网

第一节　丝绸之路之前的文化交流

1. 丝绸之路的开辟

自从德国地理学家费尔迪南·冯·李希霍芬创造出"丝绸之路"这个词以来，以丝绸之路为主题的古代交通和文化交流研究一直方兴未艾。随着新材料、新方法不断推陈出新，人们得以从全新的角度、更广阔的视野来不断重新审视和阐释东西方间的历史关系和文化发展。丝绸之路这个名词也为人耳熟能详。

丝绸之路是指中国古代经西域通往希腊、罗马的交通路线，同时也把中亚、南亚、西亚、欧洲以及北非都串联起来。今天它仍然具有现代意义，并作为历史符号被"一带一路"倡议借用。

中国的丝绸很早就传到西方并受到西方人的钟爱，他们甚至因此以"丝"来称呼中国，希腊、罗马人称中国为"Seres"，即"丝国"，音译为赛里斯。公元1世纪西方已有许多关于丝国的记载，古希腊地理学家马利奴斯（Marinus）记录了一条通往赛里斯的路线，西方商人为了贩运丝绸，开辟了从幼发拉底河渡口向东前往赛里斯国的商路。这条路线在李希霍芬的《中国》一书中，被称为马利奴斯的丝绸之路（Seidenstrasse des Marinus）。Seidenstrasse 是德语 Seiden（丝绸）和 Strasse（道路）这两个词合并而形成的新词，意为丝绸之路，这个词后来被翻译为各种语言，如英语 Silk Road 或 Silk Route，法语 Routes de la Soie，以及中文"丝绸之路"。[1]丝绸之路最初是指公元前128年至公元150年间中国和中亚、印度之间的交通关系，后来延伸到叙利亚。现在被赋予了更广泛的意义，表示古代中国、中亚、西亚之间，并且连接地中海，然后通往欧洲和北非各地的交通路线，后又有了陆上丝绸之路和海上丝绸之路之分，陆上丝绸之路又分沙漠丝绸之路和草原丝绸之路。

公元前128年是张骞出使西域的返程之年。丝绸之路真正形成始于西汉张骞通西域。汉代将阳关、玉门关以西即今新疆及其以远的地区称作西域。丝绸之路开通之前，中原与西域的交通被匈奴阻隔，中原与西域不得相通。司马迁在《史记·大宛列传》中开篇便说："大宛之迹，见自张骞。"大宛是西域的一个古国，位于今天的费尔干纳盆地一带，以出产汗血宝马而闻名。当时汉武帝听投降的匈奴人说，匈奴打败月氏王，用他的头做饮器，月氏被迫西迁，与匈奴结下了冤仇，汉朝正谋划对匈奴作战，就想

1　王冀青：《关于"丝绸之路"一词的词源》，《敦煌学辑刊》2015 年第 2 期。

派使者出使联络月氏一起从东西两面夹击匈奴。建元二年（公元前139年），张骞奉命以郎中令率领100余人向西域出发，途中被匈奴俘获，滞留了10年才逃脱，又向西走了几十天到达大宛，再从大宛到达康居、大月氏。这时大月氏已征服大夏，没有回来的心思了。虽然目的没有达到，但张骞这次出使西域，到达了西域许多地方。汉武帝元狩四年（公元前119年），张骞再次出使西域，这一次目的是联络乌孙等西域强国以断匈奴右臂。汉武帝"拜（张）骞为中郎将，将三百人，马各二匹，牛羊以万数，赍金币帛直数千巨万，多持节副使，道可使，使遗之他旁国"[1]。结盟乌孙抗击匈奴的目的虽然还是没有完全达成，但乌孙派出了使者随同张骞于元鼎二年（公元前115年）来到长安。张骞派往大宛、康居、大月氏、大夏、安息、身毒、于阗、扜罙等国的副使，也大都于一年后带着这些国家的使者回到了长安，"于是西北国始通于汉矣"。司马迁把张骞出使西域的壮举称为"凿空"。司马光也以大夏等国陆续来汉通使为西域开通之始，他在《资治通鉴》中写道："后岁余，骞所遣使通大夏之属者皆颇与其人俱来，于是西域始通于汉矣。"[2]尽管如此，文化的交流早在丝绸之路开通之前就已在西域诸国之间存在，甚至与中原内地之间也存在着间接的交流关系。

1　[汉]司马迁:《史记·大宛列传》，中华书局，1959，第3168页。

2　[宋]司马光编著《资治通鉴》，卷二十，汉纪十二，中华书局，1956，第657页。

2. 丝绸之路开辟之前的文化交流

前文提到的各类农作物的传播，也反映了各地之间的经济联系和人员交往。而据有关历史文献记载和考古资料，欧亚大陆不同区域的人群在史前时期就有往来迁徙活动，这方面的研究已经有很多了。高加索人种至中国西部地区活动的历史至少可以追溯到公元前2000年以前。先秦时期的黄河流域与葱岭以西地区联系密切，昆仑山的玉石东输中原，促进了中原玉文化的兴盛。斯基泰人的东迁南下对于中亚和南亚的人种与文明有深刻影响。从中国北方，经蒙古高原，逾阿尔泰山、准噶尔盆地，进入中亚北部哈萨克草原，再经里海北岸、黑海北岸，到达多瑙河流域的草原丝绸之路，在公元前3000—前2000年，就是古代游牧民族的迁徙往来通道，来自东欧印欧语系民族的斯基泰人，沿这条通道由西向东并南下印度，或东南行至阿勒泰地区。[1]

据林沄研究，额尔齐斯河、额敏河和伊犁河是沟通西方和北方的天然通道，西汉以前，正是通过这些通道，新疆起到沟通中原和西北方欧亚草原文化交流的作用。新疆罗布泊地区以古墓沟和小河五号墓地为代表的青铜时代文化人群具有明显的欧罗巴人种特征，他们雕刻的木雕人像特征更加明显，他们可能与东欧和南乌拉尔地区竖穴墓文化有关，反映了从上述地区经南西伯利亚、图瓦、阿尔泰沿额尔齐斯河至准噶尔盆地，再向南到达罗布泊的交通路线。塞伊玛—图尔宾诺文化带钩矛在中原地区的发现

---

1 张国刚：《丝绸之路与中西文化交流》，《西域研究》2010年第1期。

则进一步反映了额尔齐斯河可能还是连接中原的一条重要通道。这种带钩矛最早出现于额尔齐斯河流域鄂木斯克附近的罗斯托夫卡墓地，之后经新疆与河西走廊传入中原。额敏河谷则是安德罗诺沃文化东进的通道之一。该文化的年代大约在公元前17—前9世纪，公元前15世纪前后开始影响到新疆塔城地区。安德罗诺沃文化东进的另一条更加重要的通道是伊犁河谷。鄂尔多斯起源的凹格短剑也通过这些通道西传到哈萨克斯坦和乌克兰。[1]而哈密天山北路墓地、焉不拉克文化、苏贝希文化、察吾呼文化遗址出土的陶器，与河西走廊的四坝文化陶器又有联系，说明从河西走廊经哈密向西直到伊犁河流域，从乌鲁木齐向南折到焉耆盆地，这样一条传播路线可能是存在的。

总之，从早期陶器、青铜器的器形、纹饰，农作物的生产与传播，玉器、石刻雕塑，都可以看到，人群和文化的交往、交流早就已经开始，天山是这些交流与交往的必由之路。

第二节　天山上的丝绸之路

新疆地区丝绸之路的路线，不同时期有所变化。两汉时期，主要有两条交通干线，即沿昆仑山北麓的南道和傍天山南麓的北道。到东汉末和魏晋时期，随着匈奴势力的衰退，原来受匈奴影响较大的边缘地带哈密和吐鲁番成为新的政治、军事重心，自然

1　林沄：《丝路开通以前新疆的交通路线》，《草原文物》2011年第1期。

也成为新的交通中心，带来交通路网格局的新变化。丝路交通的主干线由原来的两道变为三道，即原来的南道仍为南道，原来的北道变成中道，而以这两个新中心为基础，发展形成了北新道。中道、北新道以及后来的天山北道逐渐取代南道而成为整个交通体系的最重要的主干线，它们又串联起无数南北向的支线，共同构成天山地区四通八达的交通网络。

1. 两汉时期的南北道

随着丝绸之路的开辟，中西方的往来频繁起来。西汉时的西域，据《汉书·西域传》记载："本三十六国，其后稍分至五十余，皆在匈奴之西，乌孙之南。南北有大山，中央有河，东西六千余里，南北千余里。东则接汉，陜以玉门、阳关，西则限以葱岭。……自玉门、阳关出西域有两道。从鄯善傍南山北，波河西行至莎车，为南道；南道西逾葱岭则出大月氏、安息。自车师前王廷随北山，波河西行至疏勒，为北道；北道西逾葱岭则出大宛、康居、奄蔡焉。"[1] 这两道的大致路线，南道是沿昆仑山北麓西行到莎车，然后从莎车往南入昆仑山，沿山中河谷，至帕米尔西出，到阿富汗、伊朗等地；北道路线是沿天山南麓，从吐鲁番西行，经焉耆、库车、阿克苏到喀什，从喀什翻越帕米尔，到达乌兹别克斯坦费尔干纳盆地、巴尔喀什湖和咸海一带。

这是两条东西向的主干线。从主干线的各主要节点，还有许多支线向南、向北通往西域各地。天山以北地区由于匈奴势力强

---

1 ［汉］班固：《汉书·西域传》，中华书局，1962，第3872页。

盛，所以尚难成为比较稳定的主干道。两汉时期基本上维持着以南北两道为轴线的交通格局。

2. 曹魏时期的三道

曹魏时期，西域交通路线出现新的变化。首先是入西域的出发点不同。之前从玉门关、阳关入西域，曹魏时变为从玉门关入西域，显然阳关已经衰落。其次是入西域路线有变，前为二道，现为三道。

《三国志·乌桓鲜卑东夷传》注引《魏略·西戎传》记载："西域诸国，汉初开其道，时有三十六，后分为五十余。从建武以来，更相吞灭，于今有二十道。从敦煌玉门关入西域，前有二道，今有三道。从玉门关西出，经婼羌转西，越葱岭，经县度，入大月氏，为南道。从玉门关西出，发都护井，回三陇沙北头，经居卢仓，从沙西井转西北，过龙堆，到故楼兰，转西诣龟兹，至葱岭，为中道。从玉门关西北出，经横坑，辟三陇沙及龙堆，出五船北，到车师界戊己校尉所治高昌，转西与中道合龟兹，为新道。"[1]

汉代南道从鄯善傍南山北，波河西行至莎车。虽然婼羌是出阳关后最近的西域邦国，但"辟在西南，不当孔道"，就是南道是不走婼羌的。曹魏时期南道自玉门关西出，婼羌是首站，说明南道始发路线有了些微的变化。南道的具体行程为："且志国、小宛国、精绝国、楼兰国皆并属鄯善也。戎卢国、扜弥国、渠勒国、（穴山国）[皮山国]皆并属于阗。罽宾国、大夏国、高附国、天

---

1 [晋]陈寿：《三国志·魏书》注引《魏略·西戎传》，中华书局，1971，第859页。

竺国皆并属大月氏。"[1]

中道和新道都经过天山地区。中道从玉门关西出到楼兰的路段，称为楼兰道。其后的行程仍然是随北山至疏勒到葱岭的路线，与汉代的北道基本相合。据《魏略·西戎传》，具体为："中道西行尉犁国、危须国、山王国皆并属焉耆，姑墨国、温宿国、尉头国皆并属龟兹也，桢中国、莎车国、竭石国、渠莎国、西夜国、依耐国、满犁国、亿若国、榆令国、捐毒国、休修国、琴国皆并属疏勒。自是以西，大宛、安息、条支、乌弋。乌弋一名排特，此四国次在西，本国也，无增损。"[2]这是从楼兰遗址沿孔雀河经尉犁、库尔勒、轮台、库车、阿克苏到喀什西出葱岭的路线。

从楼兰转北，越库鲁克塔格山，可至吐鲁番盆地，经鲁克沁，到达高昌。另外从焉耆北上吐鲁番的路线，当为从高昌出发西行至龟兹与中道会合的路线。

新道又称北新道，是从玉门关向西北直达吐鲁番的路线。出玉门关后，经横坑，避开三陇沙和龙堆，也就是不走楼兰道，而从五船北到吐鲁番盆地的高昌。横坑据考证即《辛卯侍行记》卷五所载小方盘城西北三十里的西湖，又叫后坑。五船北是非常重要的一个地点，遗憾的是具体位置不详。

其实西汉末年已经知道车师后国有一条新道，从五船以北可通到玉门关。这条道的优势是可省一半路程，还可避开白龙堆的

<hr />

1　[晋]陈寿：《三国志·魏书》注引《魏略·西戎传》，中华书局，1971，第859页。
2　同上书，第860页。

危险。当时戊己校尉徐普就想开通这条新道。但是车师后王姑句认为新道可直通其国，很不情愿。这件事记载在《汉书·西域传》中："（西汉平帝）元始中，车师后王国有新道，出五船北，通玉门关，往来差近，戊己校尉徐普欲开以省道里半，避白龙堆之阸。"[1] 车师后国王廷在务涂谷，今吉木萨尔县北庭故城。因此，这是一条从玉门关出发，经横坑、五船北，到戊己校尉治所高昌，然后抵达天山以北车师后国的路线。从高昌转西则可至龟兹，与中道会合。

据《魏略·西戎传》，"北新道西行，至东且弥国、西且弥国、单桓国、毕陆国、蒲陆国、乌贪国，皆并属车师后部王。……转西北则乌孙、康居……"[2] 随着新道的开通，从高昌出发，经东且弥国进入天山北麓，就走上了天山北道的路线，一路西行，经车师后部王治所于赖城继续向西，可至乌孙、康居。《后汉书·西域传》也有"（车师）后部西通乌孙"[3] 的记载，说明天山北道是早就存在的重要交通路线。只是在匈奴势力强盛时期不为中原王朝所控制，因而不得相通。随着匈奴势力衰退，天山北道逐渐成为连接中原与中亚最重要的交通干线之一。

3. 晋唐时期的天山道路

北魏时期，通西域有四道。《魏书·西域传》记载："其出西域本有二道，后更为四：出自玉门，渡流沙，西行二千里至鄯善为一道；自玉门渡流沙，北行二千二百里至车师为一道；从莎车西

1　[汉]班固：《汉书·西域传》，中华书局，1962，第3924页。
2　[晋]陈寿：《三国志·魏书》注引《魏略·西戎传》，中华书局，1971，第862页。
3　[南朝]范晔：《后汉书·西域传》，中华书局，1965，第2929页。

行一百里至葱岭，葱岭西一千三百里至伽倍为一道；自莎车西南五百里葱岭，西南一千三百里至波路为一道焉。"[1]北魏通西域的路线虽说为四道，实际大致相当于西汉时期的南北道，只是把汉代从莎车越葱岭的路线又细化为两道。其出车师道，从《西域传》所列诸国来看，主要当走天山南道，与两汉北道和曹魏中道相同。天山东部的且弥国本来役属车师，这时可能又重新立国。车师之北是蠕蠕。蠕蠕又称柔然、芮芮、茹茹等，《魏书·蠕蠕传》认为是"东胡之苗裔"，其他史载也有认为是"匈奴别种""塞外杂胡"，公元4世纪至6世纪崛起为与北魏长期并立的强大汗国，疆域范围西达新疆和中亚。这一时期天山北道当在蠕蠕控制之下。

隋代中原与西域交往密切，西域各族大多到张掖和中原互相开展贸易活动。掌管互市事务的裴矩根据商胡所述，同时绘制地图，著成《西域图记》，记载西域四十四国风土、物产、服章、姓氏、山川地理。该书虽然散失，不过《隋书·裴矩传》收录了它的序言，其中概括了西域交通的总体形势。据其记载，"发自敦煌，至于西海，凡为三道，各有襟带。北道从伊吾，经蒲类海铁勒部，突厥可汗庭，度北流河水，至拂菻国，达于西海。其中道从高昌，焉耆，龟兹，疏勒，度葱岭，又经钹汗，苏对沙那国，康国，曹国，何国，大、小安国，穆国，至波斯，达于西海。其南道从鄯善，于阗，朱俱波、喝槃陀，度葱岭，又经护密，吐火罗，挹怛，帆延，漕国，至北婆罗门，达于西海。其三道诸国，

---

1 [北齐]魏收:《魏书·西域传》，中华书局，1974，第2261页。

亦各自有路，南北交通。……故知伊吾、高昌、鄯善，并西域之门户也。总凑敦煌，是其咽喉之地。"[1]隋朝的三道中，两道在天山以南，一道在天山以北。正如清徐松在《汉书西域传补注》中所说，"与此（汉书）两道异者，汉时两道皆在天山南，山北为匈奴，故无道也。隋既有山南之两道，又增山北一道。汉、隋之南道，今不置驿，汉之北道、隋之中道，今谓之南道，往回疆者由之。隋之北道，今亦谓之北道，往乌鲁木齐、伊犁者由之。"[2]

唐代由于实现了西部边疆的统一，丝路交通进入鼎盛时期，中西交流空前繁荣，道路网络通达顺畅。在各地设置的军、镇、守捉等军事据点不仅是军政要地，也是交通中心。此外还有各种关、馆、驿站，共同构成完整有序的道路系统。北庭都护府的府治庭州和安西都护府的府治交河（后移至龟兹），是天山北、南两个交通枢纽，高昌、龟兹、于阗、疏勒、焉耆是重要的交通中心，道路四通八达。唐代以后，陆上丝绸之路地位下降。

第三节　天山路网中的木垒

木垒既是天山北道上的重要路段，也是吐鲁番和天山北道的关键连接点之一。

1　[唐]魏徵等：《隋书·裴矩传》，中华书局，1973，第1579—1580页。
2　[清]徐松著、朱玉麒整理：《西域水道记（外二种）》，参见其中的《汉书西域传补注》，中华书局，2005，第392页。

1. 伊吾路

伊吾即今哈密，汉代时已为军事要地，清代平定准噶尔部叛乱时，亦以其为军事重镇。伊吾西通吐鲁番和吉木萨尔，又西可远至里海一带；东通玉门、敦煌，是重要的交通中心。南北朝以后从敦煌、安西至伊吾的交通路线称为伊吾路、安西道。从伊吾沿天山北麓西行的路线，魏晋时起就称为北道，伊吾是北道的起点。从伊吾西通吐鲁番的路线，唐代称伊西道，与汉魏时期的新道或北新道也有一定关系。

考古发现表明，哈密与吐鲁番在汉代以前就存在文化联系，比如彩陶文化可能就通过哈密传到吐鲁番，然后向西传播到伊犁河流域，向南传播到天山以南地区。所以哈密到吐鲁番的路线早已有之。东汉时期，随着汉朝的力量转移到天山地区，伊吾成为玉门关、阳关与车师前部高昌壁之间的交通枢纽。高昌向北又可以通到车师后部金满城。具体走向是从玉门关、阳关向西北出发，经鄯善，至伊吾，再从伊吾到车师前部高昌，然后从高昌向北到达车师后部金满城。《后汉书·西域传》记载："自敦煌西出玉门、阳关，涉鄯善，北通伊吾千余里，自伊吾北通车师前部高昌壁千二百里，自高昌壁北通后部金满城五百里。"[1]

唐代在伊吾置西伊州，后改称伊州，辖伊吾(今哈密)、柔远(隋代柔远镇，今沁城)、纳职(今四堡)三县。唐平定高昌后，设西昌州，后改为西州，并在西州设安西大都护府，治交河城，后迁至龟兹。

1　[南朝]范晔:《后汉书·西域传》，中华书局，1965，第2914页。

根据《新唐书·地理志四》记载，从伊州即哈密到西州即吐鲁番有两条路线，二道均从伊吾出发先到纳职，然后从纳职分南北二线西行，至赤亭守捉重新合为一途，最后到达西州高昌城。北线从纳职出发，"西经独泉、东华、西华驼泉，渡茨萁水，过神泉，三百九十里有罗护守捉；又西南经达匪草堆，百九十里至赤亭守捉，与伊西路合。"[1]据研究，这条路线相当于今天紧靠天山南麓的鸭子泉、梯子泉、一碗泉、车辖辘井、七角井、西盐池的路线。南线即伊西路，为主道。其中的纳职至赤亭守捉路段据研究应为今天穿越戈壁沙碛的老了墩、三间房、十三间房的路线。赤亭即为鄯善东七克台。到鄯善后可分别从火焰山南、北两路至高昌城。[2]

据《新唐书·地理志四·伊州伊吾郡》，从罗护守捉另外有道路越过乏驴岭从天山北麓至北庭都护府。具体为："别自罗护守捉西北上乏驴岭，百二十里至赤谷；又出谷口，经长泉、龙泉，百八十里有独山守捉；又经蒲类，百六十里至北庭都护府。"[3]

罗护守捉一说为现在的三间房，冯承钧认为是"今七角井，七角疑为赤谷之转"[4]。陈戈也认为罗护守捉当为今七角井，并认为七角井西北的天山南坡即为乏驴岭，今从七角井北越天山，有大峡谷通吉木萨尔，该峡谷疑即赤谷。[5]清徐松认为这条路线就

1　[宋]欧阳修、宋祁：《新唐书·地理志四》，中华书局，1975，第1046页。
2　陈戈：《新疆古代交通路线综述》，《新疆文物》1990年第3期。
3　[宋]欧阳修、宋祁：《新唐书·地理志四》，中华书局，1975，第1046页。
4　冯承钧：《高昌城镇与唐代蒲昌》，载《西域南海史地考证论著汇辑》，中华书局，1957，第84—95页。
5　陈戈：《新疆古代交通路线综述》，《新疆文物》1990年第3期。

是《汉书·西域传》中所说的"新道":"道近而易行,今小南路有小山五,长各半里许,顶上平而首尾截立,或谓是五船也";"今哈密至吐鲁番经十三间房、风戈壁,即龙堆北边也。新道避之,又省道里之半,故普欲开之"[1]。小南路即由哈密西南二百八十里的瞭墩分途往北避开北路雪山和南路十三间房风沙,越过天山至木垒、奇台、吉木萨尔的路线。林则徐《荷戈纪程》记载:"别有小南路一条,亦通古城、乌鲁木齐,其路较近,由哈密西南二百八十里之瞭墩分途往北,既避北路达坂之雪,又避南路十三间房之风,行人无不乐由。"[2]

从伊吾(今哈密)沿天山北麓向西到金满(今吉木萨尔)的路线,青铜时代就已经相通相连,上文表明沿途各地之间存在紧密的文化联系。除上述从罗护守捉上乏驴岭经赤谷至北庭的路线,还有一条从哈密向北越天山经巴里坤、木垒至吉木萨尔的路线。东汉窦固、耿忠曾击匈奴于天山,匈奴呼衍王败走蒲类海,其行军路线当为此路。今巴里坤山有《裴岑纪功碑》和《任尚碑》,南山口附近崖壁上有《沙南侯获碑》,可证。

曹魏时期的北道,是从东且弥入天山北,沿山北依次经车师六国到达车师后部。东且弥位于天山以东,具体位置因对"天山"所指的不同理解而有不同说法,但前文已述,此"天山"当指今哈密地区天山支脉喀尔里克山。喀尔里克山是整个天山山脉的东

1 [清]徐松著,朱玉麒整理:《西域水道记(外二种)》,参见其中的《汉书西域传补注》,中华书局,2005,第500页。
2 林则徐:《荷戈纪程》,载徐丽华主编《中国少数民族古籍集成(汉文版)》第76册,四川民族出版社,2002,第556页。

部末端，所以东且弥当更在其东面。

隋代的北道从伊吾西出，先到蒲类海铁勒部，再到突厥可汗庭，最后到西海。蒲类海即巴里坤湖。突厥可汗庭先在龟兹北面的三弥山，后迁至乌兹别克斯坦的塔什干一带。西海即里海。

唐代自庭州往西到碎叶的路线，据《新唐书·地理志四·北庭大都护府》为："自庭州西延城西六十里有沙钵城守捉，又有冯洛守捉，又八十里有耶勒城守捉，又八十里有俱六城守捉，又百里至轮台县，又百五十里有张堡城守捉，又渡里移得建河，七十里有乌宰守捉，又渡白杨河，七十里有清镇军城，又渡叶叶河，七十里有叶河守捉，又渡黑水，七十里有黑水守捉，又七十里有东林守捉，又七十里有西林守捉。又经黄草泊、大漠、小碛，渡石漆河，逾车岭，至弓月城。过思浑川、蛰失蜜城，渡伊丽河，一名帝帝河，至碎叶界。又西行千里至碎叶城。"[1]

上述路线与今天的交通道路仍然大体相合。

2.连接天山南北的支线

陈戈据敦煌所出唐代《西州图经》残卷记载研究认为，连接天山南、北的支线道路比较确定的大约有7条：花谷道，移摩道，萨捍道，突波道，乌骨道，他地道和白水涧道。其中，花谷道、移摩道、萨捍道、突波道都从蒲昌县（鄯善）向西北通北庭（吉木萨尔），即都是从鄯善县境内向北越天山到达吉木萨尔的路线。花谷道自蒲昌县西经柳谷至北庭，水草丰美，可通人马。其

---

1 ［宋］欧阳修、宋祁:《新唐书·地理志四》，中华书局，1975，第1047页。

路线似为从鄯善东面的台子向北，沿克尔其河，经克尔其，越天山至木垒。移摩道从蒲昌县移摩谷经柳谷至北庭，也是一条水草充足、可通车马的道路。其路线大约从鄯善向北，沿柯克牙河，经柯克牙、巴哥，越天山至木垒。萨捍道从蒲昌县萨捍谷经柳谷至庭州，水草充足，人马车牛皆可通行。其路线当从鄯善连木沁向北，沿二塘沟水，经吉格代、二塘沟，越天山至奇台。突波道从蒲昌县突波谷经柳谷至庭州，也是一条比较舒适的道路。其路线从连木沁西面的苏巴什向北，经恰勒汗牧场越天山至奇台。他地道就是《新唐书·地理志四》中记载的交河至北庭的道路："交河……自县北八十里有龙泉馆，又北入谷百三十里，经柳谷，渡金沙岭，百六十里，经石会汉戍，至北庭都护府城。"其路线当从吐鲁番西北交河故城向西北溯河上行至红柳河，经三岔口入天山山谷，越天山达坂，过泉子街而至吉木萨尔。龙泉馆疑在三岔口一带，金沙岭即天山达坂，石会汉戍疑为泉子街。此道即汉代自高昌壁北通后部金满城之路。上述五条路线均途经柳谷再到北庭。柳谷可能是指天山达坂南北两坡中的一条狭长山谷。乌骨道自高昌县北乌骨山至北庭的道路，水草充足，仅行人可通，马行困难。其路线可能自高昌古城经胜金口、木头沟，过火焰山、七泉湖、黑沟，然后翻越天山至吉木萨尔。白水涧道是从交河县通往西北处月以西诸部的道路，水草充足，可通车马。处月为西突厥部落之一，本来分布在金娑岭(博格达山，一说尼赤金山)一带，后分为两支，"东留故地者称沙陀"，以其地近沙陀碛而得名。另一支迁到了碎叶水以西。因此，这条道路应该是从吐鲁番交河故城向西北越过天山到乌鲁木齐的路线，具体为从吐鲁番向西，沿白杨河，过达坂城，到乌鲁木齐。[1]另外，从托克逊、焉耆、库车、阿克苏也各有路线通伊犁，因距木垒较远，恕不详述。

3. 清代驿道

从西汉武帝时期开始，驿站烽燧就陆续从河西走廊修到新疆。不同时期虽然有所差别，但基本上代表了新疆古道的走向。到了清代，驿站、驿道网络遍布南、北疆地区，而以天山地带为核心。许多驿站的名称记录清楚，地名、遗址保留至今。

清代在东北、北部、西北和西南边疆地区广开驿道，置驿、站、塘、台、所、铺6种机构，邮、驿合一，统称邮驿，既是通信系统，也是交通网络和国防体系。清代在新疆设立邮驿系统始于平定准噶尔部叛乱，为了运送粮食等军需物资，首先从嘉峪关到哈密沿途设立12个驿台，后进一步推广到南疆和北疆，至乾隆时共设立125个驿台。加上在各处设立的营塘，总数达到285个，由伊犁将军总管。[2]

从河西走廊到哈密有两道，一条从敦煌到哈密，唐宋时期称稍竿，哈密当时称伊州，是敦煌到伊州的道路。另一条是安西道，安西古称瓜州，是由安西或瓜州至伊州的道路，因途经莫贺延碛，又称莫贺延碛道。两条道经常随着敦煌和安西中心地位的变化而交替使用。清代时，安西至哈密沿线设有10个驿站。据《新疆图志·道路五》记载，这10个驿站为：白墩子、红柳园、大泉、马

1 陈戈：《新疆古代交通路线综述》，《新疆文物》1990年第3期。
2 参见臧嵘《中国古代驿站与邮传》（增订版），商务印书馆，1997，第183页。

莲井子、星星峡、沙泉子、苦水、格子烟墩、长流水、黄芦岗。加上安西底驿和哈密厅底驿，共12个驿站。[1]

清代新疆的交通分官道和民间商道。官道包括以伊犁为中心的军台系统、以乌鲁木齐为中心的营塘系统和边防要隘地区的卡伦系统，建省后改为驿站系统，构成清代新疆交通的主干道路。民间商道主要是民间商旅习惯行走的一些小道。俗称"小南路"的道路就属于民间商道，林则徐谪戍新疆时，走的就是这条道。民间商道一般较为近便，其中有些往往随着商贸的发展而最终成为官方驿道的组成部分。

清代新疆的官道包括军台、营塘和卡伦3个系统，均为军政设置。军台是随着清朝军队征战而设置的，雍正年间清军进驻哈密、巴里坤，军台由此从甘肃延伸至哈密，后又继续向西延伸，经吐鲁番、乌鲁木齐、库尔喀喇乌苏到伊犁，形成了从京师通达伊犁的主干道。从库尔喀喇乌苏通往塔尔巴哈巴（塔城）的北疆干道，从吐鲁番通往喀什的南疆干道也相继建成。全疆共设122个军台，由军府驻扎大臣节制。军台间距一般约百里，修有围墙和房屋、烽燧，内设马厩、马槽等设施，配备负责官员、兵丁、供差人员和车、马、武器。营塘也称军塘，主要任务是转运军需物资和接待差旅。隶属绿营，绿营最高长官提督驻乌鲁木齐。营塘有三道，东道由乌鲁木齐沿天山北麓经古城即奇台、木垒、巴

1　[清] 袁大化修，王树枏、王学曾等纂《新疆图志·道路五》，载苗普生主编《中国西北文献丛书·二编》第一辑：《西北稀见方志文献》第一卷，兰州古籍出版社，1990，第269页。

里坤、哈密、星星峡东出。西道与军台主干道并行。南道从乌鲁木齐经达坂城至吐鲁番。北道初置军台，新疆统一后仅设营塘，随着绿营兵屯的发展，又改为驿站。卡伦是驻守要隘的军事哨所，主要负责边防事务和传递通讯、转运物资。[1]

根据《新疆图志》道路二、道路五和道路六记载，从哈密到乌鲁木齐有三条干道，即北经巴里坤的北路，西经鄯善、吐鲁番的南路，和从南路的七角井分途至色必口与北路会合的小南路。北路途经天山雪域，适宜夏季通行。南路靠近火焰山，夏季酷热，适宜冬季通行。小南路从哈密西出，沿南路西行七站至七角井分道，经头水驿至色必口与北路会合，这条道寒暖介于二者之间。北路从哈密经巴里坤沿天山北麓至乌鲁木齐所设驿站，自东而西分别有：哈密厅底驿、头堡驿、三堡驿、三道岭驿、瞭墩驿、橙槽沟驿、上肋巴泉驿、坤底驿（镇西厅底驿）、苏吉驿、下肋巴泉驿、乌兔水驿、芨芨台驿、头水驿、乌浪乌苏驿、阿克他斯驿、木垒河驿、屏营驿、孚远驿、保会驿、三台驿、柏杨驿、康乐驿、黑沟驿、巩宁驿（迪化县底驿）。南路的驿程，过去由瞭墩走三间房到齐克腾木，由于经常刮大风，后来改由一碗泉，共八站到齐克腾木。南路自哈密经鄯善、吐鲁番至乌鲁木齐的驿站，分别为哈密厅底驿、头堡驿、三堡驿、三道岭驿、瞭墩驿、一碗泉驿、车轱辘驿、七角井驿、梧桐窝驿（东盐池）、惠井子驿、西盐池驿、土墩子驿、齐克腾木驿、辟展驿、连木沁驿、胜金（口）驿、阳

1　参见潘志平《清代新疆的交通和邮传》，《中国边疆史地研究》1996年第2期。

和驿（吐鲁番底驿）、布干台驿、托克逊驿、小草湖驿、达坂驿、柴俄驿、巩宁驿。从乌鲁木齐西出至伊犁所设驿站，分别为：宁边驿、景化驿、乐土驿、靖远驿（绥来底驿）、乌兰乌苏驿、安集海驿、奎屯驿、库尔喀喇乌苏厅底驿、布尔噶齐驿、墩木达驿、固尔图驿、托多克驿、沙泉驿、精河厅底驿、托里驿、托霍穆图驿、瑚素图布拉克驿、鄂勒著依图博木驿、鄂博勒齐尔驿、沙喇布拉克驿、绥定县底驿、惠远城底驿。[1]

上述驿道后来又有"苦八站""穷八站""富八站"之说。苦八站又叫东八站，是指哈密东面的8个驿站：星星峡驿、沙泉子驿、苦水驿、格子烟驿、长流水驿、黄芦冈驿、塔勒纳沁驿（《新疆图志·道路五》有关安西至哈密驿站列表中未见此驿，如前述）、哈密厅底驿。穷八站是指三道岭、暸墩、一碗泉、车轱辘泉、七角井、大石头、色必口、三个泉子8个驿站，后来又有一些新的驿站也被并入此列，如木垒河附近的一碗泉。这些驿站条件简陋，因而被称为穷八站。从哈密向北翻越库舍图岭抵达南山口、松树塘，再转西经奎苏驿、巴里坤、苏吉驿、肋巴泉驿、乌兔水驿、茇茇台驿，到色必口驿，称为北八站。富八站大概是指从木垒河到乌鲁木齐古道上的9个驿站：木垒河驿、屏营驿、奇台驿、保会驿、三台驿、柏杨驿、康耆驿、黑沟驿、巩宁驿。因途经地区都是绿洲，较为富足，因而称为富八站。[2]各类八站的归纳总结

1　[清]袁大化修，王树枏、王学曾等纂《新疆图志·道路二》，载苗普生主编《中国西北文献丛书·二编》第一辑：《西北稀见方志文献》第一卷，兰州古籍出版社，1990，第243、265—267、267—269、272—273页。
2　参见董红玲《北道古驿》，中国农业大学出版社，2016，第1—209页。

说明古驿道的深远历史影响。实际不一定正好是八站，而以八来概括，反映了一种有趣的古道文化现象。一站就是一天的行程，大约80—100里，站与站之间有时还有腰站。新疆属于干旱地区，行旅只能在有水处修整和补充供给，所以驿站往往就修建在这种地方。许多驿站以河、水、泉为名，也是这种情况的反映。

4. 木垒古驿

天山北麓的古驿道正好从木垒通过，因而木垒境内有不少古驿站。据《新疆图志·道路五》记载，初置军台、营塘，哈密以西设州置县后，天山北路裁军塘改置驿站，后又于清光绪年间将南北两路军台、营塘全部改为驿站。军台、营塘是旧名，驿站是新名。属于木垒境内的驿站，老奇台县城靖宁城以东70里曾设白水驿，已经废弃；以东90里为木垒河驿；木垒河驿以东40里以前设有一碗泉驿台，以东90里置阿克他斯台、阿克他斯塘，130里为阿克他斯驿，又名三泉驿；其东90里旧有三泉驿台，即唐代独山守捉；阿克他斯台、塘东60里为乌兰乌苏台、塘，以东70里为乌浪乌苏驿，乌浪乌苏驿本名乌兰乌苏驿，为区别于绥来所属的乌兰乌苏驿，改名乌浪乌苏驿，并迁移到大石头，而名称依旧；乌浪乌苏驿以东70里为头水驿，乌兰乌苏台、塘以东80里为色必台、塘，旧时距三泉驿40里为磐安驿，又60里为安营驿即色必沟（口）。[1]

色必口驿位于木垒县最东端，是天山南道经小南路与北道会

1　[清]袁大化修，王树枬、王学曾等纂《新疆图志·道路二》，载苗普生主编《中国西北文献丛书·二编》第一辑：《西北稀见方志文献》第一卷，兰州古籍出版社，1990，第266页。

合的交会点，是一个重要交通枢纽，清光绪二十九年移至头水驿，今属大石头乡大石头村。阿克他斯驿又名三个泉驿。阿克他斯为"白色的石头"之意，据其地有三口泉眼而取汉语地名三个泉，今属博斯坦乡三个泉子村。乌浪乌苏驿于光绪九年移驻大石头。于今，木垒的这些驿站，只依稀可见残墙废墟。

第四节　驿道烟尘

木垒有不少古城、驿站、烽燧、堡垒等遗址保留至今，只是其原名为何，由于尘封已久，多数已难确考。[1]

1.古城废墟

木垒比较重要的古城遗址有油库古城、新户古城、英格堡古城等遗址。

油库古城，当地人称破城子，位于木垒县照壁山乡照壁山村南500米，破坏严重，仅北、东两面城墙保存稍好，南、西城墙已很少残留，不过整个古城基本形状仍比较清楚，略作长方形，面积近3000平方米。城墙以夯土修筑，墙基残宽约8米，城墙残高2—4米，顶部有凸起的土棱，城门、城墙内街道与建筑都已不见任何痕迹。城墙内曾出土过唐代风格陶器、瓦当等遗物，推断年代可早至唐代。

---

[1]　参见新疆维吾尔自治区文物局编《新疆维吾尔自治区第三次全国文物普查资料汇编：木垒哈萨克自治县不可移动文物》（内部资料），2011，第63—91页。本节有关古代遗址的情况，皆参考了本书有关部分，为节省篇幅，下不一一注明，其他参考资料都予以特别注出。

据考证，油库古城可能就是唐代的独山守捉、元代的独山城遗址。守捉是唐代在边地的驻军机构。唐代在西域的军事机构，大者称军，小者称守捉，其下有城、镇。守捉一般驻兵300—7000人。独山守捉是唐代在天山北路所设守捉之一，最早见于《新唐书·地理志四》伊州伊吾郡条："别自罗护守捉西北上乏驴岭，百二十里至赤谷；又出谷口，经长泉、龙泉，百八十里有独山守捉；又经蒲类，百六十里至北庭都护府。"[1]唐蒲类在今奇台，故独山守捉在今奇台以东。元代称之为独山城。《元史》卷一百二十四《哈剌亦哈赤北鲁传》也有记载："从帝西征。至别失八里东独山，见城空无人，帝问：'此何城也？'对曰：'独山城。往岁大饥，民皆流移之它所。然此地当北来要冲，宜耕种以为备。臣昔在唆里迷国时，有户六十，愿移居此。'帝曰：'善。'遣月朵失野讷佩金符往取之，父子皆留居焉。后六年，太祖西征还，见田野垦辟，民物繁庶，大悦。问哈剌亦哈赤北鲁，则已死矣。乃赐月朵失野讷都督印章，兼独山城达鲁花赤。"[2]独山城的方位有多种不同说法。

新户古城，又称新户破城子、新户疙瘩、唐朝城，位于木垒县新户镇新户村，西至木垒河5千米，距县城10千米。20世纪50年代墙垣基本保存完好，以后在城墙内挖土肥田，城内遗迹毁坏殆尽。现除一处夯筑墙体残迹和一处土坯建筑遗迹，只有地面散布的陶瓷碎片。从现有遗迹判断，古城可能呈方形，东西长200

1　[宋] 欧阳修、宋祁：《新唐书·地理志四》，中华书局，1975，第1046页。
2　[明] 宋濂等：《元史·哈剌亦哈赤北鲁传》，中华书局，1976，第3047页。

图36　照壁山乡油库古城址

米，南北长296米。

　　据当地老人传说，城内原有两座大土墩，比房屋还高，四周土层厚达2米，中间5—6米厚，面积有80亩，大雨过后往往有玛瑙珠、碎片和红色小石子等东西露出来。古城内曾有古庙一间，里面绘有壁画，内容包括人物和花草等；圆形粮仓一座，堆满了腐烂的糜子和谷子；在一座粮窖里挖出的麦子用马足足拉了二三十车；遗址北部还有一口2米深的井。也曾挖掘到近代人的墓葬，墓中出土银器、玉器、珍珠、玛瑙和蓝花瓷碗。出土的文物包括大量牛、马骨，成堆的羊拐骨，有的拐骨经过加工钻孔和染色，也有石器、骨针。特别是出土大量陶罐，能装100斤粮食

图 37　新户镇新户古城出土陶缸

的大陶瓮，有的六七个排在一起。出土的器物中，还包括铁犁铧、青铜镜、青铜斧；既有唐代的"开元通宝"铜钱，也有元代银器、清代瓷器。[1]

　　从以上情况分析，新户古城可能是一座至迟不晚于唐代就已存在，最晚甚至可能延续到清代的城址。因为出土农具和大量粮缸和存贮的粮食，以及出土大量牛、马、羊骨和做游戏玩的拐骨等遗物，因此有理由推断是一座屯城。遗憾的是古城已毁，上述信息皆为调查所得的口述资料。

1　参见戴良佐《木垒新户古城遗址调查记》，载政协木垒哈萨克自治县委员会编《木垒文史》第十六辑（内部资料），2014，第204—210页。

图38　英格堡乡英格堡古城址

英格堡古城，位于木垒县英格堡乡（原西吉尔乡）街街子村西南地势稍高的山梁上，东北距县城42公里。1979年发现，俗称唐朝城。城墙绝大部分现已因开垦耕地而不存，但基本结构尚可辨别，为内、外两重城，城墙用黄土夯筑，夯层厚5—7厘米。外城平面呈梯形，东、西城墙长各330米，北墙长280米，南墙长120米。内城据以前的调查资料为三角形，现已不存。城内出土过灰陶罐、绿釉陶片、铜镜、铜钱、石磨、铁犁铧，成堆的髀石，大量人骨残骸和牛、马骨，腐朽的木桩和霉烂的粮食，以及厚达1.3米的马粪。还出土过4枚察合台银币。其所在位置控扼南

图39　大石头乡七个城子遗址

图40　大石头乡色皮口驿站遗址

通吐鲁番的天山隘口，很可能是军事性城堡或屯城。[1]

七个城遗址，位于大石头乡七城子村（红岩村）西南约30公里，因并列7个城址而得名。50多年前，尚存1米多高的土筑城墙，现已夷为平地，仅墙基可辨，可见方形城址7座，布局规范、整齐，全长约3公里。每座城边长都为120米，周长1440米，相互间隔约数十米不等。其中一座城城墙外有宽2米、深30—50厘米的浅壕沟。城内部平坦，不见建筑遗迹，散布大量青花瓷片，采集到铅弹和"康熙通宝""乾隆通宝"铜钱。

《奇台县乡土志》记载："大石头迄南亦有废城七座，鳞次栉比，互相犄角，俗呼之曰：'七个城'。然均不知为何代所建。下开垦河坝，有废寺一座，片瓦无存，仅留台址，中有石佛数尊，俱自腰以下沦陷入土，亦不识创自何时。"[2] "七个城"当为此城址。清代曾有卫拉特蒙古准噶尔部牧民在该地游牧，清政府也曾在这一带设木垒官马厂畜养军马，故该城址极有可能与此有关。[3]

2. 古道旧驿

色皮口驿站遗址

位于木垒大石乡大石头村东南约20公里，S303木—巴公路291号界桩北约300米，西北距色皮口烽火台150米，西距色皮口碉堡废墟500米。

现存3组房屋建筑基址。第一组位于南面，是一处院落，平

1　戴良佐：《木垒县英格堡古城和古战场勘查记》，《新疆文物》2009年第2期。
2　[清] 杨方城：《奇台县乡土志》，载苗普生主编《西北稀见方志文献》第七卷，线装书局，2006，第550页。
3　戴良佐：《木垒七个城古遗址》，《新疆文物》1996年第2期。

面呈方形，边长50米，由院落、房屋、院墙、壕沟四部分组成。院墙倒塌呈土垄状，底宽1.5米，高0.6米，基部用石块垒砌，主体以粗砂土构筑。门道位于北墙中部，宽3米。院墙内外都有壕沟，宽约1米，深约0.4米。院墙北、东、西墙内侧有15个大小相同的房屋建筑，每面为5间相连，每间进深5米，宽3米。

第二组位于第一组东北125米，也是一处院落，仅存墙基，平面呈长方形，东西78米，南北42米。墙基底部宽1米，高0.5米，构筑方法与第一组相同。门道同样位于北墙中部而略窄，宽2米。墙基外侧为深1米、宽3米的壕沟，墙基内遗迹难辨。

第三组紧靠第二组东北侧，为院落遗址，平面呈长方形，东西20米，南北26.5米，墙基、壕沟分布状况和建造方式与第二组相似。门道位于东墙，宽2米。西、北、南墙内侧有房屋建筑基址，间数不明，房间进深5米。

遗址内外散布青花瓷片和清代钱币，当为清代遗址。色皮口清代称色必口，设有色必口台、色必口塘，后改为色必口驿，又设色必口卡伦，现距此150米有烽火台。3组建筑基址布局和遗址年代也表明为清代驿站。综合以上，为清代色必口驿遗址无疑。

三十里墩驿站遗址

位于大石头乡克孜勒加尔塔斯村西8.3公里，S303木—巴公路319号界桩南侧，与公路对面的三十里墩子烽火台隔路相对，西至沙河子驿站遗址14.4公里，东距色皮口烽火台和驿站遗址24.6公里。

建筑物已不存，地面有倒塌的房屋墙基痕迹，大致可分辨出

图41　大石头乡三十里墩驿站遗址

共有两处房屋基址，一西一东，相距近数米。西侧房屋基址坐西朝东，南北长 77 米，东西宽 45 米，门道位于东墙北半段中部。东侧房屋基址从南朝北，南北长 61 米，东西长 68 米，门道位于北墙东半段中部。墙基现呈土垄状，宽约 1.5 米，高 0.3—0.5 米，以粗黄沙土修成。房屋内部无遗迹现象。地面散布青花瓷碗，黑釉碗、罐、盆、缸等器物残片，为典型清代遗物。第二次文物普查时，保存状况比现在略好，可见到西侧房屋为套院，内部南、西、北三面依墙排布 24 间房屋。东侧房屋基址亦为套院，内有房屋布局。

根据房屋布局结构和地面散布的文物特征，以及遗址与色皮口驿站遗址的距离、方位推断，当为清代的乌兰乌苏驿遗址。

沙河子驿站遗址

位于木垒县博斯坦乡阿克卓勒村东，S303公路333号界桩处沙河子河谷西侧，东距三十里墩烽火台和驿站遗址14公里，西距三个泉子烽火台与驿站遗址16.5公里。

遗址已全部毁坏，地面不见任何建筑痕迹，仅可辨出墙基的大致轮廓为方形，南北100米，东西40米。墙基呈土垄状，宽约1米，高不足10厘米。可能有4个并列的单元，木—巴公路从正中穿过。

三个泉子驿站遗址

位于博斯坦乡三个泉子村南800米，西北距三个泉子烽火台500米，西距一碗泉烽火台19公里。

图42　博斯坦乡三个泉子驿站遗址

建筑都已倒塌，但基本布局清楚，共有12个长方形房屋基址，大者长50米、宽40米，小者长25米、宽20米。第二次全国文物普查时，房舍、棚圈、门道遗迹清晰可辨，现仅见土垄状墙基，宽1—2米，残高0.5—1米。个别地方露出夯土和石砌墙壁。地面可采集到黑釉陶片、兽头瓦当残片。整个遗址分布范围东西350米，南北331米。三个泉子驿站遗址房屋较多，规模较大，附近有三个泉子烽火台，结构特点、布局风格表明为一处驿站遗址。

清代先后设阿克他斯台、阿克他斯塘，后改为阿克他斯驿。阿克他斯后改名三个泉子，所以又称三个泉子驿、三泉驿。又设有三个泉子卡伦。因此，三个泉子驿站遗址应该就是清代的阿克他斯驿、三个泉子驿或三泉驿遗址。其到三十里墩驿站和烽火台的距离为30公里，与阿克他斯驿至乌兰乌苏驿即三十里墩驿站遗址的距离也相合。

一碗泉驿站遗址

位于木垒县白杨河乡一碗泉村东约500米，木—巴公路南150米，附近为一碗泉的泉眼，东距三个泉子驿站遗址和烽火台19公里。

尚可看出有房屋、院落遗迹，仅存墙基。房屋和院落实为一个整体，面向东南，房屋位于西北部，东南接院落。房屋基址平面大致呈长方形，南北长22米，东西宽11.6米；墙基底部宽4米，高0.4米。房屋东墙正中有门通院落。院落西接房屋东墙，以房屋东墙为西墙。整体略呈方形，东、南、西墙较直，东墙呈弧形，门位于东墙正中，面朝东。院落东西29米，南北32米，墙基底

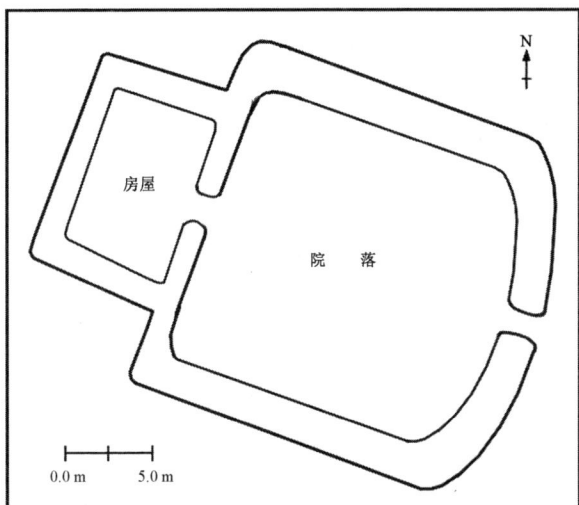

图43 白杨河乡一碗泉驿站遗址平面图

部宽1.5米，高0.3米。墙内不见任何遗迹，但地面有红陶片、青花瓷片等清代遗物。遗址北约100米为一碗泉烽火台。清代设有一碗泉驿和一碗泉卡伦，据遗址年代、性质和地理方位等情况判断，当为清代一碗泉驿遗址。

馆馆子遗址

位于木垒县东城镇东城口村西北6公里处，已被村民修建房屋和平整耕地占用，仅东部地面见散落的青砖和瓦当，1988年文物普查采集到清代黑釉瓷片、灰色筒瓦和建筑青砖、红砖。遗址结构和遗物与其他驿站遗址相似，可能是一处清代驿站遗址。

3. 边塞烽燧

清代前期实行八旗和绿营兵制，八旗兵和绿营兵是国家正规军，前者创建于入关之前，后者创建于入关之后，在明代旧军基础上改编而成，作为八旗兵的补充。清代前期在西域地区采取防守和屯种兼行的军事政策，"防守则取诸满洲，暨蒙古索伦诸部，屯种则兼用绿营"。依靠兵屯解决军粮问题。"咸有额设，以资捍卫，而又为之随宜定制，因地分营"。哈密、巴里坤、木垒、奇台等地，都设营驻兵，兼顾防守和屯垦。其中哈密驻防绿旗兵八百名，听差兵一百名，塔尔纳沁、蔡巴什湖、牛毛湖均有屯田兵。在巴里坤设置的镇西府，驻防满洲蒙古兵二千名，并设镇标诸营、古城营和木垒营，驻防绿旗马步兵。乾隆二十四年，安西提督移驻巴里坤城，改为巴里坤提督，后移驻乌鲁木齐，乌鲁木齐总兵则移驻巴里坤，统辖镇标四营，即镇标中营、左右两营和城守营，兼辖哈密协、古城营、塔尔纳沁营和木垒营。

木垒营驻扎于今木垒县境内，驻木垒城，"驻防绿旗马步兵三百一名。乾隆三十一年设一百二十一名，三十六年增一百八十名，如今额。隶守备辖。台差兵，即于镇标三营内派拨。屯田兵五百名。旧设一千名，乾隆二十七年裁六百名，三十一年增一百名，如今额。又古城屯兵五百五十名，吉布库屯兵一百五十名"。清乾隆时期木垒、奇台屯田面积一万亩，其中乾隆三十一年置二千二百四十亩，三十二年增置七千七百六十亩。并置管屯守备、千总、把总，从巴尔库勒镇标属管内派拨，无定额。"乾隆三十一年屯木垒，兼东济尔玛台。三十二年屯奇台，兼西济尔玛台。三十三年屯奇台，兼吉布库。三十四年屯奇台、木垒，兼东格根，略仿古一易再易之法。至三十五年后，专于吉布库开屯，而统于古城营游击总理。其木垒、奇台等处屯田遗地，均给民户耕种"。"由是屯垦日恢，边储倍牣。"[1]通过这些措施，既加强了军事防卫，屯田也得到恢复和发展。

"传命则有置邮，戌守则有亭燧"。如前所述，木垒所在的天山北路，各地都设有军台、营塘。木垒就设有色必台、乌兰乌苏台、阿克他斯台、一碗泉台、木垒河台，后都改为驿站。据《新疆四道志·奇台县图说·驿站》记载，孚远城（今奇台县城）底驿以东90里为屏营驿，屏营驿以东90里为木垒河驿，木垒河驿以东90里为阿克他斯驿，阿克他斯驿以东90里为乌兰乌苏驿（原设在大石头，后移至戈壁头子），乌兰乌苏驿以东60里为色必口驿。木垒营一带还设有多处卡伦。据《新疆四道志·奇台县图说·卡伦》记载，木垒营一带有三个泉卡、一碗泉卡、大石头卡、色必口卡、白山庙卡。其中，三个泉卡在木垒营以东90里，一碗泉卡在木垒营以东40里，大石头卡在木垒营以东220里，色必口卡在木垒营以东250里，白山庙卡在木垒营以东280里。[2]根据台、塘、驿、卡之间的距离和位置判断，同名的台、塘、驿、卡除个别后来有所迁移，大多数应该布设在大致相同的地方，或相距较近，或只是名称不同而已。目前在木垒境内的重要隘口调查到一系列军事

1　[清] 傅恒等纂《钦定皇舆西域图志》卷三十一，载苗普生《西北稀见方志文献》卷五十八，线装书局，2006，第500、502—503、527—528页。
2　参见《新疆四道志》，据清光绪抄本影印，成文出版社，1968，第86—89页。

图44　大石头乡色皮口烽火台遗址

图45　大石头乡色皮口民国时期碉堡遗址

性遗址，应该与之相关。

色皮口烽火台

位于木垒县大石头乡大石头村东南约 20 千米 S303 线 291 号界桩北 500 米。现已坍塌为圆丘状土墩，直径 6 米，高 1 米，原形状、大小、结构已全部毁坏。据附近其他同时期烽火台情况推测，平面应为方形，立面呈覆斗状。色皮口烽火台应为色必口驿站的瞭望设施。

烽火台的西面紧邻一处民国时期的军事防御设施遗址。防御设施布设在 5 座相连的山梁顶部，由 7 道防御石墙、18 座掩体和 1 座碉堡构成。碉堡位于西南端，略呈圆形，直径 7 米，南、北两面有射击孔，东面有拱形门洞。防御石墙长分别为 13—85 米不等。掩体沿防御石墙分布，平面一般呈圆形或半圆形，开口向东或向北。整个防御设施皆用石块和黏合土砌筑。曾采集到子弹头 1 颗。

三十里墩烽火台

位于木垒县大石头乡克孜勒加尔塔斯村西 8.3 公里，S303 号木—巴公路 319 号界桩附近，东距色皮口烽火台 25.2 公里。

烽火台耸立于戈壁滩上，以黄土夯筑而成，夯层约 10 厘米，北侧顶部后期以土坯修补过。表面涂以 3 厘米厚的草拌泥墙面，但剥蚀严重，西、北两侧剥落尤甚。台体有纵向贯通的裂缝。基本形状和结构较清楚，平面方形，纵截面梯形，整体呈四棱台形，底部边长 4 米，残高 6.4 米。据文献记载，乌兰乌苏驿东距色必口驿 60 里，与三十里墩烽火台到色必口驿的距离、方位大致相符，推测可能属于乌兰乌苏驿站遗址的一部分。

图46　大石头乡三十里墩烽火台遗址

三个泉子烽火台

位于木垒县博斯坦乡三个泉子西约250米一条河谷的西岸戈壁上，北距木—巴公路100米、三十里墩烽火台30公里，西距一碗泉烽火台约20公里。

烽火台夯筑而成，夯层厚12厘米，夯窝直径15—20厘米。表面抹草拌泥墙面，多已剥落，西侧剥蚀严重。整个烽火台总体保存较好，可以基本确定其形状和结构：平面为方形，纵截面梯形，整体呈四棱台状，底部南北长约4米，东西宽约2.8米，残高约4米，上部逐渐变小，顶部边长约2.1米。

图47　博斯坦乡三个泉子烽火台遗址

三个泉子原名阿克他斯，先后设有阿克他斯台、塘，后改为驿，又有三个泉子卡伦。此烽火台当为阿克他斯驿和三个泉卡伦的瞭望、通信等附属设施遗址，其与三十里塬烽火台30公里的距离，亦与阿克他斯至乌兰乌苏的距离大致相合。

一碗泉烽火台

位于木垒县白杨河乡一碗泉村东约1千米，木—巴公路南约60米，东距三个泉子烽火台19公里，西距油库古城（独山城遗址）14公里。

一碗泉烽火台损毁严重，已完全倒塌，呈高大土堆状，底部残存部分高约1.2米。据其推断，烽火台以黄沙土夯筑而成，夯

图48　白杨河乡一碗泉烽火台遗址

层厚12厘米，原来平面形状当为方形，整体结构下大上小。清代设有一碗泉台、驿和一碗泉卡伦。此烽火台当为其一部分。

英格堡古战场

位于英格堡古城遗址北260米，遗址东西长60余米，南北长95米，地下3米曾挖掘出100多具人体尸骨和成堆的马骨、刀、剑、铜盔甲碎片、铜片、马鞍子、马镫、银耳环、头饰等遗物。有的人头骨上还发现铁箭。死者均无葬具，头部大都朝北，人骨和马骨交错。这些死者很可能死于发生在英格堡古城的一场战斗，然后就地埋葬。英格堡古城出土过察合台银币，因此其年代至少可以上溯到元代。而调查时据当地老人回忆，此城废于清同治年间

图49 大石头乡毛仁陶勒盖石垒遗址

的叛乱。历史文献也有同治四年一月"匪"陷木垒等处的记载。[1]

木垒还有两处石垒遗址，可能与军事设施有关。其中一处为毛仁陶勒盖石垒遗址，位于大石头乡克孜勒加尔塔斯村西北约20公里的一个山头上，为一处石构建筑基址，由略经加工的方形石块层层垒砌整齐而成，东西7.4米，南北6.2。门朝南，宽1.4米。石室进深2.8米，间阔3.8米，石壁残高3.04米，厚1.67米。东、北、西三面陡峭，南面地势稍缓，是易守难攻的控制点。另一处是阔克巴斯掏石垒遗址，位于克孜勒加尔塔斯村西北约15公里一个独立的石山顶部，地势狭小险要。也是一处石构建筑遗址，以

1　戴良佐《木垒县英格堡古城和古战场勘查记》，《新疆文物》2009年第2期。

砾石层层叠压而成，平面长方形，南北长9米，东西长7米，残高0.8米，门朝东。东侧为南北向自然峭壁石峡，宽1.2米，有石阶通行。两处石垒遗址结构、特点相同，又均位于山顶上，相距约5公里遥相呼应。

上述各地烽火台与驿站基本上共同分布于一处，说明二者可能不是单独存在，而是共同构成的邮驿与防守设施。

第五节　流动的人们

天山地区是古代民族迁徙的常用通道，汉代以前有大月氏、乌孙从敦煌、祁连间西迁中亚，汉代以后不同时期，先后又有匈奴等众多古代民族从此过往。木垒是民族迁徙过往的一个要道，在漫长的历史发展中，逐渐形成多民族聚居地区。

1. 木垒历史上的民族迁徙

最早来到木垒的主要有来自中亚、西亚和南西伯利亚地区的欧罗巴人种类型人群，以及来自黄河流域上游甘青地区的蒙古人种类型人群，并且后者逐渐取得优势。不同人种类型的人群经过长期混居，发展出具有特点的欧罗巴人种和蒙古人种的混合类型人群。春秋战国时期，一些人群可能在木垒形成游牧部落，西迁的月氏、乌孙等民族曾经此地，他们的一部分人可能留居下来。西汉赵破奴破姑师之后，木垒等东部天山北麓的诸多部落被统称为山北六国。两汉时期，匈奴是天山北麓地区的一支强大的力量，相当长一段时间内也是西域的统治者，直到西域都护府建立，这一局面才被扭转，包括天山北麓在内的今新疆地区纳入中原王朝版图。这一时期，生活在木垒的是蒲类人，他们在这里游牧，也在这里农耕和制作弓箭。东汉时期，一度为车师后王国所属，与其他五国一起，合称车师六国。一直到三国魏晋时期，这里仍然是蒲类人的驻牧之地，称为蒲陆。

之后，随着柔然的崛起，木垒为柔然所辖。公元5世纪末，又被高车所据。公元6世纪后，突厥人成为这片土地的主要民族。公元8世纪末以后，回纥、回鹘人据有此地。

据《元史》记载，成吉思汗击败西辽之后，接着征服新疆，曾来到木垒。当时木垒有城却空无人烟。成吉思汗问："此何城也？"跟随成吉思汗西征的畏兀人哈剌亦哈赤北鲁回答说："独山城。往岁大饥，民皆流移之它所。然此当北来要冲，宜耕种以为备。臣昔在唆里迷国时，有户六十，愿移居此地。"成吉思汗就"遣月朵失野讷佩金符往取之，父子皆留居焉"。6年之后成吉思汗西征归来，看见"田野垦辟，民物繁庶"。于是"赐月朵失野讷都督印章，兼独山城达鲁花赤"。[1]月朵失野讷为哈剌亦哈赤北鲁之子。唆里迷之名据考是汉、突厥、阿拉伯文献中都有记载的新疆地区的一个古地名，回鹘语、粟特语、和田语等文献中也经常出现，从10世纪到明代初前后沿用五六个世纪。其方位一些学者认为在吉木萨尔和哈密之间，另一些观点则疑其在蒲类海即巴里坤湖之南，又或者是在巴里坤湖或焉耆。中央民族大学教授、

1　[明]宋濂等：《元史·哈剌亦哈赤北鲁》，卷一百二十四，列传十一，中华书局，1976，第3047页。

古突厥语、维吾尔语学家耿世民根据前人的研究，又找到更多新的证据，可以佐证唆里迷即为焉耆，或在焉耆附近之说。[1]因此，从这时起，木垒地区迎来了一批新居民，他们来自唆里迷国，而唆里迷国大致位于今新疆的焉耆。唆里迷人应该属于元代的畏兀人，即畏兀儿人，又称西州回鹘，是今天维吾尔人的祖先。元朝在木垒设置了地方行政机构和职官。

随着元朝对新疆地区的统治，蒙古人进入天山南北地区，木垒成为蒙古人的游牧地。元朝时期，新疆地区的蒙古人主要是斡亦剌惕。斡亦剌惕是元朝时期对漠西卫拉特诸部的总称，汉文史籍又称外剌、外剌歹等，初居西伯利亚叶尼塞河上游森林中，属蒙古系民族的一支，后逐渐向南发展，吸收其他部落，到明代时，称为瓦剌，清代称厄鲁特、卫拉特。瓦剌在元代时就迁到阿尔泰山和哈密以北一带，14世纪末成为一个由四部组成的联盟，接受明朝的册封。16世纪以后，瓦剌人占据北疆东部，察合台后王与其所属蒙兀儿人退居南疆绿洲后逐渐被当地维吾尔人同化。16世纪末17世纪初，瓦剌以卫拉特之名出现于我国西北，主要分布于阿尔泰山以东的科布多南北和额尔齐斯河上游到准噶尔盆地一带，由于不断吸收许多部落而进一步扩大，其早就形成的四部联盟中的四部，清代多认为是和硕特、准噶尔、杜尔伯特和土尔扈特部，以和硕特部地位最高。17世纪后期，新疆的卫拉特人在排挤走其他部落后，主要就是准噶尔部和土尔扈特部。木垒地区属

1　耿世民：《唆里迷考》，载《西域文史论稿》，兰州大学出版社，2012，第 175—191 页。

于准噶尔部势力范围。[1]

2. 木垒哈萨克民族来自哪里

哈萨克族是木垒县的世居民族。19世纪中叶从斋桑泊一带迁徙而来的百余户哈萨克牧民，是木垒最早的哈萨克人。

木垒县哈萨克族的第二个主要来源地是阿勒泰地区。1904年7月，阿勒泰地区遭遇严重自然灾害，当地一部分哈萨克牧民迁移至天山北麓一带，其中一部分迁至木垒。[2]20世纪初，游牧于此的哈萨克族大批南迁，其中约300—500户来到木垒。第一次世界大战期间，部分不堪沙俄残暴统治的哈萨克人从哈萨克斯坦逃至阿勒泰，因人口和牲畜骤增，其中一部分陆续从阿勒泰迁至木垒。20世纪中叶，阿勒泰地区干旱，加上乌斯满匪患，300户哈萨克牧民逃亡木垒。1949年新中国成立时，木垒共有哈萨克族人口6878人，占全县总人口的34.4%。[3]

木垒哈萨克族的第三个来源是从甘肃、青海返迁的哈萨克牧民。20世纪30年代，居住在新疆阿勒泰、巴里坤、哈密一带的哈萨克族因不堪盛世才的统治等诸多原因，先后分四批迁入甘肃境内，之后一部分又迁入青海。[4]20世纪40年代末，民国政府令迁至甘、青的哈萨克族迁回新疆，主要安插在天山北麓的木垒、

1　新疆维吾尔自治区民族研究所编《新疆简史》第六至第八章，新疆人民出版社，1980，第175—272页。
2　《新疆哈萨克族迁徙史》，新疆大学出版社，1993，第60页。
3　新疆维吾尔自治区地方志编纂委员会编《木垒哈萨克自治县志》，新疆人民出版社，2003，第77页。
4　阿布都力江·赛依提：《民国时期哈萨克族部落分布与迁徙》，《贵州师范大学学报（社会科学版）》2006年第4期。

奇台、巴里坤和伊吾等地。1947年，哈萨克牧民回迁约5000人，此后陆续有哈萨克牧民返迁，到1949年，返新哈萨克牧民约有1020户，被分遣至巴里坤、伊吾、哈密、木垒、奇台一带。1945年木垒县统计的哈萨克族有4109人。[1]

20世纪50年代以后，又有两次迁返，其中1953—1957年从甘肃、青海迁回250多户，1984年6月又有35户牧民共168人从青海迁至木垒。[2]

3. 晚清以来的汉族移民

木垒现在的汉族人口5.7万，占总人口的64%。早在西汉时期，汉民族就有士卒到木垒屯田。清代初，木垒只有很少的汉族。清雍正、乾隆年间平定准噶尔蒙古叛乱后，开始"移民实边"，大批内地汉族人口迁到木垒屯田。乾隆三十一年，屯田士卒500人，开垦耕地1万亩。从乾隆三十二年到三十四年，连续3年从甘肃张掖募民2089人。到咸丰年间，来到木垒屯田的汉族人口已近万人。虽然19世纪60年代中期后，由于战乱而几乎散尽，但左宗棠收复新疆以后至民国时期，又形成了新一波内地移民新疆的民族迁徙大潮，汉族人口不断从甘肃、陕西、山西、青海、河南等地迁入。到1949年，木垒境内汉族人口已达11036人，占全县人口总数的55.3%。新中国成立后，仍不断有内地汉族前来投亲靠友。1959—1960年，1260户2369人从江苏省滨海、扬州、南通等地前

---

1 韩有栋：《民国时期哈萨克族人口在天山北坡东路的流迁》，《伊犁师范学院学报（社会科学版）》2015年第3期。
2 以上没有特别注明的数据，均引自新疆维吾尔自治区地方志编纂委员会编《木垒哈萨克自治县志》，新疆人民出版社，2003，第77—78页。

来木垒支边。1960—1962年，从甘肃等省自流来木垒落户的汉族人口有2129户共7140人，木垒的汉族人口达到29770人，占到全县总人口的72.9%，构成木垒汉民族人口的主体。[1]

4. 木垒的其他主要民族

最早到木垒定居的维吾尔族是1870年前后从吐鲁番迁来的沙依提一家。1880年前后又一户维吾尔族依吉巴海一家从鄯善县迁来。此后不断有维吾尔族从吐鲁番、鄯善迁来。他们在此或从事牧业，或从事农业，并且将坎儿井技术带到木垒，挖成了木垒最早的坎儿井。到1949年，木垒有维吾尔族1635人。

木垒的回族大都是20世纪30年代以后迁来的，到1949年总共才有7户共63人。50年代又从甘肃、青海迁来数户，到1990年，共有688人。

最早的乌孜别克族是1892年从阿尔泰迁来的马合苏提兄弟5人携妻子儿女共40人，定居于大南沟和东沟，从事畜牧业。之后又有20户从阿尔泰迁来，到1949年，人口增至307人，1990年已有1072人。[2]

1　新疆维吾尔自治区地方志编纂委员会编《木垒哈萨克自治县志》，新疆人民出版社，2003，第85页。王永涛：《浅析木垒汉语方言中所显现的习俗特征》，《新疆社科论坛》1998年第3期。阎东凯：《晚清民国时期天山北麓地区汉族移民文化研究（1875-1949）》，博士学位论文，陕西师范大学，2015，第1—4页。
2　有关维吾尔、回、乌孜别克族人口情况，见新疆维吾尔自治区地方志编纂委员会编《木垒哈萨克自治县志》，新疆人民出版社，2003，第87—91页。

第九章　原始艺术、崇拜与景观

第一节　岩画艺术

岩画是一种全球现象，世界各地都有分布，150多个国家和地区都发现了岩画。岩画被认为是人类最早的艺术，最早的岩画可以追溯到距今4—5万年前。但是绝大多数岩画遗存的意义、目的和形式仍然是未解之谜，甚至最有经验的考古学家也还是在探索岩画的基本问题，诸如岩画的内容、含义，以及作者、时间和功能之类。什么叫岩画？最简单的解释可能就是，岩画是在自然岩石表面创作的艺术作品。岩画通常发现于洞穴壁面、悬崖峭壁、陡峭的岩石、巨石，也见于普通的大小石头，甚至地面上。从创作和表现方法上，可分为岩雕、岩刻、岩描、岩绘等不同类型。岩雕是浮雕式的岩画，岩刻是指在岩石上阴刻出的图形，岩描主要是刻画的岩画，岩绘则是用颜料在岩石上描绘、图绘出的各种图像。前面三种类型可统称为岩刻画。大多数岩刻画是在岩石中雕刻出图像，视觉上图像凹进岩石里，或只是刮掉岩石风化面而露出未经风化的下层不同颜色的物质。岩画图案、图形、图像丰富多样，人物、手印、脚印、动物、植物、车马、房屋、帐篷、佛塔、山川、太阳、月亮、符号等都是岩画表现的对象，既有单个个体，也有由多个个体组合形成表现射猎、放牧、生产、生活、舞蹈、祭祀、战争等活动的场面、场景。岩画往往与特定地理位置、地形地貌相结合，产生独特的视觉冲击和景观效果，所以岩画也是一种景观艺术形式。岩画也与特定文化有关，特别是史前岩画，有的被认为具有原始崇拜和神话色彩。

天山是重要岩画分布区之一，保留了大量岩画，仅天山北麓的木垒县就发现了近20处岩画点。木垒的岩画点分布很广，主要分布于大石头乡、白杨河乡、照壁山乡、博斯坦乡和东城镇的南部天山山谷峭壁地区。[1]

1. 博斯坦乡岩画

博斯坦乡南依天山，河沟众多，水量充沛。南部山区草场广阔，水草丰美，是天然夏牧场。岩画集中分布在萨尔色尔克沟、塔尔哈沙沟、哈沙霍勒沟、霍加墓沟、干沟、大浪萨沟等山沟中，而以霍加墓沟和哈沙霍勒沟岩画最密集、丰富。这些山沟皆为夏牧场或冬牧场，哈萨克牧民仍在这一带游牧。各条沟的沟口都分布数量众多大小不等的石堆墓，属于古代游牧民族的墓葬，说明

1　参见新疆维吾尔自治区文物局编《新疆维吾尔自治区第三次全国文物普查成果集成：新疆岩画》，科学出版社，2011，第302—314页。本节岩画资料，除特别注明者，均参考了本书相关章节，以下不一一注出。

岩画与游牧文化有关。

霍加墓沟岩画

　　霍加墓沟是岩画最多的一条沟，沿沟及其支流所流经的山上都密集分布岩画，大致有6个集中分布区。岩画为不同时期而作，其中一些凿刻痕迹清晰鲜亮，疑为现代牧民所为，叠压、打破老的岩画。岩画一般凿刻于崖壁南面和东面，岩石表面因侵蚀而呈黑色和黑褐色，光滑平整。凿掉黑色和黑褐色岩面后，露出岩石内部的黄褐色和深褐色，形成密点粗线条式、剪影式和轮廓式等不同风格的黄褐色图案。岩画内容包括北山羊、盘羊、大角羊、马、鹿、骆驼、狗、人物、符号等。岩画个体最小者只有4厘米，

图50　博斯坦乡霍加墓沟大型围猎岩画

图51　博斯坦乡霍加墓沟戴尖帽的猎羊人

图52　博斯坦乡哈沙霍勒沟戴尖帽女性与牵马图

大者几十厘米。最大的岩画画幅高数米，长几十米，内容十分丰富，并有多个图像组合而成的表意场景，包括鹿、山羊、狼追羊、张弓射猎和骑马人物、放牧等。有的相互之间明显存在打破关系，表明非同一时期创作。在一幅高4米、长30米的大型岩画石上，凿刻出壮观的围猎场面。除了漫漶不清的，另可辨识出大角羊23只，狼2匹，搭弓射箭的猎人4个，骑马人1个，表现围猎大角羊群的场面，整个画面富于动感。博斯坦乡最具特点的岩画图像是戴尖帽的人物形象。戴尖帽人有的穿着衣服、靴子和装饰着尾饰，有的骑马前行，有的骑马持矛出征，也有的骑骆驼、射猎盘羊。[1]因为史书记载有戴尖帽的塞种人，所以这类岩画也被认为可能与塞种有关。

哈沙霍勒沟岩画

哈沙霍勒沟是博斯坦乡另一条岩画分布最集中的山沟，在霍加墓沟之西，位于哈夏古尔沟口西侧。这里山丘连绵，几乎每座山上都有岩画，岩画主要分布在山顶，并延续到山脚下，其中又有五六个集中分布点。这里最有代表性的岩画是一幅由一高大女性形象、戴尖帽持刀人和骑马人构成的画面，凿刻于一块高1米、宽60厘米的岩石上。女性形象最高大，盘腿而坐，高51厘米，宽18厘米；后面是1位形象同样较高大的戴尖帽持刀人，双腿迈开作行走状，左手持刀前伸上举，右手朝后牵马，马上坐一位戴尖帽的骑者；旁边是另一位骑马人，女性与男性之间有一只大角

1　参见苏北海《新疆木垒县博斯坦牧场罕见的岩画山》，载周菁葆主编《丝绸之路岩画艺术》，新疆人民出版社，1993，第76—104页。

羊。女性比画面中其他人物都大得多，似乎也戴着尖帽，穿格子纹饰的衣服。这幅画被认为反映了女性崇拜。[1]沟内曾发现一尊石雕人像，现藏于木垒县博物馆。石人可能与岩画分布区东侧山坡下的哈夏古尔沟西墓群有关，岩画与墓群之间也可能存在联系，因此石人对推断墓群和岩画年代有一定参考价值。

哈夏古尔沟岩画

哈夏古尔沟内靠近沟口处西侧为哈沙霍勒沟岩画点；沟内偏北为哈夏古尔沟东岩画点，发现岩画石9块；再往北约2公里为哈夏古尔沟1号岩画点，发现岩画石17块；1号岩画点北约2公里为2号岩画点，发现岩画石18块；又北2.1公里为3号岩画点，发现岩画石10块；再北2公里为4号岩画点，发现岩画石11块。4号岩画点距哈夏古尔沟口9公里。各岩画点东侧山坡下都有古代墓群分布。

岩石表面皆为黑色或黑褐色，岩画雕凿方法为密点敲凿加磨刻，制作线形和剪影式图案，内容有北山羊、盘山、马、鹿、狼、车、人物等形象和各种符号，以北山羊和盘羊最多。表现的场景画有骑马人持弓狩猎图。

苏提巴依沟岩画

苏提巴依沟岩画位于博斯坦乡萨克色尔村东霍加墓沟苏提巴依沟口一处崖壁上。岩画刻于朝南的岩面上。岩面呈黑色，光滑。岩画分6组集中分布，以点线凿刻加磨刻技术制作线条式和

1 参见苏北海《新疆木垒县博斯坦牧场罕见的岩画山》，载周菁葆主编《丝绸之路岩画艺术》，新疆人民出版社，1993，第76—104页。

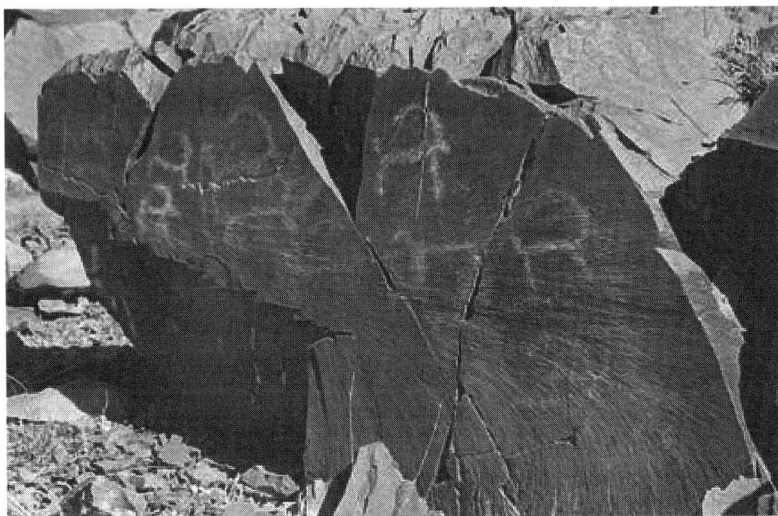

图53 博斯坦乡哈夏古尔沟岩画

剪影式图案，内容为山羊、北山羊、盘羊、鹿、骑驼人、猎人等形象。

博斯坦乡岩画点分布于几条主要山沟的两侧山崖上，附近大多有古代游牧民族墓葬，岩画内容、创作技法、表现手法、风格大体相同，主要反映畜群和放牧、狩猎等游牧民族生产活动场景。

2. 大石头乡岩画

大石头乡主要有怪石山和东地两处岩画点。

怪石山岩画

怪石山岩画位于大石头乡克孜勒加尔塔斯村北怪石山。岩画凿刻于怪石山西南侧一块高3米、上部宽1.4米、下部宽3米的崖

图54　大石头乡怪石山岩画

壁上，南面为狭长的河谷。

　　岩面上共有13幅岩画，在自然风化的岩石表面采用密点敲凿法雕凿出线形图案、符号、动物轮廓和剪影式动物形象，动物种类不多，主要是北山羊。符号图形类型较多，包括折线、半月形、类似同心圆等，以及 F 形、X 形等符号。

东地岩画

　　东地岩画位于大石头乡大石头村东地阿尔帕巴斯陶北一座黑石山上，岩画多敲凿于山的阳坡黑色岩石上，共见40余块岩石凿刻有岩画，分布面积约2000平方米。岩画以密点敲凿法制作，可能略经磨刻。以线条勾勒轮廓，较多为剪影式。内容十分丰富，有北山羊、盘羊、骆驼、狼、鹿、人物等，以北山羊最多。鹿和狼刻画精致、生动形象、风格迥异，疑为晚期作品。

3.白杨河乡岩画

白杨河乡南部为山区、丘陵，北部为平原、沙漠。山区水源丰富，森林茂密，草场宽广，是传统放牧区。丘陵地带山梁纵横，沟谷发育。白杨河是本区主要河流，流域内山谷多分布岩画，主要有冬窝子旧圈岩画点。

冬窝子旧圈岩画

冬窝子旧圈岩画位于白杨河乡东村白杨河水库东侧冬窝子旧圈的山坳中，东侧有一条半干的山溪。岩画分布于南北走向的山

图55　白杨河乡冬窝子旧圈岩画

坡上，大致可分7组。岩石表面光滑，颜色发黑，主要以密点敲凿法在黑色的岩石表面雕凿北山羊、盘羊、狗、人物和同心圆等图案。黑色岩面被雕刻后，显露出来的图案为岩石内部的黄色，黑黄相映。

芦塘沟岩画

芦塘沟岩画位于白杨河乡南5公里芦塘沟口偏东的山湾中，附近有泉水，适于放牧。四周山石陡峭，岩画就凿刻于四周岩石上。岩石表面呈黑褐色，岩画呈黄褐色。以细密的敲凿点形成的粗线条表现各类动物、人物的侧面形象和抽象符号。数量较多，但画幅较小，内容相当丰富。多数一块岩石只刻一两个动物或符号，一些岩石有多个动物、人物和符号，还有岩石专刻符号。

大量符号是芦塘沟岩画的一大特点，不仅数量多，种类也很丰富。沟口有一块高1.2米、宽1.1米的岩石，上面就凿刻12个符号，共计有9种，包括高13厘米、宽11厘米的"十"字形符号，高22厘米、宽18厘米的"手杖"形符号，以及各种涡卷形符号等。其他岩石还有多种不同的岩画符号。相距100米的地方，有一块岩石的三个岩面上共凿刻7个符号。这些符号的具体含义，由于可利用的相关资料太少，现在很难准确解读。一些观点提出，有些符号可能具有象征意义，比如"十"字形符号可能表示生殖崇拜，其他有些可能是象形符号，比如"涡卷"形和"丫"符号，前者代表鸟巢，后者表示飞鸟。不过都是猜测，有待进一步考证。

芦塘沟有3幅岩画凿刻有戴尖帽的人物形象，其中一人骑在马上，左手上举，右手拉缰绳，催马前行。更多的是各种动物形

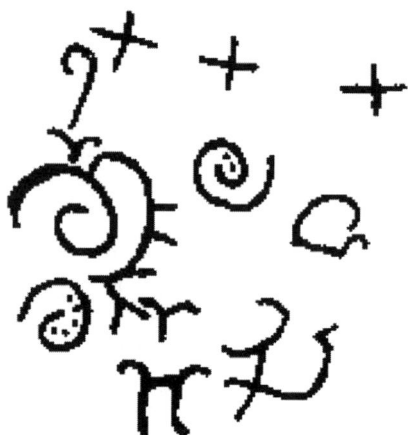

图56 白杨河乡芦塘沟符号岩画

图57 白杨河乡芦塘沟岩画

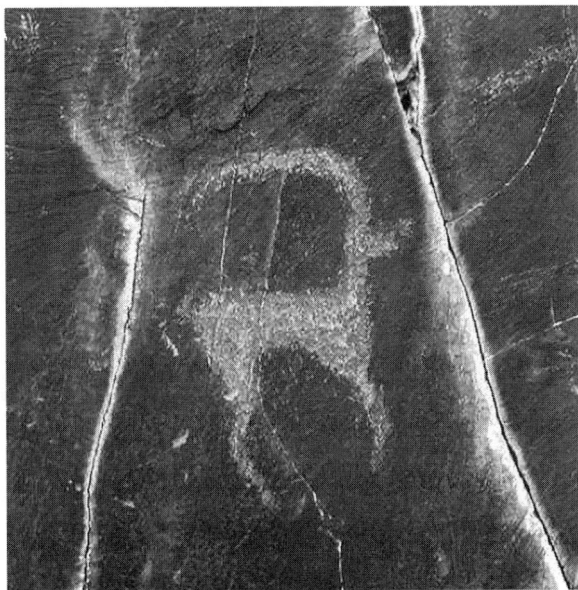

图58　白杨河乡喀什肯布拉克"踮脚羊"岩画

象，主要有大角羊、北山羊、狗、骆驼、马、鹿等动物。骆驼是重要的题材，其中一块岩石上可见5只骆驼、1只北山羊和1个骑兽人，动物排成一斜排，头向一致，呈行走状。骆驼包括单峰和双峰驼。北山羊突出表现其弯曲的大角。一人骑着似鹿的动物。另一块岩石上凿刻3峰骆驼、1只羊、2个人物，其中1人骑着1只单峰骆驼，另1人牵双峰骆驼行走。狩猎和放牧也是重要主题，骑马猎人用箭射猎北山羊，牧狗守护羊群等画面丰富多彩。[1]

1　参见昌吉回族自治州文物普查队《新疆昌吉地区岩画》；苏北海《新疆木垒县芦塘沟的岩画》，载周菁葆主编《丝绸之路岩画艺术》，新疆人民出版社，1993，第27—45页，第63—75页。

根据有关资料，白杨河乡还有一处叫喀什肯布拉克沟的岩画点，位于白杨河乡西泉村西南天山山脉中部的喀什肯布拉克沟西泉村冬牧场，沿沟两侧山崖发现岩画21处，分布范围长达2.5公里。岩画有北山羊、盘羊、马、骆驼、鹿、人物、符号等图形，以山羊和符号最多。特别是其中一幅符号岩画，包括近10种不同形状的符号，皆用流畅的线条表示，上部为一排3个"十"字形符号，其下为旋涡形、云纹状和内带小点的旋涡形等符号。另一幅符号岩画除卷云纹形符号，还有"n"形、"m"形、麦穗形等符号不下7种。比较重要的是在一块较大的岩石上，上部是符号，左下角刻一只经典的剪影式"踮脚羊"图形。羊的大角向后上方弯曲直达尾部上方，只表现两只羊腿，两腿下垂，脚蹄向下伸出。在中亚吉尔吉斯斯坦等地的早期动物风格岩画中，有一种"踮脚鹿"，双腿也是直直下垂，如同悬挂在身体上，蹄子下伸。这种风格的鹿形图案出现在公元前8—前6世纪初期的斯基泰—西伯利亚风格的早期。只是"踮脚羊"是剪影式岩画，而"踮脚鹿"是线描式岩画，主要描绘鹿的轮廓，因此表现了4条腿。二者表现手法完全不同，但都体现了"踮脚"这个特点，可能既有区别，也有一定联系。

　　需要指出的是，这处岩画点虽然据称是2008年的新发现，但上述两幅符号岩画，与苏北海报告中的芦塘沟的两幅符号岩画完全相同，如上文芦塘沟岩画部分所述。苏北海的论文最初发表于周菁葆主编、1993年出版的论文集《新疆岩画艺术》，1994年在其出版的著作《新疆岩画》一书中也进行了收录。因此怀疑与芦塘沟为同一处岩画点。苏北海在他的论文中提出，芦塘沟的得名缘于清光绪初年这里是沼泽，多芦苇。该地的少数民族语言地名是"萨仁布拉克"，与喀什肯布拉克这个名称相比，只是前面部分有所差别，后半部分都是"布拉克"，泉水之意，应该是同名异译所致。

4. 照壁山乡岩画

照壁山乡位于天山北麓，木垒河中上游。木垒河是木垒县最大的河流，孕育了木垒县最大的绿洲，自古就是木垒县境内最重

图59　照壁山乡平顶山神龙潭岩画

要的人类活动区域，破城子、新户古城等古代中心城址都位于木垒河流域。清代更在此设木垒城，木垒河台、塘、驿，是重要的军事和屯垦基地。照壁山又名独山，以其山如照壁而得名。元有独山城，唐有独山守捉，皆在这一带。照壁山也是木垒县岩画最丰富的地方之一，主要分布于石仁子沟和平顶山一带，特别是平顶山，沟谷纵横，几乎每条沟都有岩画分布，比较著名的就有神龙潭、夹皮泉、旱沟等岩画点。

石仁子沟岩画

石仁子沟位于照壁山乡阿拉苏村夏牧场，岩画刻于石仁子沟4号墓群和居住遗址分布区北部山坡。当地岩石多为花岗岩，表面形成一层黑皮，较光滑。共在10块岩石上发现岩画。岩画以密点敲凿法制成，凿痕较浅，呈黄褐色，多为粗线条式岩画，少量为剪影式。内容主要为北山羊、盘羊、人物头像、鹿。

神龙潭岩画

神龙潭岩画位于照壁山乡平顶山村10队东1500米处的神龙潭及其东面开阔的阎家沟崖壁上。至少集中分布50组岩画。刻画面均面朝南，多数岩石上为单幅岩画，少数为多幅，以密点敲凿法制作。岩石表面呈黑褐色，岩画呈黄褐色。表现形式主要为线条式和剪影式，内容主要有北山羊、骆驼、人物等，多为单体图案，刻画非常精致。

夹皮泉岩画

夹皮泉岩画位于平顶山，属双湾村地界，这里有4条沟谷，水草茂盛，风光优美。在沟谷东面崖壁上分布有岩画，有岩画的

图60　照壁山乡平顶山夹皮泉岩画地点

一面多朝南，岩石表面也为黑色和黑褐色，岩面光滑平整。岩画保存较好，采用凿点连线法刻凿，多呈黄褐色或灰褐色。以阴刻粗线条式岩画为主，少量为剪影式和轮廓式岩画。内容主要为北山羊、盘羊、牛等动物，少量为放牧和狩猎场景，也有符号岩画。

5. 东城镇岩画

东城镇也称东城、东济尔玛台、东城子、三个庄、东城渠、东城公社，位于县城西南，南部为山地、丘陵。比较有名的岩画点是鸡心梁。

鸡心梁岩画

鸡心梁岩画位于鸡心梁村南约5公里的天山山谷。鸡心梁一名据说来源于其地大大小小如同鸡心状的山间草甸。这里是优美的夏牧场。岩画分布于山谷崖壁上。鸡心梁的岩画多粗线条式和剪影式岩画。这里发现一幅非常经典的剪影式岩画，刻画出健美的马的图形，后又在马的上面和马与马之间的空隙处刻画出当代字母文字和其他动物。除常见的北山羊、盘羊、人物、马、牛等图像，最有意思的是有许多刻画符号岩画。其中一块岩石上刻着十字形、螺云纹形符号，而另一块岩石上更有不下7种符号，包括不同形状的十字形、螺云纹形、山羊头形等。同样的符号也见于附近其他岩石。特别是与芦塘沟岩画点的符号也有许多相似之处。

图61　东城镇鸡心梁岩画符号

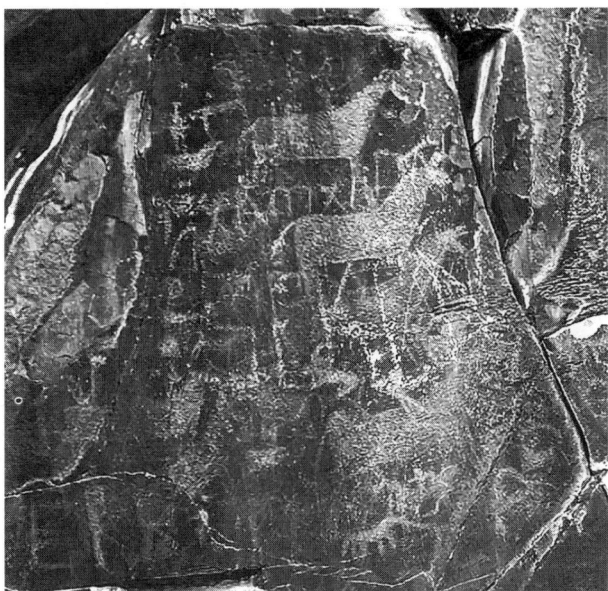

图62　东城镇鸡心梁剪影式岩画

　　木垒的岩画点众多，但总的风格、内容差别不大，以表现放牧的牛、羊、马、骆驼和人物等为主，兼有不少符号。多数为粗线条式岩画，剪影岩画往往不很典型，比较简单、古朴。岩画的研究目前主要还限于资料的收集整理，且多为初步的辨识和分类工作，根据凿刻技法、图画风格进行初步的年代判断。一些研究还引入考古地层学原理，观察岩画图像之间是否存在打破关系，从而确定岩画图像之间的年代关系。但在岩石上创作的岩画与埋藏在地下逐渐堆积起来的文化层是不同的，后者是一种自然堆积过程，而前者是人为的创作过程，岩画创作过程本身就有先后顺序，所以很难区分它们是同一幅岩画构图中的不同组成部分，还是经过漫长岁月后由另外的人在原岩石上创作的新岩画，又或是突发奇想在旧岩画基础上进行再创作，从而形成新的构图、意境和表达，所以岩画上表现出来的先后顺序，是否具有考古学上的相对年代意义仍存在疑问。岩画的断代是一个世界性难题，岩画内容的识别和含义的解读同样缺乏有效的理论和方法，目前的岩画研究基本上是根据图像特点从题材、风格、技法等方面做出经验判断和想象，再做一些联想和延伸。木垒的岩画虽然都做出过大致的年代和内容判断，但也面临着同样的困境。即便如此，这种在自然旷野中创作的艺术仍然不失其魅力。

第二节　原始崇拜和圣迹

自然崇拜是原始崇拜的重要形式之一。一些观点认为，岩画中描绘的动物形象不只是现实场景的记录，也可能代表着祈求牧畜兴旺的愿望。哈沙霍勒沟岩画中的高大女性形象，被认为是表现女性崇拜的作品。而岩画中的符号图形，也被视为某种印记或部落图腾，其中有些可能具有象征意义，如"十"字形符号可能反映原始社会的生殖崇拜观念。

原始崇拜还体现在丧葬祭祀当中。如前所述，木垒古代丧葬习俗中，发现有许多祭祀遗迹。如石仁子沟墓群，墓葬封堆旁边附带的小石圈可能就是祭祀用的设施。干沟墓地和平顶山墓群大量的动物随葬和殉葬以及殉马坑，表明存在某种墓祭仪式。特别是平顶山墓群，还有大型殉马台和祭祀台，可能反映了对先人的祭奠或对某种神的崇拜。

根据平顶山墓群考古发掘负责人巫新华的研究，平顶山东梁发现的1号遗址，由一排13个石堆组成，反映了对数字"7"的崇拜。在南梁也发现有石堆祭坛等遗迹。东、西、南梁三个遗址区皆有非常典型的殉马现象。巫新华认为，"7"崇拜是世界许多地方都存在的现象，普遍出现于欧亚大陆和东非、地中海沿岸地区的诸多文化中，各有含义，在古巴比伦文化中，"7"是通天彻地的存在，毁灭和幸福的主宰，仁慈、同情与惩罚、制裁的合一，是山上的马，也是水中的神；闪米特人则崇拜七星神，并把它们演化为宗教仪规；在现今世界性宗教中，"7"也都有表示数量之外的特殊含义和神圣意义；在木垒哈萨克谚语中，也有关于"7"的禁忌和信仰。

一些墓葬中发现死者的身上往往压着石块，这种现象被认为是萨满教习俗，死者生前的身份可能是萨满。萨满是掌握神秘知识和能力的人，通过进入极度兴奋和恍惚状态的方式来成为神与人之间的沟通者。萨满教起源相当早，产生于原始渔猎时代，广泛流行于西伯利亚，在北亚、中亚、北欧、北美都有分布。萨满教相信万物有灵，突出的特点是对祖先的崇拜，相信人死以后灵魂不灭，祖先们的灵魂始终和活着的人在一起，因此也被认为是以祖先崇拜为主的原始宗教。

石人可能也是一种崇拜的象征物。天山和阿尔泰山草原上的石人数量众多，有些地方石人甚至被作为地理标识，形成"石人子"这样的地名。石人往往不是单独存在，大多与石圈或石围、石列组合。一些观点认为石人是死者生前杀死敌人的标志，根据《周书·突厥传》和《隋书》的记载，突厥人在埋葬死者时，根据死者生前杀死多少敌人，就在墓地立多少石头，因此石人、立石表示的是被杀死的敌人。但是石人也可解释为死者本人，因为《隋书》也有记载立屋并在其中描绘死者肖像和生前战场上杀敌的情形，死者的肖像可能也包括石像，因此石人和立石意义有别。这与许多石人表现为手持酒杯、腰挂佩剑的形象是可以解释得通的。被杀死的敌人将成为他在另一个世界的奴仆。这种习俗可以理解为一种英雄和祖先的混合崇拜。

墓地上的石人起初大都被称为突厥石人，20世纪50年代黄文弼在伊犁开展考古调查时，就把当时发现的石人称为突厥石人。但是随着发现的增多和研究的深入，除突厥石人，也有更早的斯基泰石人和更晚的蒙古石人。据王博的研究，南西伯利亚和蒙古地区的许多石人还被称作 baba，突厥将领阙特勤的雕像也称作 baba，都具有祖先崇拜的含义；哈萨克族的基普恰克人也曾有在墓地立石人的习俗，他们把自己所立的石人称为"森塔斯"。[1]

除此之外，木垒还有一些被赋予神圣性的地方。在木垒河畔曾建有一座庙，叫龙王庙。相传龙王庙与唐代西征突厥有关。据说唐代名将薛仁贵死后，他的儿媳樊梨花西征突厥于天山，他的义子薛应龙在木垒河畔大战渡河时不幸中箭身亡，后被封为"木

---

1 参见王博、祁小山《丝绸之路草原石人研究》，新疆人民出版社，1995，第24—27页。

垒河神"，人们就在木垒河口修了一座龙王庙，年年祭祀，祈求平安、风调雨顺。可惜1958年在木垒河上游修建龙王庙水库时，龙王庙被拆除了。

上文提到过的博斯坦乡霍加墓沟，也被赋予以神圣性。霍加墓沟因伊斯兰教圣徒墓而得名，沟中的泉水传说能去灾治病，被称为"神泉""圣水"，因此前来朝圣的伊斯兰教信徒不少，除朝拜霍加墓，就是来饮此泉水，祈求安详。[1]霍加墓共有两座，一座是位于山顶上的铁木尔吐鲁木霍加墓，另一座是与之相距约80米的艾贤木汗霍加墓，皆始建于清朝乾隆年间，砖木结构，后经多次重建、改建和翻修，现铁木尔吐鲁木墓为木石结构，艾贤木汗墓为砖灰结构，都为圆形穹顶，有瞻仰的小厅。根据伊斯兰教信徒的传说，两位霍加是在与瓦剌的作战中中箭身亡，葬于此地的。

第三节　景观

木垒有雪山、峡谷、草场、戈壁和沙漠等迷人的自然风光，也有万亩旱田、农业公园、传统村落等迷人的田园景色，更有鸣沙山、胡杨林等独特的景观。

木垒鸣沙山

说到鸣沙山，自然想到敦煌八景之一的敦煌鸣沙山。其实我国与世界其他许多沙漠、沙滩都有鸣沙现象。木垒就有这样一个

1　参见苏北海《新疆岩画》，新疆美术摄影出版社，1994，第210页。

去处，这就是被吉尼斯世界纪录认证的"世界最响鸣沙山"——木垒鸣沙山。

木垒鸣沙山位于县城东北约130公里的北塔山下，有简易公路直达，当地哈萨克人称之为"阿依艾库木"，意为能发出响声的沙漠。当沙粒流动，沙山就发出低沉的轰鸣声，伴随着震动感，就像飞机从低空掠过时的感觉。如果一排人从山顶下滑，轰鸣声就更加强烈，而且从不同地方下滑，声音也有所不同，非常神奇。

木垒鸣沙山包括呈条状、链状分布的一系列垄形和新月形沙丘。沙丘与周边平坦的戈壁平原分界明显。根据实测，单个沙丘长400—1000米，宽150—300米，高一般15—30米，最高35米；沙丘总体延伸方向为60—70度，迎风面坡度8—10度，背风面坡度28—30度；沙粒为细沙，粒径0.05—0.5毫米，70%以上粒径为0.25—0.075毫米，颗粒较均匀；沙粒成分主要为斜长石、石英、安山岩、霏细岩、泥岩、蚀变岩和硅质岩，含少量钾长石、辉石和角闪石等。据研究，木垒鸣沙山的形成与其特殊的地质构造特点有关。沿鸣沙山延伸方向分布的一条断裂带为鸣沙山呈条状分布创造了构造条件，同时地下水沿断层破碎带上升接近地表形成一条潮湿带，利于植被生长，增强了固沙能力，在风力作用下搬运而来的沙粒留驻于此形成条带状分布的沙丘和沙垄，周边干燥地段因沙粒很难固定而依然为平坦的戈壁。鸣沙山的沙粒有两个来源，一部分是古尔班通古特沙漠搬运来的沙粒，另一部分为就地起沙。

据研究，木垒鸣沙山声响特征比较明显。当从沙山上滑动时，沙丘会发出飞机引擎一样低沉有力的轰鸣声，瞬时最大音量达到8.3 dB(A)，10秒连续等效A声级最大为76.9 dB(A)。声响的形成是一种物理现象，主要有3种解释，其一是静电发声，当沙粒受力滑动，含有石英晶体的沙粒互相摩擦产生静电，静电放电发出声响，再通过汇集被放大；其二是摩擦发声，炎热干燥条件下，随着温度升高，沙粒相互摩擦发出爆裂声，汇集形成轰鸣声；其三是共鸣器效应，沙山之间形成的壑谷起到天然共鸣箱的作用，流沙产生的摩擦声和放电声引起共振，被"共鸣箱"放大而形成巨大回响。[1]2010年9月14日，在气温20℃、空气湿度20%、沙面温度28℃的条件下，用声级计在距离沙面30厘米处测得46人从沙山同时坐着滑下产生的响声监测值为83.8分贝，创造了"鸣沙山滑沙音量"的吉尼斯纪录。[2]

2014年9月19日，木垒鸣沙山被授予"中国国家沙漠公园"称号，成为全国首批国家级沙漠公园。

鸣沙山以南5公里是喀依纳尔泉。喀依纳尔是哈萨克语沸腾翻滚的意思，因泉水冒出如沸水而得名。喀依纳尔泉积水区呈圆形，像一轮满月，泉水清澈见底，因而也被称为月亮泉。又因泉水在阳光照射下呈黑色而称为黑水泉。

木垒胡杨林

从鸣沙山往北30公里，就是木垒原始胡杨林分布区。木垒胡

---

1 参见陈德斌、陆成新、田德超等《新疆木垒县鸣沙山地质遗迹的特征、成因及保护规划初探》，《干旱区资源与环境》2009年第4期。
2 参见聂晶川《滑沙鸣响音量之最——"木垒鸣沙山"》，《新疆社科论坛》2011年第1期。

杨分布区位于古尔班通古特沙漠东缘，北塔山以南戈壁荒漠中，汉语名叫梧桐窝子，当地哈萨克人称玉郎托格的地方。玉郎托格意为像毡房一样的树林。分布区面积30多平方公里，据调查，树龄在400年以上的胡杨有上万株，最大的胡杨高达6米，是旅游、观光、摄影、绘画写生和科考的胜地。

胡杨的拉丁学名为 Populus euphratica，又称胡桐，属杨柳科，杨属，胡杨种，是落叶中型天然乔木，树干通直，高10—15米，直径可达1.5米，稀灌木状。我国胡杨林主要分布在新疆，多生于盆地、河谷和平原，以塔里木河岸最常见。胡杨属干旱大陆性气候条件下的树种，喜光、抗热、耐干旱、抗盐碱、抗风沙，是干旱盐碱地带的优良树种。[1]

秋季是观赏胡杨最好的季节，优美的树形和金色树叶，在阳光下分外绚丽。披上了金装的胡杨林，如诗如画。

木垒坎儿井

坎儿井是干旱荒漠地区的一种特殊水利灌溉设施。一条坎儿井通常包括竖井、地下渠道、地面渠道和蓄水池4个部分，因地形地势开凿而成，是一种自流井渠系统。因主体渠道开凿于地下，因此可不受天气、风沙和高温蒸发的影响。又因引自地下水，流量稳定。《史记》中提到的"井渠"，说的可能就是坎儿井，如此，坎儿井的记录历史至少已有2000多年。坎儿井是重要的农业遗产，也是木垒一道亮丽的景观。

1　参见中国科学院中国植物志编辑委员会编《中国植物志》，第二十卷，第二分册，科学出版社，1981，第76—77页。

新疆许多地方都有坎儿井，而以哈密和吐鲁番最为集中。据全国第三次文物普查资料，新疆现存坎儿井总数有1540条，其中有水坎儿井有507条，仅吐鲁番就有坎儿井1108条，其中有水坎儿井278条。[1]吐鲁番的坎儿井对木垒产生了影响。木垒的坎儿井挖掘技术就是从吐鲁番传入的。1947年，木垒县维吾尔族副县长图尔逊·赫里诺夫雇请鄯善县农民在木垒县雀仁开挖一道坎儿井，用于解决牧场的人畜饮水和种植饲草，坎儿井技术自此传入木垒。1959年，雀仁开挖新中国成立后的第一道坎儿井，到1964年，全县共开挖坎儿井24条。由于地下水位下降，部分坎儿井已废弃。绝大多数为牧业坎儿井，小部分为农用坎儿井。[2]

根据全国第三次文物普查资料，木垒共发现坎儿井77条，是木垒县数量最多的文物点类型，分布范围从山区一直延伸到戈壁地带，不仅数量多，保存也相当好，类型齐全，是整个北疆坎儿井规模最大、分布最集中的区域。这些坎儿井分布于雀仁乡、大南沟乌孜别克乡、大石头、博斯坦乡、东城镇、白杨河乡和新户镇。[3]

---

1 参见陈欣伟、李刚、胡振卉《吐鲁番坎儿井保护与利用的一些思考》，《中国文物报》2019年8月16日第6版。

2 参见新疆维吾尔自治区地方志编纂委员会编《木垒哈萨克自治县志》，新疆人民出版社，2003，第159—160页。

3 参见新疆维吾尔自治区文物局编《新疆维吾尔自治区第三次全国文物普查资料汇编：木垒哈萨克自治县不可移动文物》（内部资料），2011，第5页，第222—372页。

第十章　传统与发展

第一节　传统风俗

　　木垒是一个多民族聚居地区，经过长期的历史发展，形成了丰富多彩又特色各异的民族民间文化，各种传统风俗争奇斗艳。

1. 汉语方言和地名中的传统和演变

　　木垒历史上众多民族的演化发展，逐渐形成了融合各自文化传统为一体的地方文化习俗。长期生活在同一区域的各民族相互影响，吸收对方的语言和文化元素，在丰富各自语言和文化内涵的同时，也逐渐形成具有地方共性的新的民俗文化特征。具有地方特色的方言和地名的产生及变化是这种特征的重要表现。

　　自清朝乾隆时期大规模徙民屯田以来，木垒的汉族人口迅速增长，到1949年已达到11036人，占全县总人口的55.3%，已是人口最多的民族。20世纪60年代，木垒的汉族人口一度占到全县总人口的72.9%。因此，汉语是木垒最重要的语言之一。木垒的汉族主要来自甘肃、陕西、山西、青海、河南等地，在木垒的长期发展中，逐渐形成了既延续这些地区传统文化，又反映木垒现实变化的木垒流行的汉语方言。

木垒的汉语方言中，有许多反映内地汉族传统文化的语词，如"插""成精""臊""精灵鬼""啐""被卧""干饭""盖头""铺盖""头绳"等。木垒汉语方言中的"插"是指用面粉、高粱、玉米等为原料制成的粥类食物，是内地传统文化中粥状食品制作之意的延续和发展。这些语词大都保留了原来的含义。另一方面，木垒的汉语方言也借用、吸收了大量其他民族语言的词汇。如蒙古语的"戈壁""达坂"，俄语的"素菜汤"，哈萨克语的"冬不拉"，维吾尔语的"羊肚子""砸腔子""喝茶"，等等。其中一些借词不只是简单的翻译，还包括了行为和思想情感的移植。如"砸腔子"就是本地汉语"腔子"与维吾尔、哈萨克等民族"拍胸脯"结合形成的新词，用以表达誓言的习俗。木垒汉语方言中的"喝茶"，其含义除汉族传统的饮茶习俗和行为，还与当地民族喝牛奶、羊奶习俗结合形成喝"奶茶"的习俗，与维吾尔、哈萨克等民族传统礼俗结合，形成"喝小茶""喝大茶""准备茶""婚礼茶"等表示订婚前双方家长见面、订婚、结婚前筹备婚礼和正式婚礼等不同礼仪阶段的仪式的词汇。[1]

方言中的地名也能够反映地域文化特点。木垒在历史发展中，形成了不同民族语言地名称呼共存和整合的现象。木垒的地

1　王永涛：《浅析木垒汉语方言中所显现的习俗特征》，《新疆社科论坛》1998年第3期。

名中，有汉语、蒙古语、维吾尔语、哈萨克语地名，又以哈萨克语地名最多。根据1983年的地名普查统计，木垒共有地名1040条，正式登记的地名988条。按语种划分，哈萨克语地名536条，占总数的54.25%；汉语地名316条，占总数的31.99%；维吾尔语地名35条，占3.54%；蒙古语地名63条，占6.37%；双重语地名38条，占3.85%。[1]

在这些地名中，有一些具有重要的历史文化意义。如木垒，始出于清代，但其有更深的历史渊源。一种说法是它是匈奴语蒲类的转音。牛汝辰认为汉代为蒲类国地，唐代袭称蒲类，清改称木垒，亦曾称穆垒；木垒之名一说系蒙古语"马头"之意，一说为蒙古语大草原之意，也有说是"蒲类"的音转。[2]于伟清认为木垒是汉语名称，即巴里坤的汉语名称蒲类的音转。[3]戴良佐在《木垒县地名简释》中认为是蒙古语"河湾"的意思。

根据戴良佐的研究，木垒县的重要地名西吉尔，即清代文献《西域图志》中的"济尔玛台"，"济尔"是蒙古语"碱"的意思，"玛台"即"地"，合起来就是"碱地"，"吉尔"是"济尔"的音转。乌兰乌苏见于《清史稿》和《清实录·高宗实录》等史书，后改为乌浪乌苏。"乌兰"意为"红"或"赤"，乌苏为"水"，合为"红水"。因乌兰乌孙苏军台移驻"大石头"，因袭旧名，将"大石头"称为"乌兰乌苏"。大石头始见于清乾隆年间的进士洪亮吉

1　新疆维吾尔自治区地方志编纂委员会编《木垒哈萨克自治县志》，新疆人民出版社，2003，第44页。
2　牛汝辰：《新疆地名概说》，中央民族大学出版社，1994，第142页。
3　于维诚：《新疆建置沿革与地名研究》，新疆人民出版社，1986，第128页。

《发大石头汛》诗，当为汉语名，因巨石林立而得名。[1]雀仁意为"监狱"，传说元朝曾于此设立过监狱。重要的汉语地名较多，如东城，位于县城西南约10公里，清乾隆时称东济尔玛台。一碗泉原名一湾泉，因泉水如碗口大小而得名。七个城因七座相距1—2公里不等的土城而得名，据说是蒙古人所造。照壁山又称独山。[2]这些方言和地名，是了解当地风土民情的钥匙。

2. 哈萨克族传统毡房

哈萨克族是古老的游牧民族，常年游牧于不同牧场，一年一般要搬十几次家，因此需要一种住着舒适，又能够反复拆装组合，轻便、牢固，便于携带搬迁的简易活动房屋。因此创造出了适应这种游牧生活方式的建筑——毡房。毡房是一种组合式房屋，由各个部件组装而成，具有拆装方便、适宜不同季节随畜转场搬迁的特点。哈萨克牧民一年中，除冬季，其余三季都要住这种毡房。哈萨克族毡房造型别致，装饰风格独特。其营造技艺已于2008年列入第二批国家级非物质文化遗产名录。

哈萨克族毡房由顶圈、支撑架、门、围毡、支棍、芨芨草编、盖毡等部分组成。一般高3米左右，面积20—30平方米，下部是环形毡墙，上部是穹形顶。轮廓浑圆，结构简单但工艺复杂，所有建材和工序全部手工完成，既便于携带，又牢固耐用，居住舒适，防寒、防雨、防风、防震。

---

1 戴良佐：《大石头地名考》，载政协木垒哈萨克自治县委员会编《木垒文史》第十六辑（内部资料），2014，第153—158页。
2 戴良佐：《木垒县地名简释》，《新疆地理》1984年第3期。

顶圈是毡房最顶部的圆形木圈架，是整个毡房的主支撑点，一般选用结实、轻便的桦木制作。顶圈打出60—80个顶圈眼用以与支棍和支撑架组合。顶圈内侧用4根木棍构成十字形木架，称为"顶圈十字架"。从顶圈架左右两侧分开2根偏绳，用于拉开顶圈盖毡。偏绳的一头绑在地上的木桩上，以防大风大雨掀开毡房顶。顶圈一般用红松皮做出的颜色上色，代表哈萨克族对和谐幸福的向往。

支棍是顶圈和支撑架的连接棍，对顶圈起到支撑作用，以红柳制作，且必须是没有木结的完美红柳，寓意家庭幸福、世代相传。支棍的一端插入顶圈眼中，另一头用红花绳或黄花绳绑在支撑架上，其与支撑架的接合部构成毡房的腰。

支撑架是整个毡房支架，构成毡房下部的圆柱形部分的骨架，基本结构是一种由木杆交错连接形成的可伸缩的栅栏，栅栏用横竖交错而又相互连接的木杆搭制，分为若干片，可自由拆合组装，一般的毡房用4或6个栅栏拼接成围墙。毡房门一般以松木制作，由门框和两个门扇组成，与支撑架相接固定，与支撑架共同形成一个圆形的毡房框架，托起毡房的房顶。各处的连接用牛皮绳或牛筋捆绑固定。哈萨克族的毡房，门一般朝向有高山的一方。毡房的骨架支好后，用芨芨草编在外侧围起来。再在围墙和顶部铺盖房毡，留出天窗，最后完成装饰。[1]毡房的门周、腰部

---

1 张汉武：《哈萨克族的毡房》，《今日民族》2012年第12期。百度百科：https://baike.baidu.com/item/哈萨克族毡房营造技艺/3617177，访问日期：2020年5月4日。

和围墙底部都有用红、黄、绿、紫、蓝、白、黑7种颜色的羊毛线编织的装饰图案，其中黄色和黑色的有严格讲究，不能随便选用。围墙和房顶一般规则地装饰菱形图案，形成独特的风格。毡房的门都雕刻花纹，或用彩色油漆绘制图案和花卉，门外挂着用芨芨草编制的门帘。

哈萨克族毡房与蒙古族的蒙古包构造大致相同，且都以白色毛毡搭建，但存在一些细节差别。首先是穹庐顶的区别。哈萨克毡房房杆的组合完全呈穹形，房杆上端为弓形，下部与栅栏捆绑接点弯曲成方形；而蒙古包的屋顶为伞形，房杆均匀地搭至栅栏处，直直地捆绑到栅栏上。其次装饰有别。哈萨克毡房内部装饰繁杂，四壁的壁挂、地上的花毡和幔帐精致美丽。蒙古包的图案装饰有时反映出等级的分化。蒙古包色彩基调鲜明，洁白的包房上装饰蓝色的花。[1]

3.哈萨克传统刺绣

刺绣是哈萨克族的传统手工工艺，体现了哈萨克族草原游牧文化传统，精致美观，实用大方，是哈萨克族历史文化的符号和载体，2008年就已列入第二批国家级非物质文化遗产名录。木垒是哈萨克族刺绣的重要生产地区，家家户户的妇女们都有刺绣的传统。通过口授相传的方式，刺绣技艺代代传承，已经成为一种传统习俗。刺绣技艺水平的高低，在哈萨克族的传统观念里，甚至是衡量女子品德和能力的重要标杆。木垒县因此享有"中国哈

---

1 闫梦萦：《从哈萨克毡房与蒙古包的差异浅谈文化对艺术的影响》，《美术教育研究》2012年第14期。

萨克刺绣之都"的美誉。早在20世纪80年代，为了把分散的家庭刺绣组织起来，开展刺绣的标准化生产，木垒县政府就成立了哈萨克族手工艺刺绣厂，以后又成立刺绣合作社，走上了产业化发展之路。2011年，在传统的刺绣合作社之外，投资打造哈萨克民族刺绣文化产业园，从事刺绣的工人有6000余人，刺绣产品享誉国内外，远销土耳其、哈萨克斯坦、蒙古等国家。该产业园被上海世界吉尼斯总部认证为"最大的哈萨克刺绣文化产业园"。

哈萨克族刺绣使用纺成的羊毛彩线在棉布、绒布、毛毡、绸缎、皮革上通过勾、挑、刺、缝等技法精心绣出各种花纹，发展出了锥针绣、钩针绣、平针绣、十字绣、珠子绣、贴花绣、点缀绣、菱形绣、镶拼绣、绒绣、并行双线绣、毛头绣、透针缝绣、花苞型绣、毡刻绣、细（窄）皮条绣等16种工艺。刺绣出现在生活的方方面面。服饰、挂毯、门帘、窗帘、枕套、床罩、套鞋等上面，都有刺绣的图案和纹样装饰。传统的刺绣图案有近600种，分3大类10小类，构成的元素主要为几何纹，反映自然现象的风、雨、雷、电、云和各种动物、植物，其中最传统的图案是羊角。

4. 哈萨克族民间古典音乐"六十二阔恩尔"

六十二阔恩尔是哈萨克族民间古典音乐，意思是"六十二套曲"，是一种以器乐曲为主，配以民歌、舞蹈、说唱、弹唱等多种艺术表演形式的综合艺术，2008年列入第二批国家级非物质文化遗产名录。

哈萨克六十二阔恩尔具体形成年代不确定，一般认为可能与哈萨克族音乐"奎依"或称"库依"一脉相承。"库依"是哈萨克人对器乐曲的统称，最初可能称"可克"，根据演奏的乐器分别冠以乐器的名称，因此有"冬不拉库依""库布孜库依""斯布孜额库依"等不同种类的乐曲。其产生可能已有2000多年历史。上述3种乐器便于制作和携带，又最适合独立演奏，所以在民间广为流传。"库依"中有一部分乐曲被称作"阔恩尔"，逐渐发展成为一种完整的乐曲形式，有着系统的套数、丰富的节奏与曲调。每一部阔恩尔都有与内容相应的曲名，民间艺人演奏时，一般先用讲故事的方式叙述乐曲的内容，有时也会在演奏间隙讲解乐曲的故事，以激起听众的兴趣。其最简易的乐曲称为调试曲，又称序曲或曲头，名为"库依巴斯"。题材集神话、诗歌、音乐、舞蹈为一体，表演形式包括乐器演奏、冬不拉弹唱、独唱、合唱、对唱、单人舞、双人舞、集体舞及诗歌吟诵等，乐曲演奏的速度一般为偏慢的行板，不过分炫耀技巧，而讲究韵味，讲述曲折感人的故事，或抒发感情。"六十二阔恩尔"主要流行于居住于中国的哈萨克人中间，乐曲以深沉、动人见长。每一部套曲由一个主旋律和若干变奏曲组成，曲调丰富、结构严整，有各自独特的风格。每一首乐曲既是"阔恩尔"的主旋律的一部分，又是具有和声特色的独立乐曲。六十二阔恩尔涵盖的曲目有上万首，由于主要依靠民间口头传唱，留传下来的已经不多，能够系统演唱者更少。[1]

---

1 杨振波：《哈萨克族〈六十二阔恩尔〉古典音乐艺术历史渊源初探》，《伊犁师范学院学报（社会科学版）》2006年第1期。百度百科：https://baike.baidu.com/item/哈萨克六十二阔恩尔/12772625?fr=aladdin，访问日期：2020年5月4日。

5. 维吾尔族传统歌舞塔合麦西来甫

塔合麦西来甫是木垒山区维吾尔族牧民喜爱的一种集歌唱、舞蹈和音乐于一体的综合性艺术形式，已于2008年列入国家级非物质文化遗产。来自吐鲁番、鄯善一带的维吾尔族牧民将传统麦西来甫带到木垒山区，又吸收当地蒙古族、哈萨克族歌舞元素，发展出以麦西来甫为基调，融合当地其他游牧民族文化特点的塔合麦西来甫，因主要流行于博斯坦乡博斯坦村、东城镇的沈家沟村和照壁山乡的干沟村等山区牧民中，当地人也称其为山里的麦西来甫。

塔合麦西来甫在歌词内容、节奏、演奏方式和结构组成上都与新疆其他地区的麦西来甫有较大区别，主要表现在类型更加丰富，除节日麦西来甫、婚嫁麦西来甫等种类，还有地域特点明显的卡尔拉克麦西来甫（每年下第一场雪时举行）、亚木吾尔里克麦西来甫（每年下第一场雨时举行）等。歌词除了有传统的宗教内容和歌颂情感，还增加了反映日常游牧生活的内容。演奏方式则有演唱者骑在马背上边打手鼓边和着马铃声和马蹄声节奏进行演唱，也有坐地上演唱等形式。节奏多变，通常一首曲子至少有3种变奏。乐器主要为达普、都它尔、萨它尔和手鼓。手鼓是贯穿各个组成部分的乐器。[1]

6. 哈萨克族民间弹唱艺术阿肯阿依特斯

阿肯阿依特斯俗称阿肯弹唱，意思是诗人之间的即兴对歌，

1　王瑟：《新疆木垒发现麦西来甫原生态形式》，新浪新闻引自光明网，http://city.sina.com.cn/city/2007-01-24/81478.html，访问日期：2020年5月4日。

是哈萨克族广为流传的最古老、最鲜明的一种艺术表现形式，2006年被列入首批国家级"非物质文化遗产"名录。[1]

阿肯是哈萨克语诗人、智慧、博学的意思，阿依特斯有彼此诉说、盘诘、询问的意思，所以阿肯阿依特斯是一种阿肯之间进行即兴创作、吟唱、技巧、才智比赛的语言艺术。阿肯对唱有自发和有组织两种形式。前者有以歌会友的性质，阿肯们为了提高技艺而彼此切磋。后者是在祭典礼仪、喜庆节日、盛大集会上由主持者或东道主有意安排的。许多哈萨克族聚居地每年都会举行一次阿肯阿依特斯大会。重大的对唱活动往往在不同部落、地区的阿肯之间展开，采取淘汰制办法，一对一比赛，因此要求阿肯有即兴赋诗作歌的语言艺术积累和功底。对歌时阿肯各自演奏冬不拉或阔布孜，或其他弦乐器为自己伴奏，相互盘诘应对歌唱，力图压倒对方，直到一方认输才告结束。[2]

7. 哈萨克族民间舞蹈"黑走马"

"黑走马"，又叫"卡拉角勒哈"，是一种哈萨克族传统民间舞蹈。两个名称都是哈萨克语名称的汉语译名，前者是意译，后者是音译，但不排除还有其他音译法，两种译法并存使用，都是表示"黑色的走马"的意思。前一种译法简短易记，又饶有意味，因而更易于传播。"黑走马"是一种"大众舞蹈"，是不分男女老少、不同职业，共同参与的一种舞蹈形式。"黑走马"在木垒有

1　百度百科：https://baike.baidu.com/item/阿肯阿依特斯，访问日期：2020年5月4日。
2　毕桪：《哈萨克的"阿依特斯"》，《伊犁师范学院学报（社会科学版）》2007年第1期。

着深厚的历史渊源、文化积淀和广泛的群众基础，发展成了一种普遍的群众性文化现象，多个乡镇、学校还有自己的"黑走马"表演队，使传统艺术焕发新姿。

黑走马舞蹈源于哈萨克族传统的游牧生活，与其产生相关的两个传说都与马有关。一个传说是说一匹特别通人性的黑马听到主人的笛声后，带着被蒙古人抢走的马群回到主人身边，这件事使牧马人即兴创作了黑走马曲子，后来民间艺人根据曲子的旋律将这个故事编排成舞蹈。另一个故事是说一位哈萨克小伙将一匹剽悍的黑色野马驯化成上好的走马，而情不自禁地表演起捕捉和驯化黑马的动作，于是产生了黑走马舞蹈。黑走马舞蹈的核心动作是模仿"走马"。不像奔马的飞驰，走马步伐稳健，身姿优美、速度快捷均匀。黑走马舞蹈可分解为两个基本动作，第一个基本动作是双腿前后交叉、屈膝、重心下降、上身保持直立，描绘出坐于马背上的姿态。第二个基本动作是身体随着音乐前俯后仰，同时前后动肩、扭臂、翻腕，体现骑马奔走时拉缰绳和随马起伏运动的状态。[1] 黑走马舞蹈的动作男女差别鲜明，男子粗犷豪放，女子优美舒展、妩媚活泼。

民间"黑走马"用冬不拉伴奏，没有固定的舞蹈动作，即兴性、自娱性较强，涵盖内容广泛。主要动作都是以模仿马为核心，但表演内容也在不断丰富。揉进了更具有生活气息的动作。表演

---

1 李莉：《草原文化背景下的哈萨克族"黑走马"研究》，《中国民族博览》2016 年第 12 期。

的场所也从传统的毡房，到了当代的剧场、舞台。[1]

作为群体性舞蹈，黑走马对参与人数没有要求，也无固定的程式和队形，舞者完全可以尽情自由发挥，即兴创作。

8. 传统美食"木垒羊肉"

说到美食就不得不提木垒羊肉。木垒是传统的牧业区，畜牧业历史悠久，以生产优质羊著名。

木垒地形地貌环境变化大，从南部山地到中北部荒漠分布多种气候和植被带，牧草随不同区域和季节的气候特点分布，富含多种矿物元素的土壤也为牧草和其他植物生长创造了良好条件，形成多种类别不同的草场。各类草场生长牧草差异大，牧草中还分布有甘草、麻黄、木贼、党参、薄荷、枸杞、大黄、柴胡等中草药。木垒羊因此形成了四季轮牧的自然放牧养羊方式，羊群在绿色、无污染自然条件下生长，既保持了木垒羊肉纯天然的品质，又形成了木垒羊肉的特殊风味和肉质紧密、脂肪少的优点。

木垒羊新鲜羊肉色泽鲜红或深红，有光泽，脂肪呈乳白色，肌纤维致密、坚实、有弹性，外表微干不粘手。煮沸后肉汤透明澄清，脂肪团聚于液面，香味四溢，无肉眼可见杂质。煮熟后具有鲜香肥嫩的特征，鲜味浓烈，香味浓郁，无膻味，肥瘦适中，嫩滑爽口，肉汤清澈透明。营养价值丰富，精瘦肉蛋白质含量17.82—26.1%、氨基酸100000—230000mg/kg、脂肪含量0.05—0.25%、铁16.25—25.6mg/kg、硒0.25—0.7mg/kg，蛋白质含量高，

1　谢雯雯:《论"卡拉角勒哈"的当代传承》,《北京舞蹈学院学报》2018年第2期。

脂肪含量低，铁硒含量丰富。2015年，木垒羊肉以其独特的自然环境、特定的生产方式和高质量的产品品质，作为新疆维吾尔自治区昌吉回族自治州木垒哈萨克自治县特产，获得了原农业部批准的全国农产品地理标志，并被实施国家产品地理标志登记保护。[1]

到了木垒县，当然要尝尝木垒羊肉的风味。首先是哈萨克牧民的清炖羊肉，其做沃是在凉水里放肉，以水刚漫过肉为准。待锅烧开后，撇去浮起的大血沫，将火调小，放几片老姜，用文火慢炖。这种用清炖的简单手法来烹制羊肉，能够最大限度地保持羊肉本身的鲜味。待肉基本煮熟，放入切成块状的红白萝卜。萝卜煮熟后，调入盐、洋葱、香菜等调料，一碗滋补又美味的清炖羊肉就出锅了。

羊肉焖饼子过去是汉族招待客人的高档美食。这种食品是将擀得像纸一样薄、抹上清油的饼子，摊放在剁成小块红烧好的连骨肉上，放入锅内封严用中火焖烧蒸煮，做出来的饼子软而不粘，油而不腻，薄而不碎，浇上原汁原味的烽肉汤，别有一番风味。这种羊肉焖饼据说起源于元代。成吉思汗西征行军到木垒独山城时，军中伙夫为了赶时间，就将羊肉和干饼放在锅里一块儿焖煮，味道竟然鲜美可口，于是就有了羊肉焖饼这道菜。后来两个老伙夫留在了独山城，羊肉焖饼也就在木垒流传了下来。

木垒还有一种保健夜宵，叫滋补羊肉粥，是将在沸水中焯好的

1　中华人民共和国农业部：《中华人民共和国农业部公告 第2277号》，中华人民共和国农业农村部网，http://www.moa.gov.cn/nybgb/2015/ba/201712/t20171219_6103765.htm，访问日期：2020年5月5日。

新鲜羊肉切成小块，与粳米、糯米一同放入砂锅内加水煮制成黏稠状时，用盐、胡椒粉、香葱花、姜丝、香菜调制而成，香鲜滋补。

第二节 创新发展

1.康养旅游胜地

木垒有地处古丝绸之路北道的地域区位优势，优质的自然环境、深厚的历史积淀、丰富的人文资源，加上生态产业战略的实施，平安、开放、宜居、美丽、原生态成为新木垒的标志性特点，已发展成为康养、休闲、旅游、度假的目的地。

蓝天是木垒的名片，被称为木垒蓝。空气清新是木垒的常态，2016年木垒空气优良率达到97.3%；2017年达到99.43%，优良天数363天；2019年截止到12月9日，空气优良率为99.6%。[1]这与大规模推行使用清洁能源，降低第一产业比重，实现经济转型升级是分不开的。通过建立水源地保护区，治理河道、整治环境、保护修复草原生态和实施绿化工程，木垒成为新疆首批获得"中国生态魅力县"称号的县域。

木垒规划了全域旅游战略，明确了旅游发展的总体目标和具体举措，加大投入，完善了旅游伴山公路、花海田野、休闲农庄、特色民宿、游客驿站、村史馆、木垒民俗博物馆、电子商务、游

---

1 木垒县人民政府：《木垒县综合施策大力实施大气污染防治空气优良率高达99.6%》，木垒哈萨克自治县人民政府网，http://www.mlx.gov.cn/kzw/yw/863296.htm，访问日期：2020年5月6日。

客服务中心等旅游基础设施。充分发挥旅游业的拉动力、融合力和催化、集成作用，发展旅游＋农业、工业、畜牧业、生态、乡村文化、互联网，推进全域旅游与相关产业的融合、联动发展，提供旅游平台，形成新业态，提升发展水平和综合价值，打造以特色农牧业为基础的生态木垒、绿色木垒、休闲木垒、康养木垒、田园乡居木垒旅游品牌。

目前，已建立起休闲农业示范园、风光电科普旅游基地、哈萨克刺绣文化产业园、绿色有机农牧产品生产加工输出基地、长眉驼繁育基地、南部山区旱田景观带、百里画廊景观带和彩色种植景观区、传统村落、民宿客栈等旅游品牌。成功创建水磨河避暑休闲旅游度假区、草原坎儿井3A级景区。月亮地村入选全国乡村旅游发展典型。建成了白杨河乡一碗泉、西吉尔镇大梁湾、博斯坦乡3个集休闲、观光、采摘为一体的旅游示范园。成功培育出"红星面粉""鹰嘴豆""天山白豌豆""木垒河有机牛羊肉"等"木垒有礼"特色旅游产品。长眉驼、鹰嘴豆、白豌豆获得国家地理标志认证。创建"国家有机农产品示范县"和"国家农产品质量安全县"。建立起以沙漠温泉、叶勒森沙漠、草原坎儿井、胡杨林、鸣沙山为主的"五位一体"沙漠公园，与南部的天山木垒农业公园相映成趣。形成集生态旅游、文化旅游、乡村旅游、康养旅游、特色农业旅游、沙漠探险旅游、环天山自驾游、民俗风情体验游为一体的综合旅游体系。

2016年，木垒入选国家旅游局公布的首批国家全域旅游示范区创建名录，是新疆首批入选该名录的9个县市之一。2018年，木垒荣获"中国生态魅力县"称号，是全国13个获此称号的县市之一。同年，木垒县南部山区获得"中国农业公园"称号，"天山木垒中国农业公园"是新疆首个、全国第26个中国农业公园。[1]

2. 刺绣工艺——胡杨绣

哈萨克族刺绣已经发展成为提升木垒形象的文化产业。在传承发展传统刺绣工艺的同时，学习、引入苏绣技艺，提升绣品档次和文化含量，创造出了融合哈萨克族刺绣技艺和苏绣技艺的独特刺绣技术与刺绣风格，以此创作的绣品——胡杨绣，改变了哈萨克族刺绣粗针、粗线、粗布料的传统，使其变得更加精细，极大拓宽了传统刺绣的技法、题材和风格，丰富了刺绣的创作元素、品类和文化内涵，是哈萨克族刺绣发展史上的一次重大革新。

胡杨绣的工艺与"苏绣""蜀绣"接近，内容多表现新疆特有的胡杨风光。以苏绣高超细腻的针法，结合哈萨克民族刺绣的技艺，以丝绸布、蚕丝线为原料创作出的沙漠胡杨风光刺绣画，形象逼真，似水彩、油墨，又如摄影照片，色调明快，层次分明，美丽绝伦，更有不褪色、不变形的优点。胡杨绣当然也可绣制其他类型的自然风光、吉祥图案、动物花草等各种主题的场景和形象。

在传统手工刺绣基础上，通过技术革新，研发出电脑仿真刺绣工艺。据介绍，机器刺绣产品与手工刺绣产品的相似度在80%以上，其色泽、层次甚至更加鲜明，效率大大提高。

1　马婷：《木垒县南部山区获得新疆首个"中国农业公园"称号》，木垒哈萨克自治县人民政府网，http://www.mlx.gov.cn/kzw/yw/853425.htm。2020年5月7日查询。

哈萨克族刺绣产品已拓展到了衣裙鞋帽、手包挂包、床上用品、室内装饰等领域，也是深受游客喜爱的旅游纪念品。新技艺、新绣品为刺绣产业发展注入新活力，木垒刺绣被自治区确定为新疆重点支持发展的6个民生工业示范基地之一，也被纳入新疆发展纺织服装产业"三城七园一中心"政策扶持范围，被昌吉回族自治州确定为重点发展的文化产业。产量和产值实现双增长，

图63　胡杨绣作品

2017年实现刺绣产值超过2.1亿元，预计2020年将达到5亿元。刺绣产业成功实现了从家庭作坊生产向产业化、规模化、标准化生产的大转变。[1]也带动了相关产业的发展，成为木垒经济新的增长引擎。

3. 精品传统村落

传统村落原称古村落，是指村落形成较早，拥有较丰富的文化与自然资源，具有一定历史、文化、科学、艺术、经济、社会价值，应予以保护的村落。[2]传统村落保留了较大的历史沿革，即建筑环境、建筑风貌、村落选址未有大的变动，具有独特民俗民风，虽经历久远年代，但至今仍为人们服务，是与物质和非物质文化遗产大不相同的另一类遗产，是一种生活生产中的遗产，又包含着传统的生产和生活。[3]2012年由国家住房和城乡建设部、文化部（现文化和旅游部）、国家文物局、财政部联合启动中国传统村落保护项目，建立《中国传统村落名录》。9月，四部局联合成立了由建筑学、民俗学、规划学、艺术学、遗产学、人类学等专家组织的专家委员会，评审《中国传统村落名录》。12月公布了第一批列入中国传统村落名录的村落名单。[4]到2019年总共有5批6799个村落被列入中国传统村落名录。

---

1 诺金：《论哈萨克族民族刺绣产业的发展与创新——以木垒哈萨克自治县哈萨克刺绣文化产业园发展为例》，《中共乌鲁木齐市委党校学报》2017年第3期。
2 百度百科：https://baike.baidu.com/item/ 传统村落 /654113?fr=aladdin，访问日期：2020年5月7日。
3 百度百科：https://baike.baidu.com/item/ 中国传统村落 /660714?fr=aladdin#reference-[5]-9865317-wrap，访问日期：2020年5月7日。
4 《住房城乡建设部 文化部 财政部关于公布第一批列入中国传统村落名录村落名单的通知》（建村［2012］189号），中华人民共和国中央人民政府网：http://www.gov.cn/zwgk/2012-12/20/content_2294327.htm，2020年5月7日查询。

图64　天山木垒中国农业公园马圈湾草原

　　木垒县有7个村落于2014年被列入第三批中国传统村落名录。这7个村落分布位于照壁山乡、西吉尔镇、英格堡乡3个乡镇，分别是照壁山乡河坝沿村，西吉尔镇水磨沟村、屯庄子村，英格堡乡街街子村、马场窝子村、英格堡村、月亮地村。除被列入中国传统村落名录的7个村落，菜籽沟艺术家村落、南大沟乌孜别克族乡民俗村寨也很有特色。

　　4.天山木垒中国农业公园

　　中国农业公园是一种新型公园形态，不同于一般概念的城市公园，又区别于一般农家乐、乡村游览点和农村民俗观赏园，而是中国乡村休闲和农业观光的升级版，是农业旅游的高端形态；是以世居民族生活村庄为核心，涵盖园林化的乡村景观、生态化的郊野田园、景观化的农耕文化、产业化的组织形式、现代化的农业生产，更能体现和谐发展模式、浪漫主义色彩、简约生活理念、返璞归真追求的现代农业园林景观与休闲、度假、游憩、学习的规模化乡村旅游综合体。[1]根据农业农村部制定的有关标准，中国村社发展促进会拟计划打造100个"中国农业公园"。

2018年12月10日，木垒县南部山区获得中国农业公园称号。"天山木垒中国农业公园"是新疆首个、全国第26个中国农业公园，也是目前全国面积最大的"中国农业公园"。2019年12月19日，天山木垒中国农业公园又被评定为国家4A级旅游景区。天山木垒中国旱田农业公园位于木垒县城以南15公里的西南部山区和丘陵旱田区，总面积568平方公里，东至木垒河，西至英格堡，北至咬牙沟，南至东天山，涵盖照壁山、东城、西吉尔、英格堡4个乡镇。以木垒伴山旅游慢道串联照壁山乡、东城镇、西吉尔镇、英格堡乡旱田景观、资源节点及特色村落，分别形成城郊休闲示范（头道沟村＋龙王庙水库）、乡村创客创业示范（菜籽沟村）、乡村旅游综合管理示范（水磨沟村）、新型城镇化示范（东城镇）、传统村落旅游利用示范（月亮地村）、有机农业加工示范（西吉尔镇）、文化遗产活化示范（四道沟村）、天山草原度假示范区。

核心区位于照壁山乡平顶山村，规划面积40平方公里，按照"一心、一环、四节点、全网络"的空间布局，是天山木垒旱田农业风光、度假体验的核心代表，承载农业公园游赏、度假、组

1　《CCRD农业公园共建项目流程》，中国村社发展促进会网，http://www.village.net.cn/news/index/2250。访问日期：2020年5月8日。

织功能。

"一心——平顶山艺术小镇"，总面积为1.2平方公里，打造成为木垒旱田农业公园核心区的组织中心。该中心将以"旱田农耕文化＋创意度假"的手法构建包括旅游组织、集散、管理、咨询、住宿、餐饮等多种综合功能的旅游服务中心。主要建设游客集散中心、农耕文化博物馆等基础设施，其中旱作农耕博物馆是天山木垒旱田农业公园的地标性建筑，作为天山旱田农业遗产、高原旱作农耕文化的综合展示空间，按全疆一流为标准建设，以旱作农耕文化为主题，按照"博物馆＋"的发展模式，借助现代科技展现手段，将农耕文化等历史、人文景观完美地呈现给游客。根据公园地理条件设"南斗六星"6个观景点，便于旅客领略旱田风光。

"一环——农耕生活游赏环"，利用平顶山村向南现有道路经徐家庄、双湾、桥桥子、沟东向北与平顶山村形成环路，构成旱田农业公园农耕生活游赏环，是核心区的主要游览组织环线。

"四节点——旱作田乡、粮仓田养、健康田行、未来田作"，依托核心区农耕生活游赏环的组织功能，选取徐家庄、双湾、桥桥子、沟东4个村民居住点作为游览环线上的重要节点，以"旱田＋传统农业""旱田＋养生""旱田＋运动""旱田＋新农业"形成各具风格的四大主题组团，形成核心区重要游赏节点。

"全网络"以"一百幅旱田油画中的度假小屋"为构想，打造若干小而美的度假精品民宿，构成一整幅旱田度假小屋画卷，同时也是旱田核心区度假网络体系。

运营方式为主体空间免费开放，部分业态收费运营。将民居进行集中管理或由村民在不影响公园整体风貌下进行改造，为旅客提供餐饮、住宿、农耕体验等活动，也可通过土地出让，开展田创等形式，以旱田四时景观开展"春之播种、夏之成长、秋之收获、冬之孕育"4个主题的农耕艺术节，让广大村民参与其中，提升村民收入，增强各族群众的获得感和幸福感。

农业公园内既有壮丽的平顶山万亩旱田，又有神龙潭、平顶山湿地等自然风光，还有历史古迹唐代独山城遗址、夹皮泉岩画和中国传统村落河坝沿村等人文景观。[1]

平顶山气候湿润、土地肥沃，有"旱地粮仓"的美誉，是天然有机农产品生产基地，盛产小麦、油菜、豌豆、土豆，以及各类中草药材、蔬菜水果和家畜家禽。因为冬暖夏凉，气候宜人，这里也是避暑悠闲的好去处。除此之外，公园范围内还有四道沟原始村落遗址、甘沟遗址、平顶山古墓群、头道沟环壕聚落遗址等文物古迹，雪岭花海马圈湾、水磨河草原风景区、月亮地等7个国家级传统村落，以及菜籽沟艺术家村落。园内以全长103公里的伴山旅游公路为导线连接各村落和景区。伴山公路起点河坝沿村，是农业公园的入口。河坝沿村是汉族、维吾尔族合居村落，体现了汉族农耕文化和维吾尔族游牧文化相融共存的特点。从河坝沿村沿伴山公路进入平顶山万亩旱田核心区，18公里观光道

---

1 《天山木垒中国农业公园确定为国家 4A 级旅游景区》，木垒哈萨克自治县人民政府网，http://mlx.cj.gov.cn/kzw/yw/863559.htm，访问日期：2020 年 5 月 8 日查询。

图65　平顶山万亩旱田景观

路将传统村落和旱田风光串联起来。站在观景台上向南远望，绚丽的花海之村双湾村尽收眼前。百合、紫苏、雪菊、丁香、格桑花和红豆草、苜蓿、燕麦的作物漫山遍野，五彩缤纷，又组合成各种图案，形成难得一见的田园景观。马圈湾草原是优美的夏牧场，茵茵绿草之中点缀顶顶白色毡房和放牧的牛羊，远处雪山映照，风景如画。水磨沟村已列为全国宜居村、昌吉回族自治州美丽乡村，是以原生态、田野景观和花果种植闻名的休闲度假胜地。菜籽沟艺术家村是一座活态博物馆，汇聚有国学讲堂、乡村美术馆、艺术家工作室、木垒书院、平凹书屋，是文学、艺术的殿堂。伴山公路的出口是传统村落月亮地村，古戏台、小游园、采摘园、村史馆、农耕博物馆、民宿客栈特色鲜明，是集农业观光、文化体验和特色民宿为一体的乡村旅游示范点。

5. 特色农作物鹰嘴豆

鹰嘴豆，学名 Cicer arietinum Linn.，俗称桃豆、鸡豆，我国台湾地区称回鹘豆，通称鹰嘴豆。豆科鹰嘴豆属植物，一年生草或多年生攀缘草本。茎直立，多分枝，被白色腺毛。托叶呈叶状，叶具小叶7—17片，对生或互生，狭椭圆形，长7—17毫米，宽3—10毫米，边缘具密锯齿，两面被白色腺毛。花于叶腋单生或双生，萼浅钟状，5裂。荚果卵圆形，膨胀，下垂，长约2厘米，宽约1厘米，幼时绿色，成熟后淡黄色，被白色短柔毛和腺毛，有种子1—4颗。种子被白色短柔毛，黑色或褐色，具皱纹，一端具细尖。种子、嫩荚、嫩苗均可供食用。生长于海拔约2000—2700米，分布于地中海、亚洲、非洲、美洲等地，我国甘肃、青海、新疆、陕西、山西、河北、山东、台湾、内蒙古等地引种栽培。[1]

木垒天山山区和丘陵地区垂直差异大，土壤肥沃，是喜凉作物的理想栽培地区。鹰嘴豆主要种植在海拔1100—1500米的山区丘陵地带，土壤肥沃，养分含量高，特别有机质中的胡敏酸含量较高，以豆麦轮作，配合有机肥料，加上当地病虫害轻，可以不施或少施化肥，不施农药，生产的鹰嘴豆外观、品质都较其他地区具有很大优势，[2]达到国际绿色食品 A- 标准。培育的新品种"木鹰一号"，高产、抗病、粒大、富营养。根据国家质量监督检验检疫总局《关于批准木垒鹰嘴豆实施地理标志产品保护的公告》，

---

1 中国科学院中国植物志编辑委员会编《中国植物志》，科学出版社，1998，第四十二卷，第二分册，第288—290页。
2 唐媛：《木垒县绿色食品鹰嘴豆栽培技术》，《农村科技》2017年第6期。

图66 木垒鹰嘴豆

木垒鹰嘴豆的理化指标为：蛋白质含量≥22.0%，脂肪≤5.0%，油酸≥20.0%，亚油酸≥55.0%，钙≥150mg/100g，锌≥20mg/kg，铁≥7mg/100g。[1]2019年入选中国农业品牌目录。[2]

截至2017年，木垒县鹰嘴豆种植面积达12万亩，每亩产量约200斤，被称为鹰嘴豆之乡，也是全国最大的鹰嘴豆种植基地。

1　《国家质量监督检验检疫总局＜关于批准对木垒鹰嘴豆实施地理标志产品保护的公告＞2008年第15号》，https://baike.baidu.com/reference/9780247/5fc4HHRrHwK-vCgpfYk0kLz1Y95agRLhK3PI7NlXdEMsWdeSosKQdgVK5GCJ9Kf8S3N6Bu
WaeQnY50pRLuqwgmBKxQRBPgOhYEtmgkGMCcLneLzrxLo0D9nocRvQ5
DvM6Bu15w2pOmk8T3U2tQDlaA，访问日期：2020年10月12日。

2　农业农村部新闻办公室：《中国农业品牌目录2019农产品区域公用品牌发布》，中华人民共和国农业农村部网，http://www.moa.gov.cn/xw/zwdt/201911/t20191117_6331955.htm，访问日期：2020年5月8日。

主要参考文献

一、古籍

1. [汉] 司马迁：《史记》，中华书局，1959年。

2. [汉] 班固：《汉书》，中华书局，1962年。

3. [南朝] 范晔：《后汉书》，中华书局，1965年。

4. [晋] 陈寿：《三国志·魏书》，中华书局，1971年。

5. [唐] 令狐德棻等：《周书》，中华书局，1971年。

6. [唐] 李延寿：《北史》，中华书局，1974年。

7. [北齐] 魏收：《魏书》，中华书局，1974年。

8. [唐] 魏徵等：《隋书》，中华书局，1973年。

9. [后晋] 刘昫等：《旧唐书》，中华书局，1975年。

10. [宋] 欧阳修、宋祁：《新唐书》，中华书局，1975年。

11. [明] 宋濂等：《元史》，中华书局，1976年。

12. [清] 赵尔巽等：《清史稿》，中华书局，1977年。

13. [清] 马齐、张廷玉等：《清实录·圣祖实录》，中华书局，1985年。

14.[清]鄂尔泰、张廷玉等:《清实录·世宗实录》,中华书局,1985年。

15.[清]庆桂、董浩等:《清实录·高宗实录》,中华书局,1986年。

16.[唐]李吉甫:《元和郡县图志》,中华书局,1983年。

17.[明]徐光启:《农政全书》,清道光十七年贵州刻本。

18.[清]傅恒等奉敕撰《钦定西域同文志》,清乾隆二十八年武英殿刻本。

19.[清]傅恒等纂《钦定皇舆西域图志》,清乾隆四十七年武英殿刊本。

20.[清]和宁:《新疆省三州辑略》,成文出版社,1968年。

21.[清]李恢垣:《汉西域图考》,乐天出版社,1974年。

22.[清]陶保廉:《辛卯侍行记》,台湾文海出版社,1966年。

23.[清]徐松:《汉书西域传补注》,清光绪二十年广雅书局刊本。

24.[清]徐松著、朱玉麒整理:《西域水道记(外二种)》,中华书局,2005年。

25.[清]袁大化修,王树枏、王学曾等纂《新疆图志》,兰州古籍出版社,1990年。

26.《新疆四道志》,据清光绪抄本影印,成文出版社,1968年。

27.[唐]《西州图经》,罗振玉辑《鸣沙石室佚书》,1913年,罗氏景印本。

二、著作

1.《哈密文物志》，新疆人民出版社，1993年。

2.《新疆哈萨克族迁徙史》，新疆大学出版社，1993年。

3. 岑仲勉:《汉书西域传地里校释》，中华书局，1981年。

4. 陈文华:《农业考古》，文物出版社，2002年。

5. 董红玲:《北道古驿》，中国农业大学出版社，2016年。

6. 韩康信:《丝绸之路古代种族研究》，新疆人民出版社，2009年。

7. 胡汝骥主编《中国天山自然地理》，中国环境科学出版社，2004年。

8. 黄文弼:《新疆考古发掘报告(1957—1958)》，文物出版社，1983年。

9. 孟凡人:《北庭史地研究》，新疆人民出版社，1985年。

10. 牛汝辰:《新疆地名概说》，中央民族大学出版社，1994年。

11. 苏北海:《新疆岩画》，新疆摄影美术出版社，1994年。

12. 王博、祁小山:《丝绸之路草原石人研究》，新疆人民出版社，1995年。

13. 新疆维吾尔自治区地方志编纂委员会编《木垒哈萨克自治县志》，新疆人民出版社，2003年。

14. 王素:《高昌史稿·统治编》，文物出版社，1998年。

15. 新疆维吾尔自治区民族研究所编《新疆简史》，新疆人民出版社，1980年。

16. 新疆维吾尔自治区文物局编《新疆维吾尔自治区第三次全国文物普查资料汇编：木垒哈萨克自治县不可移动文物》(内部资料)，2011年。

17. 新疆维吾尔自治区文物局编《新疆维吾尔自治区第三次全国文物普查成果集成：昌吉回族自治州卷》，科学出版社，2011年。

18. 新疆维吾尔自治区文物局编《新疆维吾尔自治区第三次全国文物普查成果集成：新疆岩画》，科学出版社，2011年。

19. 新疆文物考古研究所：《新疆察吾呼——大型氏族墓地发掘报告》，东方出版社，1999年。

20. 新疆文物考古研究所：《新疆萨恩萨伊墓地》，文物出版社，2013年。

21. 于维诚：《新疆建置沿革与地名研究》，新疆人民出版社，1986年。

22. 臧嵘：《中国古代驿站与邮传》(增订版)，商务印书馆，1997年。

23. 赵予征：《丝绸之路屯垦研究》，新疆人民出版社，1996年。

24. 中国科学院考古研究所、陕西省西安半坡博物馆编《西安半坡——原始氏族公社聚落遗址》，文物出版社，1963年。

25. 中国科学院中国植物志编辑委员会编《中国植物志》，科学出版社，1981年。

26. 朱泓主编《体质人类学》，高等教育出版社，2004年。

27. [日] 松田寿男：《古代天山历史地理学研究》，陈俊谋译，中央民族学院出版社，1987年。

三、论文

1. 阿布都力江·赛依提:《民国时期哈萨克族部落分布与迁徙》,《贵州师范大学学报（社会科学版）》2006年第4期。

2. 阿扎提、哈尔阿力、迪丽娜等:《新疆木垒长眉双峰驼品种资源调查》,《新疆畜牧业》2014年第1期。

3. 艾先木汗·肉孜:《哈密艾斯克霞尔南墓地与早期铁器时代白杨河流域的生活状况》,《中国文物报》2013年4月26日第6版。

4. 安志敏:《中国西部的新石器时代》,《考古学报》1987年第2期。

5. 毕枥:《哈萨克的"阿依特斯"》,《伊犁师范学院学报（社会科学版）》2007年第1期。

6. 昌吉回族自治州文物普查队:《新疆昌吉地区岩画》, 载周菁葆主编《丝绸之路岩画艺术》, 新疆人民出版社，1993年。

7. 常喜恩:《巴里坤南湾墓地66号墓清理简报》,《新疆文物》1985年第1期。

8. 陈德斌、陆成新、田德超等:《新疆木垒县鸣沙山地质遗迹的特征、成因及保护规划初探》,《干旱区资源与环境》2009年第4期。

9. 陈戈:《略论新疆的彩陶》,《新疆社会科学》1982年第2期。

10. 陈戈:《新疆古代交通路线综述》,《新疆文物》1990年第3期。

11. 陈靓:《新疆石河子南山石堆墓人骨的种系研究》,《考古与文物》2002年第1期。

12. 陈靓、马健、景雅琴:《新疆巴里坤县石人子沟遗址人骨的种系研究》,《西部考古》2017年第1期。

13. 陈相龙、于建军、尤悦:《碳、氮稳定同位素所见新疆喀拉苏墓地的葬马习俗》,《西域研究》2017年第4期。

14. 陈欣伟、李刚、胡振卉:《吐鲁番坎儿井保护与利用的一些思考》,《中国文物报》2019年8月16日第6版。

15. 丛德新等:《阿敦乔鲁: 西天山地区青铜时代遗存新类型》,《西域研究》2017年第4期。

16. 丛德新等:《新疆博尔塔拉河流域青铜时代山顶遗存的发现与初步认识》,《西域研究》2018年第2期。

17. 崔银秋、张全超、段然慧等:《吐鲁番盆地青铜至铁器时代居民遗传结构研究》,《考古》2005年第7期。

18. 戴良佐:《大石头地名考》, 载政协木垒哈萨克自治县委员会编《木垒文史》第十六辑(内部资料),2014年。

19. 戴良佐:《木垒七个城古遗址》,《新疆文物》1996年第2期。

20. 戴良佐:《木垒县地名简释》,《新疆地理》1984年第3期。

21. 戴良佐:《木垒县发现的古代游牧民族墓葬》, 载政协木垒哈萨克自治县委员会编《木垒文史》第十六辑(内部资料),2014年。

22. 戴良佐:《木垒县建置概述》, 载政协木垒哈萨克自治县委员会编《木垒文史》第十六辑（内部资料），2014年。

23. 戴良佐：《木垒县四道沟遗址》，载政协木垒哈萨克自治县委员会编《木垒文史》第十六辑（内部资料），2014年。

24. 戴良佐：《木垒新户古城遗址调查记》，载政协木垒哈萨克自治县委员会编《木垒文史》第十六辑（内部资料），2014年。

25. 戴良佐：《木垒县英格堡古城和古战场勘查记》，《新疆文物》2009年第2期。

26. 董红玲：《历代新疆木垒屯田评述》，《新疆社科论坛》2009年第1期。

27. 付昶、吴勇、王博：《木垒县干沟墓地出土人骨研究》，《新疆文物》2012年第1期。

28. 甘肃省博物馆文物工作队、武威地区文物普查队：《甘肃永昌鸳鸯池新石器时代墓地》，《考古学报》1982年第2期。

29. 耿世民：《唆里迷考》，载《西域文史论稿》，兰州大学出版社，2012年。

30. 韩建业：《中国先秦洞室墓谱系初探》，《中国历史文物》2007年第4期。

31. 韩康信：《阿拉沟古代丛葬墓人骨研究》，载《丝绸之路古代居民种族人类学研究》，新疆人民出版社，1993年。

32. 韩康信：《新疆哈密焉不拉克古墓人骨种系成分研究》，《考古学报》1990年第3期。

33. 韩有栋：《民国时期哈萨克族人口在天山北坡东路的流迁》，《伊犁师范学院学报（社会科学版）》2015年第3期。

34. 何红中:《全球视野下的粟黍起源及传播探索》,《中国农史》2014年第2期。

35. 何惠琴、金建中等:《3200年前中国新疆哈密古人骨的mtDNA多态性研究》,《人类学学报》2003年第4期。

36. 蒋洪恩、李肖、李承森:《新疆吐鲁番洋海墓地出土的粮食作物及其古环境意义》,《古地理学报》2007年第5期。

37. 解明思、蒋洪恩、杨益民等:《新疆克里雅河北方墓地出土食物遗存的植物微体化石分析》,载《东方考古》第11辑,科学出版社,2014年。

38. 荆磊、王龙、蒋洪恩:《吐鲁番晋唐时期的农业活动研究——以吐峪沟石窟作物遗存为例》,《农业考古》2020年第1期。

39. 李莉:《草原文化背景下的哈萨克族"黑走马"研究》,《中国民族博览》2016年第12期。

40. 李如森:《略论洛阳地区战国、西汉洞室墓的源流》,《社会科学战线》1988年第3期。

41. 李亚、李肖、曹洪勇等:《新疆吐鲁番考古遗址中出土的粮食作物及其农业发展》,《科学通报》2013年第S1期。

42. 李永强:《中国史前居址葬俗刍议》,《中原文物》2017年第6期。

43. 李遇春:《新疆发现的彩陶》,《考古》1959年第3期。

44. 林沄:《丝路开通以前新疆的交通路线》,《草原文物》2011年第1期。

45. 刘学堂:《史前彩陶之路终结"中国文化西来说"》,《中国社会科学报》2012年11月21日第382期。

46. 马金磊：《试论中国新石器时代土洞墓的起源》，《文博》2019年第4期。

47. 穆舜英、王明哲、王炳华：《建国三十年新疆考古的主要收获》，载新疆社会科学院考古研究所编《新疆考古三十年》，新疆人民出版社，1983年。

48. 聂晶川：《滑沙鸣响音量之最——"木垒鸣沙山"》，《新疆社科论坛》2011年第1期。

49. 诺金：《论哈萨克族民族刺绣产业的发展与创新——以木垒哈萨克自治县哈萨克刺绣文化产业园发展为例》，《中共乌鲁木齐市委党校学报》2017年第3期。

50. 潘志平：《清代新疆的交通和邮传》，《中国边疆史地研究》1996年第2期。

51. 陕西省考古研究院、高陵区文体广电旅游局：《陕西高陵杨官寨遗址庙底沟文化墓地发掘简报》，《考古与文物》2018年第4期。

52. 邵孔兰、张健平、丛德新等：《植物微体化石分析揭示阿敦乔鲁遗址古人生存策略》，《第四纪研究》2019年第1期。

53. 邵兴周、王博：《木垒县古墓及出土颅骨的研究》，《新疆文物》1988年第1期。

54. 苏北海：《新疆木垒县博斯坦牧场罕见的岩画山》，载周菁葆主编《丝绸之路岩画艺术》，新疆人民出版社，1993年。

55. 苏北海：《新疆木垒县芦塘沟的岩画》，载周菁葆主编《丝绸之路岩画艺术》，新疆人民出版社，1993年。

56. 孙伯海：《木垒草原石人发现经过及特点》，《新疆文物》1994年第2期。

57. 孙伯海：《由四道沟遗址看木垒早期文化遗存的民族特点及属性》，《中国文物报》1989年12月15日第2版。

58. 唐媛：《木垒县绿色食品鹰嘴豆栽培技术》，《农业科技》2017年第6期。

59. 吐鲁番学研究院：《新疆吐鲁番市胜金店墓地发掘简报》，《考古》2013年第2期。

60. 万雪娇、文少卿、孙畅等：《木垒青铜时代人骨研究》，载《中国解剖学会2019年年会论文文摘汇编》，2019年。

61. 王炳华：《孔雀河古墓沟发掘及其初步研究》，《新疆社会科学》1983年第1期。

62. 王炳华：《天山东段考古调查纪行（三）》，《新疆文物》1988年第4期。

63. 王炳华：《新疆农业考古概述》，《农业考古》1983年第1期。

64. 王炳华：《新疆细石器遗存初步研究》，载《丝绸之路考古研究》，新疆人民出版社，2010年。

65. 王炳华、刘杰龙、梅玉祥等：《新疆哈密五堡古墓出土大麦的研究》，《农业考古》1989年第1期。

66. 王博、崔静、郭建国：《哈密寒气沟墓地出土颅骨研究》，《新疆文物》1998年第1期。

67. 王博、常喜恩、崔静：《天山北路古墓出土人颅的种族研究》，《新疆师范大学学报（哲学社会科学版）》2003年第1期。

68. 王冀青：《关于"丝绸之路"一词的词源》，《敦煌学辑刊》2015年第2期。

69. 王永强、党志豪：《新疆哈密五堡艾斯克霞尔南墓地考古新发现》，《西域研究》2011年第2期。

70. 吴震：《新疆东部的几处新石器时代遗址》，《考古》1964年第7期。

71. 伍光和、上田丰、仇家琪：《天山博格达山脉的自然地理特征及冰川发育的气候条件》，《冰川冻土》1983年第3期。

72. 谢承志、刘树柏等：《新疆察吾呼沟古代居民线粒体DNA序列多态性分析》，《吉林大学学报（理学版）》2005年第4期。

73. 谢端琚：《试论我国早期土洞墓》，《考古》1987年第12期。

74. 谢雯雯：《论"卡拉角勒哈"的当代传承》，《北京舞蹈学院学报》2018年第2期。

75. 新疆维吾尔自治区文管会：《新疆木垒县四道沟遗址》，《考古》1982年第2期。

76. 新疆维吾尔自治区文物普查办公室、昌吉回族自治州文物普查队：《昌吉回族自治州文物普查资料》，《新疆文物》1989年第3期。

77. 新疆文物考古研究所：《2002年小河墓地考古调查与发掘报告》，载《边疆考古研究》第3辑，科学出版社，2005年。

78. 新疆文物考古研究所：《2003年罗布泊小河墓地发掘简

报》,《新疆文物》2007年第1期。

79. 新疆文物考古研究所:《木垒县干沟墓地考古发掘报告》,《新疆文物》2012年第1期。

80. 新疆文物考古研究所:《乌鲁木齐市鱼儿沟遗址与阿拉沟墓地》,《考古》2014年第4期。

81. 于喜凤:《新疆哈密市五堡152号古墓出土农作物分析》,《农业考古》1993年第3期。

82. 新疆文物考古研究所:《新疆哈密五堡墓地151、152号墓葬》,《新疆文物》1992年第3期。

83. 新疆文物考古研究所:《新疆罗布泊小河墓地2003年发掘简报》,《文物》2007年第10期。

84. 新疆文物考古研究所:《新疆木垒干沟遗址发掘简报》,《文物》2013年第12期。

85. 新疆文物考古研究所、石河子市军垦博物馆、新疆大学历史系:《新疆石河子南山古墓葬》,《文物》1999年第8期。

86. 新疆文物考古研究所、西北大学文化遗产与考古学研究中心:《新疆巴里坤县东黑沟遗址2006—2007年发掘简报》,《考古》2009年第1期。

87. 邢开鼎:《新疆木垒县伊尔卡巴克细石器遗存调查与探讨》,《新疆文物》1995年第1期。

88. 邢开鼎:《新疆细石器初探》,《新疆文物》1993年第4期。

89. 徐延珍:《木垒博物馆收藏的草原石人》,载政协木垒哈萨克自治县委员会编《木垒文史》第十六辑(内部资料),2014年。

90. 徐延珍:《木垒县境内细石器遗址的发现与探究》,载政协木垒哈萨克自治县委员会编《木垒文史》第十六辑(内部资料),2014年。

91. 薛宗正:《车师考:兼论前、后二部的分化及车师六国诸问题》,《兰州学刊》2009年第8期。

92. 闫梦萦:《从哈萨克毡房与蒙古包的差异浅谈文化对艺术的影响》,《美术教育研究》2012年第14期。

93. 羊毅勇:《新疆的铜石并用文化》,《新疆文物》1985年第1期。

94. 杨建华、张盟:《中亚天山、费尔干纳与帕米尔地区的早期铁器时代研究——与新疆地区的文化交往》,载《边疆考古研究》第9辑,科学出版社,2010年。

95. 杨谊时、石乃玉、史志林:《考古发现所见河西走廊史前的农业双向传播》,《敦煌学辑刊》2016年第1期。

96. 杨振波:《哈萨克族〈六十二阔恩尔〉古典音乐艺术历史渊源初探》,《伊犁师范学院学报(社会科学版)》2006年第1期。

97. 伊弟利斯·阿不都热苏勒:《新疆地区细石器遗存》,《新疆文物》1993年第4期。

98. 游修龄:《黍粟的起源及传播问题》,《中国农史》1993年第3期。

99. 石兴邦:《下川文化的生态特点与粟作农业的起源》,《考古与文物》2000年第4期。

100. 于建军、何嘉宁:《新疆吉木乃通天洞遗址发掘获重要收获》,《中国文物报》2017年12月1日第8版。

101. 余太山:《大夏和大月氏综考》,载《中亚学刊》第3辑,中华书局,1990年。

102. 张成安:《浅析青铜时代哈密的农业生产状况》,《农业考古》1997年第3期。

103. 张国刚:《丝绸之路与中西文化交流》,《西域研究》2010年第1期。

104. 张汉武:《哈萨克族的毡房》,《今日民族》2012年第12期。

105. 张全超、常喜恩、刘国瑞:《新疆巴里坤县黑沟梁墓地出土人骨的食性分析》,《西域研究》2009年第3期。

106. 张昕煜、魏东、吴勇等:《新疆下坂地墓地人骨的C,N稳定同位素分析:3500年前东西方文化交流的启示》,《科学通报》2016年第32期。

107. 张雪莲、仇士华、张君等:《新疆多岗墓地出土人骨的碳氮稳定同位素分析》,《南方文物》2014年第3期。

108. 张玉忠:《新疆出土的古代农作物简介》,《农业考古》1983年第1期。

109. 张志祥、李祖敏:《论关中地区洞室墓的起源年代》,《西安文理学院学报(社会科学版)》2014年第2期。

110. 赵春青:《夏代农业管窥——从新砦和皂角树遗址的发现谈起》,《农业考古》2005年第1期。

111. 赵辉:《新疆屯田的历史演进及其意义》,《边疆经济与文化》2014年第5期。

112. 赵克良、李小强、周新郢等:《新疆新塔拉遗址农业活动特征及其影响的植物指标记录》,《第四纪研究》2012年第2期。

113. 赵欣、东晓玲、韩雨等:《新疆木垒县平顶山墓群出土马骨的 DNA 研究》,《南方文物》2017年第3期。

114. 赵志军:《小麦传入中国的研究——植物考古资料》,《南方文物》2015年第3期。

115. 赵志军:《小麦东传与欧亚草原通道》,载《三代考古》第5辑,科学出版社,2009年。

116. 赵志军:《仰韶文化时期农耕生产的发展和农业社会的建立——鱼化寨遗址浮选结果的分析》,《江汉考古》2017年第6期。

117. 赵志军:《有关农业起源和文明起源的植物考古学研究》,《社会科学管理与评论》2005年第2期。

118. 赵志军:《中国农业起源概述》,《遗产与保护研究》2019年第1期。

119. 中国社会科学院考古研究所等:《新疆温泉县阿敦乔鲁遗址与墓地》,《考古》2013年第7期。

120. 中国社会科学院考古研究所新疆队:《新疆吉木萨尔县乱杂岗子遗址调查简报》,载《边疆考古研究》第13辑,科学出版社,2013年。

121. 朱泓:《中国西北地区的古代种族》,《考古与文物》2006年第5期。

122. 自治区文物普查办公室、哈密地区文物普查队:《哈密地区文物普查资料》,《新疆文物》1991年第4期。

123. 薛宗正:《唐蒲类诂名稽址——庭州领县考之二》,《新疆社会科学》1984年第2期。

124. [日]高滨侑子:《中国古代洞室墓》,韩钊译,《文博》1994年第1期。

四、学位论文

1. 李春香:《小河墓地古代生物遗骸的分子遗传学研究》,博士学位论文,吉林大学,2010年。

2. 刘宁:《新疆地区古代居民的人种结构研究——以楼兰、乌孙、车师、回鹘为例》,博士学位论文,吉林大学,2010年。

3. 戴季:《新疆营盘墓地植物遗存研究》,硕士学位论文,中国科学院大学,2013年。

4. 田多:《公元前一千纪东天山地区的植物考古学研究:以石人子沟遗址群为中心》,博士学位论文,西北大学,2018年。

5. 魏东:《新疆哈密地区青铜—早期铁器时代居民人种学研究》,博士学位论文,吉林大学,2009年。

6. 阎东凯:《晚清民国时期天山北麓地区汉族移民文化研究(1875—1949)》,博士学位论文,陕西师范大学,2015年。

五、外文

1. Chen Tao, Wu Yan, Zhang Yongbing. et al., "Archaeobotanical

Study of Ancient Food and Cereal Remains at the Astana Cemeteries, Xinjiang, China," *PLOS ONE*, 2012, 7(9).

2. Jiang Hongen, Wang Long, Merlin Mark D., et al., "Ancient Cannabis Burial Shroud in a Central Eurasian Cemetery," *Economie Botany*, 2016, 70(3).

3. Jiang Hongen, Wu Yong, Wang Huanhuan. et al., "Ancient plant use at the site of Yuergou, Xinjiang, China: implications from desiccated and charred plant remains," *Vegetation History and Archaeobotany*, 2013, 22(2).

4. Jiang Hongen, Zhang Yongbing, Lu Enguo, et al., "Archaeobotanical evidence of plant utilization in the ancient Turpan of Xinjiang, China: a case study at the Shengjindian cemetery," *Vegetation History and Archaeobotany*, 2015, 24(1).

5. K. Kris Hirst:"Wheat Domestication: The History and Origins of Bread and Durum Wheat," ThoughtCo, https://www.thoughtco.com/wheat-domestication-the-history-170669，2020年2月11日查询。

6. Konstantin Chugunov, Anatoli Nagler, Hermann Parzinger, "The Golden Grave from Arzhan," *Minerva*, 2002, 13(1), pp.39-42.

7. Robert Spengler, Michael Frachetti, Paula Doumani, et al., "Early Agriculture and Crop Transmission among Bronze Age Mobile Pastoralists of Central Eurasia," *Proceedings of the Royal Society B*, Biological Sciences, 2014, 281.

8. Yang Xiaoyan, Wan Zhiwei, Linda Perry, et al., "Early Millet

Use in Northern China," *PNAS*, 2012, 109(10).

9. Zhao K, Li X, Zhou X, et al., "Impact of agriculture on an oasis landscape during the late Holocene: Palynological evidence from the Xintala site in Xinjiang, Northwest China," *Quaternary International*, 2013, 311.

10. Zheng H.P., Jiang H.E., Zhang Y.B., et al., "Early Processed Triticeae Food Remains in The Yanghai Tombs, Xinjiang, China," *Archaeometry*, 2015, 57(2).

六、网页

1. 百度百科："阿肯阿依特斯"，https://baike.baidu.com/item/ 阿肯阿依特斯，2020年5月4日查询。

2. 百度百科："传统村落"，https://baike.baidu.com/item/ 传统村落 /654113?fr=aladdin，2020年5月7日查询。

3. 百度百科："哈萨克六十二阔恩尔"，https://baike.baidu. com/item/ 哈萨克六十二阔恩尔 /12772625?fr=aladdin，2020年5月4日查询。

4. 百度百科："哈萨克族毡房营造技艺"，https://baike.baidu. com/item/ 哈萨克族毡房营造技艺 /3617177，2020年5月4日查询。

5. 百度百科："木垒鹰嘴豆"，https://baike.baidu.com/item/ 木垒鹰嘴豆 /9780247?fr=aladdin#reference-[1]-4805127-wrap，2020年5月8日查询。

6. 百度百科："木垒长眉驼"，https://baike.baidu.com/item/ 木

垒长眉驼 /181693，2020年6月20日查询。

7. 百度百科："中国传统村落"，https://baike.baidu.com/item/中国传统村落/660714?fr=aladdin#reference-[5]-9865317-wrap，2020年5月7日查询。

8. 东方语言学查询系统：http://www.eastling.org/zgyycx.php，2020年4月23日查询。

9. 贾春霞：《木垒平顶山古墓群发现青铜时代晚期塞人遗骨》，中国新疆网转载自2015年8月10日《新疆日报》，http://www.chinaxinjiang.cn/dizhou/2/201508/t20150810_501535.htm，2020年4月15日查询。

10. 马婷：《木垒县南部山区获得新疆首个"中国农业公园"称号》，木垒哈萨克自治县人民政府网，http://www.mlx.gov.cn/kzw/yw/853425.htm，2020年5月7日查询。

11. 马永平：《新疆木垒考古意外发现细石器时代人类遗址》，http://news.sohu.com/20110506/n306888277.shtml，2020年3月20日查询。

12.《天山木垒中国农业公园确定为国家4A级旅游景区》，木垒哈萨克自治县人民政府网，http://mlx.cj.gov.cn/kzw/yw/863559.htm，2020年5月8日查询。

13. 木垒县人民政府：《木垒县综合施策大力实施大气污染防治空气优良率高达99.6%》，木垒哈萨克自治县人民政府网，http://www.mlx.gov.cn/kzw/yw/863296.htm，2020年5月6日查询

14. 中华人民共和国农业部：《中华人民共和国农业部公告 第

2277号》，中华人民共和国农业农村部网，http://www.moa.gov.cn/nybgb/2015/ba/201712/t20171219_6103765.htm，2020年5月5日查询。

15. 农业农村部新闻办公室：《中国农业品牌目录2019年产品区域公用品牌发布》，中华人民共和国农业农村部网，http://www.moa.gov.cn/xw/zwdt/201911/t20191117_6331955.htm，2020年5月8日查询。

16. 王瑟：《新疆木垒发现麦西来甫原生态形式》，新浪新闻引自光明网，http://city.sina.com.cn/city/2007-01-24/81478.html，2020年5月4日查询。

17. 巫新华：《2015年木垒县平顶山古墓群遗址考古发掘工作总结——2015年社科院考古所田野考古成果（二十）》，中国考古网，http://www.kaogu.cn/cn/xccz/20160128/52949.html，2020年4月15日查询。

18. 许志平、李会刚：《壮丽70年 奋斗新时代——木垒县农业发展篇》，中国昌吉网，http://www.cjxww.cn/content/cjxw/207098.jhtml，2020年5月23日查询。

19.《CCRD农业公园共建项目流程》，中国村社发展促进会网，http://www.village.net.cn/news/index/2250，2020年5月8日查询。

20.《住房城乡建设部 文化部 财政部关于公布第一批列入中国传统村落名录村落名单的通知》（建村〔2012〕189号），中华人民共和国中央人民政府网，http://www.gov.cn/zwgk/2012-12/20/content_2294327.htm，2020年5月7日查询。

缩写对照表

新疆文物考古研究所——新考

新疆维吾尔自治区文物局——新疆文物局

新疆维吾尔自治区文管会——新疆文管会

《新疆维吾尔自治区第三次全国文物普查资料汇编：木垒哈萨克自治县不可移动文物》——《木垒三普资料汇编》

《新疆维吾尔自治区第三次全国文物普查成果集成：昌吉回族自治州卷》——《昌吉三普成果集》

《新疆维吾尔自治区第三次全国文物普查成果集成：新疆岩画》——《三普新疆岩画》

《新疆木垒干沟遗址发掘简报》——《木垒干沟遗址简报》

《新疆木垒县伊尔卡巴克细石器遗存调查与探讨》——《伊尔卡巴克》

《新疆木垒县四道沟遗址》——《木垒四道沟》

《新疆鄯善县三个桥墓葬发掘简报》——《鄯善三个桥》

《新疆木垒县博斯坦牧场罕见的岩画山》——《博斯坦岩画》

《新疆木垒县芦塘沟的岩画》——《芦塘沟岩画》

插图来源

图1 木垒七城子细石器遗址现场，引自新疆文物局《木垒三普资料汇编》，第13页图片。

图2 木垒黑疙瘩细石器遗址采集细石器，引自新疆文物局《木垒三普资料汇编》，第25页图片"遗址内采集的标本"。

图3 木垒地窝堡细石器遗址采集细石器，引自新疆文物局《木垒三普资料汇编》，第27页图片"遗址内采集的标本"。

图4 木垒61公里遗址出土石锄（斧），引自新疆文物局《木垒三普资料汇编》，第33页图片"遗址内出土石斧"。

图5 木垒61公里遗址出土石磨盘，引自新疆文物局《木垒三普资料汇编》，第33页图片"遗址内出土石磨"。

图6 木垒63公里遗址出土陶錾耳盆(钵)，引自新疆文物局《木垒三普资料汇编》，第35页图片"遗址内出土的系耳陶钵"。

图7 木垒干沟遗址出土骨镞，引自新考《木垒干沟遗址简报》，《文物》2013年第12期。

图8 木垒四道沟遗址地貌环境，引自新疆文物局《木垒三普

资料汇编》，第36页"遗址全景"。

图9 木垒四道沟遗址出土石锄，引自新疆文物局《木垒三普资料汇编》，第38页"遗址内出土石锄"。

图10 木垒干沟墓地竖穴偏室墓出土铜带具，引自新考《木垒干沟遗址简报》，《文物》2013年第12期。

图11 木垒干沟遗址墓葬出土彩陶罐，引自新考《木垒干沟遗址简报》，《文物》2013年第12期。

图12 木垒干沟遗址墓葬出土彩陶豆，引自新考《木垒干沟遗址简报》，《文物》2013年第12期。

图13 木垒干沟遗址墓葬出土铁马镫，引自新考《木垒干沟遗址简报》，《文物》2013年第12期。

图14 木垒平顶山墓群墓葬与地貌环境，江玉杰摄，巫新华提供。

图15 木垒平顶山墓群西梁1号墓，江玉杰摄，巫新华提供。

图16 木垒平顶山墓群西梁2号墓墓底结构，马赛摄，巫新华提供。

图17 南西伯利亚阿尔赞1号墓平面图，引自 Konstantin V. Čugunov, et al., Der skythenzeitliche Fürstenkurgan Aržan 2 in Tuva, Mainz: Verlag Philipp Von Zabern, 2010, p. 8.

图18 木垒平顶山墓群东梁区由13个石堆构成的一组遗迹，辛岩摄，巫新华提供。

图19 木垒平顶山墓群东梁祭祀遗址发掘现场，江玉杰摄，巫新华提供。

图 20 木垒平顶山墓群南梁 M1 马祀，江玉华摄，巫新华提供。

图 21 木垒伊尔卡巴克桂叶形石镞，引自邢开鼎《伊尔卡巴克》，《新疆文物》1995 年第 1 期。

图 22 木垒四道沟遗址早期彩陶，引自新疆文管会《木垒四道沟》，《考古》1982 年第 2 期。

图 23 木垒干沟遗址出土竖条纹单耳陶罐，引自新考《木垒干沟遗址简报》，《文物》2013 年第 12 期。

图 24 鄯善县洋海墓地出土彩陶豆，引自新疆吐鲁番学研究院等《新疆鄯善洋海墓地发掘报告》，《考古学报》2011 年第 1 期。

图 25 鄯善县三个桥墓地出土叶脉纹单耳彩陶罐，引自新考等《鄯善三个桥》，《文物》2002 年第 6 期。

图 26 平顶山牧场，本书作者摄。

图 27 木垒石仁子沟方形石围居址，引自新疆文物局《木垒三普资料汇编》，第 49 页"遗址 F1"。

图 28 木垒石仁子沟圆形石围居址，引自新疆文物局《木垒三普资料汇编》，第 52 页"遗址 F5"。

图 29 木垒石仁子沟封堆墓，引自新疆文物局《木垒三普资料汇编》，第 132 页"墓群 M10"。

图 30 木垒石仁子沟胡须墓，引自新疆文物局《木垒三普资料汇编》，第 137 页"墓群胡须墓"。

图 31 博斯坦乡加依拉克沟石人，本书作者摄。

图 32 博斯坦乡哈夏古尔沟石人，本书作者摄。

图 33 照壁山乡南闸村女性石人，本书作者摄。

图34 木垒干沟墓地M32殉马（墓），引自新考《木垒干沟遗址》，《文物》2013年第12期。

图35 木垒长眉驼，哈依拉提·哈不里自摄。

图36 照壁山乡油库古城址，引自新疆文物局《木垒三普资料汇编》，第64页"遗址北墙"。

图37 新户镇新户古城出土陶缸，引逢新疆文物局《木垒三普资料汇编》，第66页"遗址出土的双耳灰陶缸"。

图38 英格堡乡英格堡古城址，引自新疆文物局《木垒三普资料汇编》，第68页"遗址南墙局部"。

图39 大石头乡七个城子遗址，引自新疆文物局《木垒三普资料汇编》，第69页"遗址东北角墙基"。

图40 大石头乡色皮口驿站遗址，引自新疆文物局《昌吉三普成果集》，第74页"色皮口驿站遗址远景"。

图41 大石头乡三十里墩驿站遗址，引自新疆文物局《昌吉三普成果集》，第71页"三十里墩驿站遗址"。

图42 博斯坦乡三个泉子驿站遗址，引自新疆文物局《昌吉三普成果集》，第72页"三个泉子驿站遗址残墙基"。

图43 白杨河乡一碗泉驿站遗址平面图，引自新疆文物局《木垒三普资料汇编》，第91页"遗址平面图"。

图44 大石头乡色皮口烽火台遗址，引自新疆文物局《木垒三普资料汇编》，第80页"烽火台北面"。

图45 大石头乡色皮口民国时期碉堡遗址，引自新疆文物局《木垒三普资料汇编》，第221页"碉堡与掩体"。

图46 大石头乡三十里墩烽火台遗址，哈依拉提·哈不里自摄。

图47 博斯坦乡三个泉子烽火台遗址，徐延珍摄。

图48 白杨河乡一碗泉烽火台遗址，引自新疆文物局《木垒三普资料汇编》，第38页"烽火台南面"。

图49 大石头乡毛仁陶勒盖石垒遗址，徐延珍摄。

图50 博斯坦乡霍加墓沟大型围猎岩画，引自苏北海《博斯坦岩画》，周菁葆主编《丝绸之路岩画艺术》，第102页，图37。

图51 博斯坦乡霍加墓沟戴尖帽的猎羊人，引自苏北海《博斯坦岩画》，周菁葆主编《丝绸之路岩画艺术》，第101页，图26。

图52 博斯坦乡哈沙霍勒沟戴尖帽女性与牵马图，引自苏北海《博斯坦岩画》，周菁葆主编《丝绸之路岩画艺术》，第98页，图1。

图53 博斯坦乡哈夏古尔沟岩画，引自新疆文物局《三普新疆岩画》，第316页"哈夏古尔沟三号岩画"。

图54 大石头乡怪石山岩画，引自新疆文物局《三普新疆岩画》，第302页"怪石山岩画"。

图55 白杨河乡冬窝子旧圈岩画，引自新疆文物局《三普新疆岩画》，第303页"冬窝子旧圈岩画"。

图56 白杨河乡芦塘沟符号岩画，引自苏北海《芦塘沟岩画》，周菁葆主编《丝绸之路岩画艺术》，第74页，图1。

图57 白杨河乡芦塘沟岩画，引自苏北海《芦塘沟岩画》，周菁葆主编《丝绸之路岩画艺术》，第75页，图19。

图58 白杨河乡喀什肯布拉克"踮脚羊"岩画，引自新疆文物

局《三普新疆岩画》，第308页。

图59 照壁山乡平顶山神龙潭岩画，本书作者摄。

图60 照壁山乡平顶山夹皮泉岩画地点，本书作者摄。

图61 东城镇鸡心梁岩画符号，引自苏北海《新疆木垒县县芦塘沟岩画的特点》，《新疆师范大学学报（哲学社会科学版）》1991年第1期。

图62 东城镇鸡心梁剪影式岩画，引自新疆文物局《三普新疆岩画》，第310页。

图63 胡杨绣作品，哈依拉提·哈不里自提供。

图64 天山木垒中国农业公园马圈湾草原，卞红山摄，哈依拉提·哈不里自提供。

图65 平顶山万亩旱田景观，江玉杰摄，巫新华提供。

图66 木垒鹰嘴豆，攀云霞摄，哈依拉提·哈不里自提供。

后　记

一年前承蒙巫新华先生热情邀请，承担本书的研究和写作。因为曾经随同巫新华先生到访其负责的木垒县平顶山古墓群发掘现场，对木垒留下深刻印象，因此未及细想就应承下来。等到着手相关工作时，才发现低估了这项任务的难度。一是只有一年多时间，太过于紧张了。其次是涉及范围广，有的超出了自己熟悉的领域，与预想的考古学研究有一定差距。令人意外的是，这期间又爆发了席卷全球的新冠肺炎疫情，严格的疫情管控之下，原计划开展的许多调研工作不得不作罢。最初计划基于实地调研成果的部分，最后只能借助稀少的二手资料，不能不说是一种遗憾。现在本书终于完稿，离不开各方的支持和帮助。由于自己学识和水平所限，错漏和不足之处在所难免，敬请读者指正，以便将来修改。

本书得到新疆维吾尔自治区昌吉回族自治州和木垒哈萨克自治县有关机构和人员的支持，特别是木垒县委宣传部的大力协助，在此表示感谢。木垒县电视台的哈依拉提·哈不里自为本书提供了照片，并协助联系车夫、卞红山、李瑞山等摄影家提供了宝贵的照片资料。对他们的帮助深表谢意。也感谢曾旭、段珊珊、汪勇、李沛航和娇哈尔五位同学的积极参与。最后要特别感谢巫新华先生，因为他的邀请，我们才有这次机会。他还慷慨地安排江玉杰先生提供了平顶山墓群的有关照片。感谢广西师范大学出版社廖生慧女士为本书进行校对，这是一项非常烦琐而又细致的工作。还有不少朋友不辞劳苦为我收集到有关资料，在此一并感谢。

最后，参与本书撰写的还有（按章节先后排序）：

第一、三、五至八章：肖小勇；第二章：段珊珊、肖小勇；第四章：汪勇、肖小勇；第九章：李沛航、肖小勇；第十章：曾旭、娇哈尔、肖小勇。

谨此致谢！